JN450620

CATERING
케이터링

김석연·박창수·함영덕

지식인

Profile

김석연

국립공주대학교 관광경영학과 겸임교수(수필가)

박창수

국립공주대학교 관광학부 교수

함영덕

강동대학교 항공관광과 교수(시인, 소설가)

케이터링

2017년 1월 15일 초판 1쇄 인쇄
2017년 1월 20일 초판 1쇄 발행

지은이 | 김석연 · 박창수 · 함영덕
펴낸이 | 김종욱
펴낸곳 | 지식인
등 록 | 제301-2013-134호
주 소 | 서울시 도봉구 도봉로 476, 415호(삼성쉐르빌퍼스티)
전 화 | 02)2266-8606 (대)
팩 스 | 02)2266-8607
E-mail | jisikin2013@naver.com
홈페이지 | www.jisikinbook.co.kr

ISBN 978-89-98591-79-3 (93320)

값 18,000원

*저자와의 협의 하에 인지는 생략합니다.
*이 책은 저작권법에 의해 보호를 받는 저작물이므로
무단 전재와 복제를 금합니다.

CATERING
케이터링

Preface

꿈과 희망으로 맞이했던 2016년!
그리고 古稀를 보낸 2016년은 참으로 '은혜로운 해'였다고 생각합니다. 지나온 세월을 거울에 비추어 보았습니다. 시련 없이 살아온 삶은 없다고 하지만, 조급한 마음이 시간을 낭비하고 많은 시련을 겪게 한 것은 아닌가 하고 반추해 봅니다. 다행이 늦은 나이에 만학을 할 수 있는 인연을 만나 꽃을 피울 수 있었습니다. "꽃은 품고 있는 꿀을 벌에게 내어주고, 벌은 그 꿀을 사람에게 내주지요."라는 말처럼, 그 정도의 인연이라 할까요?

지천명의 나이에 강동대 함영덕 교수님을 만난 것은 '운명'이었습니다. 그리고 그곳에서 공주대 박창수 교수님을 만난 것은 '행운'이었습니다. 늦깎이로 만학을 시작하여 학문에 길을 열어주신 함교수님, 학위를 받았을 때 강단에 설 수 있도록 길을 열어주시고, 호텔경영학을 공동으로 집필하면서 '후배 스승님, 선배 제자'란 말을 서문에 실어주셔서 인생에 가장 가치 있는 시간을 보낼 수 있도록 해주신 박교수님은 꽃 속에 꿀이 아니었나 생각합니다. 그 인연은 지금까지 계속되어 지적 탐구를 하는 과정에서 끊임없는 도움을 받았고, 어려움이 있을 때마다 아낌없는 조언을 들었습니다. 이처럼 아름답고 존경하는 교수님을 모시고, 이번에 『케이터링』을 출간하게 되어 행복합니다.

산업사회의 발달과 함께 더불어 발전하는 케이터링 분야에서 실무를 중심으로 강의를 해오다가 부족한 부분을 채우기 위해 집필을 시작했습니다. 그러나 자료를 수집하고 정리하는 과정에서 쉽게 접근할 수 없었던 것은 체계적으로 정리된 자료가 생각보다는 적어 어려움이 많았습니다. 이럴 때 사진을 제공해 주신 코리아나호텔 배상철 총지배인과 관계자님들에게 감사를 드립니다.
30년의 호텔생활에서 얻은 경험과 지식을 후배들에게 전하기 위해 최선을 다한다고는 했지만, 끝내고나니 부족한 부분, 보충해야 할 곳이 너무 많다는 것을 느꼈습니다. 무뎌진 삶에 아쉬움이 남지만, 소중한 인연이 참여하여 만들어졌기에 거기에 의미를 두겠습니다. 미숙한 부분은 질책과 격려를 해주시면 겸허히 받아들여 보완하도록 하겠습니다.

이 책이 나오기까지 미국에 있는 딸 김민정 박사의 많은 도움과, 항상 옆에서 힘이 되어준 아내와 아들 용완에게 좋은 모습으로 남았으면 합니다. 또한 이 책이 출판되기까지 여러 모로 도와주신 지식인출판사의 모든 관계자분들께 진심으로 감사의 말씀을 드립니다.

김석연

Contents

들어가기 전에

케이터링Catering의 역사적 배경

미국 내 배경Catering-wikipedia. the free encyclopedia

케이터링Catering의 미국 내 배경은 "멀리 떨어져 있는 곳 또는 호텔, 공공장소 또는 그 밖의 장소에 음식서비스를 제공하는 비즈니스"라고 되어 있다.

Catering is the business of providing food service at a remote site or a site such as a hotel, public house, or other location.

미국에서 가장 먼저 음식을 제공하기 시작한 것은 영국의 윌리엄 하우William Howe 장군이 전장으로 출발하는 것을 축하해 주기 위한 파티였다고 한다. 그 파티는 1778년 필라델피아에서 열렸는데, 시저 크랜쉘Caesar Cranshell에 의해서 공급된 출장음식이었으며 이것이 케이터링Catering 산업의 시초였다고 말할 수 있다.

그 후 케이터링 사업이 1820년대 필라델피아를 중심으로 영역을 넓혀갔던 것은 수익성이 좋으면서 고객들의 반응이 좋았던 것으로 풀이된다. 다만, 초기 케이터링 산업은 아프리카계 미국인들에 의해서 불균형적으로 시작되었다.

The earliest account of a major functions being catered in the United States is a 1778 ball in philadelphia catered by Caesar Cranshell to celebrate the departure of British General William Howe. Catering business began to form around 1820, centering in philadelphia. Catering being a respectable and profitable business, the early catering industry was disproportionately founded by African-americans.

이 산업은 '케이터링Catering의 창시자'로 알려진 로버트 보글이 이끌어가면서 전문화되기 시작하였다. 1840년에는 케이터링 산업과 자신들이 운영하는 레스토랑을 합치기 시작했는데, 그 시기가 2세대 필라델피아 흑인 케이터가 형성되는 계기가 되었다. 1880년대에는 많은 수의 케이터들이 각 지방에 연락할 수 있는 주소록을 만들면서 공동으로 '케이터음식공급자 : Caterer'라는 단어를 사용하기 시작했다고 한다. 마침내 백인 사업가들이 케이터링Catering 산업에 뛰어들었고, 흑인들이 해오던 산업은 1930년대에 사실상 사라지게 되었다.

The industry began to professionalize under the reigns of Robert Bogle who is recognized as "the originator of catering" by 1840, a second generation of philadelphia black caterers formed, who began to combine their catering businesses with restaurants they owned. Common usage of the word "caterer" came about in the 1880s at which point local directories began listing numerous caterer. white businessmen eventually moved into the industry and by the 1930s, the black businesses had virtually disappeared.

1930년대 소련은 좀더 간단한 메뉴를 개발함으로써 많은 사람들을 수용할 수 있는 집단화 정책으로 고가 공공기관의 고가 취사시설을 개발하여 발전시키는 계기가 되었다. 케이터링 시스템은 제2차 세계대전 동안 꾸준하게 지속되었고, 이때부터 사람들은 공공장소에서 할 수 있는 케이터링Catering이 시작되었다. 1960년대 집에서 만든 음식Home-made Food보다 케이터링으로 소화하는 식사가 많아지기 시작하였다고 할 수 있다.

In the 1930s, the Soviet Union, creating more simple menus, began developing atate public-catering establishments as part of its collectivation policies. A rationing system was implemented during World War II, and people became used to public catering. By the 1960s, home-made food was overtaken by eating in public-catering establishments.

이동 케이터링

이동 케이터Caterer들은 케이터링을 목적으로 만들어진 자동차, 카트 또는 트럭에서 직접 음식을 만들어 제공한다. 이러한 이동 케이터링은 일반적으로 콘서트와 같은 야외행사, 업무현장, 그리고 도심 상업지구에서 제공되었다.

A mobile caterer serves food directly from a vehicle, cart or truck which is designed for the purpose. Mobile catering is common at outdoor events(such as concerts), work places, and downtown business districts.

배에서의 케이터링 담당자

케이터링Catering이란, 용어는 육지산업으로 정착하기 훨씬 전에 선원들 사이에서 오랫동안 사용되었던 것이 사실이다. 페리, 크루즈 및 대형 화물선들과 같은 상선들은 종종 케이터링에 관계하고 있는 사람이 타고 있다.

Merchant ships often carry Catering Officers-especially ferries, cruise liners and large cargo ships. In fact, the term "caterinf" was in use in the world of the merchant marine long before it became established as a land-bound business.

현대의 케이터들

케이터링Catering은 이 일을 전문적으로 하는 장인들의 일로 진화하고 있다. 케이터들은 현재 오감을 포함하는 새로운 경험을 만들어내고 있다.

Catering has evolved to become an artisanal affair. Caterers now create an experience an experience that involves the senses.

또 다른 하나 : 메리어트 서비스정신

흑인들이 하던 이 케이터링 산업은 1930년대에 사실상 사라지게 되었는데, 그 후 1937년 J.W. 메리어트 2세는 부친과 함께 워싱턴 교외에 위치한 핫 숍을 방문했다. 그 핫 숍은 그들이 운영하는 음식점이었고, 오래된 후버비행장 바로 옆에 있었다. 그 때 그곳을 방문한 부친은 고객들이 샌드위치와 커피를 그 음식점(핫 숍*)에서 먹지 않고 사가지고 나가는 것을 보게 되었다. 그 이유에 대해 곰곰이 생각하던 부친은 문제의 핵심이 대부분의 탑승객들이 기내에서 식사하기를 원한다는 것을 알게 되었다. 메리어트 부친은 곧 마이애미로 날아가 이스턴 에어 트랜스포트Eastern Air Transport사의 사장인 에디 리큰베커Eddie Rickenbacker에게 기내식 프로그램을 제안함으로써 한때 세계 최대 규모를 자랑하는 기내식 사업이 탄생할 수 있었던 것이다.

* 핫 숍(Hot Shoppe) : 메리어트호텔의 브랜드. 창립자인 윌리어드 메리어트는 1927년 루트비어 간이식당으로 서비스 사업을 시작하여 나중에 핫 숍으로 발전하였으며, 1968년 기내식 사업이 절정에 이르게 된다(메리어트의 서비스정신).

케이터링Catering과 출장뷔페의 차이점

많은 사람들이 케이터링Catering 하면 출장뷔페와 연결하여 생각한다. 그것은 출장뷔페를 전문으로 하는 기업에서 모두 케이터링을 사용하고 있기 때문이다. 그러나 출장뷔페 하면 음식이 주가 되지만, 케이터링 하면 행사 전체에 의미를 두고 있는 것이다.

케이터링도 반드시 음식이 필요하다. 그러나 행사장에는 음식만 있는 것이 아니라, 테이블을 장소에 맞게 꾸며야 하고, 음식을 놓을 자리를 제외한 빈 공간에 꽃과 소품으로 장식도 아름답게 해야 한다. 또한 테이블 형태에 따라 무대의 위치가 달라지고 사회석도 바뀐다. 꽃장식도 달라지고, 카스타의 위치, 음식 배열 또한 달라진다. 그렇게 되면 사용하는데 편리하다고 느껴진다. 전체적인 분위기가 멋도 있어야 하지만, 아늑함을 제공하여 고객으로부터 감성적으로 호감을 가질 수 있도록 해야 한다. 케이터링은 단순히 음식 외에 부가해야 할 이미지, 즉 하나의 콘셉트를 가지고 성격에 따라 고객의 욕구를 충족시킬 수 있어야 한다.

T I P 고객이 평가한 식당

웨이터, 웨이트리스의 서비스가 메리어트 기준에 못 미치는 3가지 문제점은?

- 본사의 지나친 통제가 있었다.
- 고위 경영자들이 고객만족보다는 이익실현에 더욱 비중을 두었다.
- 지배인이 종사원의 봉급인상을 요청하는 것을 두려워했다.

– 메리어트의 서비스정신

케이터링Catering과 레스토랑의 차이점

관심을 갖지 않고서 보면 비슷하게 여겨지나 이 둘의 차이는 많다. '레스토랑'은 근로의 의미가 있으나, '케이터링'은 근로 외에 노동의 의미가 부가되어 있다. 물론 일반적인 레스토랑도 근로 외에 노동이 없다는 것은 아니다.

웨이터나 웨이트레스 입장에서 행사를 준비하는 과정을 살펴본다면, 케이터링Catering은 레스토랑에서 하지 않아도 될 음식의 장거리 배달, 집기비품의 이동, 테이블의자 등 힘을 요구하는 기구들을 운반하여 행사준비를 해야 하는 것이 노동과 비유할 수 있으므로, 노동의 의미를 부여하는 차이점이 있다. 또한 레스토랑은 매일 같은 장소에서 반복하여 근무함으로써 주변 환경에 익숙해져 있다. 그러므로 어려움에 처했을 때 바로 문제를 해결할 수 있다. 그러나 케이터링은 장소에 익숙하지 못하므로, 어려운 문제와 마주치게 되면 당황하게 되어 실수를 할 수 있게 되므로 차이점에 대한 인식을 하고 항상 주의해야 한다.

케이터링Catering과 연관된 직업

케이터링Catering 행사를 하게 되면 자연스럽게 접목되어야 할 직업이 있다. 케이터Caterer가 능력이 있어 직접 할 수도 있겠으나, 대부분 그러하지는 못하다. 꽃꽂이로 하는 꽃장식, 얼음조각, 사진, 행사장소 디스플레이, 또는 전체 분위기를 도와주는 코디네이터 등 다양하게 접목되어 있다. 그리고 발전 가능성이 무한하다.

케이터Caterer들은 생각하라! 고객들은 항상 음식을 먹고 싶을 때 레스토랑을 찾을 것이라는 것을…….

TIP 실수가 실패는 아니다

지난 세월동안 우리가 마음깊이 새길 수 있었던 가장 훌륭한 교훈은, 실수로 인해 자신이 망가지도록 내버려 두어서는 안 된다는 것이다. 그보다는 오히려 실수로부터 뭔가를 배워서 앞으로 나가야 한다는 것이다.

CATERING
케이터링

CHAPTER 01

케이터링의 개요

CATERING
케이터링

제1절 케이터링의 형성 요인

1. 케이터링과 기내식

케이터링Catering의 사전적 의미는 "음식을 공급하는 업"이지만, 케이터링의 형성 요인을 살펴보면 항공산업이 발달하면서 단거리 비행에서 장거리 비행으로 변화하는 과정에서 자연스럽게 접목되었다고 볼 수 있다. 그러나 최근 들어, 저비용항공사가 출현하면서 기내식의 흐름이 양분되어 가는 추세이다. 그것은 저비용항공사가 비용 절감을 위해 기내식을 제공하지 않거나, 기내식을 공급하더라도 유료로 제공하려는 항공사가 늘어나는 흐름과, 오랜 시간동안 비행기 안에서 무료하게 보내는 승객들을 위해 먹는 재미와 즐거움을 주기 위한 대형 항공사들의 노력의 흐름이다.

대형 항공사들의 노력은 3만 피트가 넘는 상공에서 어떻게 하면 고객들에게 색다른 맛과 향기를 경험하면서 또 다른 추억을 갖게 할 것인가 연구하고 개선하려는 흐름이다.

기내식은 승객을 위한 서비스 차원에서 도시락 형태의 배달음식에서 시작되었다고 본다. 1919년 런던에서 파리로 가는 항공기 내에서 샌드위치 등을 제공한 데서부터 비롯되었으나, 항공산업의 발달과 여행객 증가로 품질을 개선하고 고객의 욕구를 충족시키기 위한 노력은 20년이 지난 후에 자리를 잡았다고 할 수 있다.

이 항공산업의 발달은 기내식을 발전시키는데 큰 기여를 하였다. 이러한 기내식은 케이터링Catering이 발전할 수 있는 형성 요인으로 작용하였다고 본다면, 기내식과 케이터링의 밀접한 관계를 알 수 있을 것이다.

대형 항공사들이 기내식에 얼마나 많은 관심을 가지고 있는가에 대한 한 예를 살펴보면, 블로그(hyunjong1011.blog.me)에서 다음과 같은 글을 확인할 수 있다.

"대한항공에서는 기내서비스 업그레이드 작업의 일환으로 지난 2009년 4월부터 제주 제동목장에서 방목 생산한 명품 한우와 토종닭 등의 최상의 식재료를 기내식에 적극 도입하여 일등석 승객들에게 제공하고 있으며, 유기농 채소류와 곡물류를 메뉴 전반에 사용하여 기내식의 고급화에 앞장서고 있다. 대한항공은 엄선된 재료로 계절별 메뉴를 다양하게 준비하고 있으며, 특히 일등석 승객들을 위한 다양한 코스요리를 선보이고 있다."라고 소개되어, 대형 항공사들이 공을 들이고 있는 부분이 일등석과 비즈니스석이라는 것이다. 좀 더 좋은 품질을 개발하여 고객에게 맛에 대한 즐거움, 풍요로운 경험, 행복을 만끽할 수 있는 감동을 주어 고객 확보에 우위를 점하려는 노력은 케이터링이 발전할 수 있는 형성요인이라 하겠다.

TIP 샌드위치란?

샌드위치 백작 4세인 존 몬테규는 도박게임에 정신이 팔려 어떻게 하면 쉬지 않고 허기를 달래면서 도박을 할 수 있을까 고민하다가 태어난 음식인데, 샌드위치 백작 4세의 이름을 따서 붙여진 것이라 하지만 편리한 장점 때문에 지속해서 소비자들의 사랑을 받고 있다.

2. 기내식의 발전

최초의 기내식은 1919년이었다. 당시 런던과 파리 사이의 항공노선에서 샌드위치와 과일 등을 종이상자에 담아 승객에게 제공한 것이 오늘날 기내식의 효시가 되었다. 1919년 최초로 공급하기 시작한 기내식은 1945년 제2차 세계대전의 종식과 더불어 항공 수요의 급증으로 저비용항공사의 등장, 고객의 취향에 맞는 품질 개선을 위한 많은 투자가 이루어지면서 기내식에도 다양한 메뉴와 질 좋은 음식을 제공할 수 있게 되었다.

또한 기내식에 패스트푸드 음식이 활성화되면서 대기업들이 다투어 기내식 사업에 관심을 갖게 되었고, 우리나라의 한식도 대한항공이 김포공항 내에 공장을 세우면서 고객의 호응을 얻게 되었는데, '86아시안게임과 '88올림픽을 계기로 하여 승객이 급증했던 것이 주요 원인으로 분석된다. 결국 소비자가 있어야 공급이 활성화 될 수 있다는 시장원리가 적용되었다고 보아야 한다.

시장원리란, 시장경제를 의미함으로써 외부의 힘이나 강제로 규제하려는 것이 아니라, 가격을 통해 수요와 공급의 거래가 이루어지도록 하며 경쟁을 통해 물가안정을 유지하도록 하는 경제원리이다. 이러한 수요와 공급은 고객이 상품을 구매하고자 하는 욕구와 생산자가 생산한 상품을 판매하고자 하는 욕구를 말한다.

한국은 1969년 대한한공이 유일하게 기내식을 제조할 수 있는 시설을 갖추고 처음으로 기내식을 생산한 후, 2015년 5월에 76,713식을 생산하여 46년 역사상 최대량을 생산했다. 참고로, 아시아나는 루프트한자 스카이셰프로부터 기내식을 공급받으며 2015년 5월에 31,143식을 공급했다(2015.5.15 아시아경제 황준호 기자).

3. 기내식의 특징

(1) 기장과 부기장의 기내식은 다르다.

기내식은 여객기 안에서 승객과 승무원에게 제공되는 음식으로, 입에 딱 맞지 않더라도 맛이 나쁘지 않아야 한다. 항공사마다 다르겠으나, 간단하지만 한 끼 요깃거리로는 충분하다. 디저트도 함께 제공되기 때문에, 좁은 식탁이지만 풍요로움을 느낄 수가 있다.

기내식은 반드시 두 종류 이상의 메뉴를 준비한다. 이는 필자가 CREW(승무원) 숙소를 3년간 운영하면서 기장들과 승무원들의 기내식만을 공급했는데, 그때 처음으로 알게 된 상식 아닌 지식이 되었다. 승무원들의 인원은 많지 않지만, 기내식 메뉴를 두 가지 이상 준비하는 것은 꼭 승무원을 위한다기보다는 승객들에게도 적용된다. 그러나 근본적인 것은 기장과 부기장에 있으며, 기장과 부기장의 음식이 다른 이유는 항공기 내에서 만약에 불미스러운 일(식중독, 복통 등)이 발생했을 때 둘 중 한 사람의 안전을 위해서다. 이는 기장의 안전이 수많은 승객의 안전과 직결되기 때문이다.

(2) 원가가 높다.

원가를 줄일 수 있는 방법은 같은 재료를 사용하여 많은 수량을 만들 때 원가와 더불어 객단가도 줄일 수 있다. 그러나 기내식은 반드시 두 종류 이상의 메뉴를 선택해야 하므로, 같은 수량이라도 절반의 수량을 별도로 식자재를 구매해야 하기 때문에 식자재의 원가가 높아질 수밖에 없다. 또한 기내식은 항공기까지 음식을 이동해야 하므로 그에 대한 인건비, 교통비 등 원가상승 요인이 발생한다. 그래서 일반 음식서비스보다는 원가가 높다.

원가를 낮추려면 다음과 같다.

- 주문 수량이 많아야 한다. 기내식 시설을 완비한 곳에서 다른 항공사와 협약하여 다량생산을 해야 한다.
- 구매의 한계를 극복해야 한다. 주문량이 늘어나면 구매량도 늘어나는데, 단가계약 등을 통해 식자재 구입단가를 낮추도록 해야 한다.
- 재고 없는 수량 조절을 해야 한다.

(3) 음식의 맛이 지상과는 다르다.

기내식은 높은 고도에서 음식을 먹을 수 있는 조건이 좁은 공간이라는 약점과, 소음이라는 주변 환경 때문에 지상에서와는 다르게 느껴진다.

① 항공기 내에서는 조리가 불가능하므로 지상에서 만들어 공급해야 하는데, 시간 차이가 있어 조리된 음식을 덥혀서 공급해야 하므로 맛이 덜한 특성이 있다.
② 상공과 지상의 기압 차이가 있으므로 혀에서 느끼는 맛이 다른 특성이 있다.
③ 상공에서는 짠맛과 단맛이 약 30%까지 줄어 느끼지를 못한다.
④ 상공의 기내에서는 가급적 탄산음료는 피하는 것이 좋다.

(4) 제한적 장소

기내식 문화가 정착되기 전에는 고객이 음식이 있는 장소, 즉 식당까지 가야만 했다. 고정된 장소, 제한된 장소를 떠나 고객이 있는 곳으로 음식을 제공할 수 있는 여건을 조성할 수 있도록 기내식은 동기부여를 했고, 아마도 케이터링 형성 요인으로 제일 크게 작용했다.

T I P 도루묵이란?

조선 14대왕 선조가 임진왜란으로 피난을 갈 때의 일이다. 먹을 것이 부족하니 임금님 수라상도 초라할 수밖에 없었다. 이때 한 어부가 동네 앞바다에서 잡은 '묵'이라는 물고기를 진상하였는데, 선조는 그 물고기를 맛있게 먹은 후 그 물고기의 이름을 물었을 때 신하가 "묵"이라고 대답하자, 선조는 즉석에서 이름이 촌스럽다며 "은어"라 부르라고 하였다. 후에 전쟁이 끝나고 환궁한 선조는 피난 시절의 '은어'가 생각나 다시 먹어보았는데, 그때의 그 맛이 아니어서 도로 "묵"이라고 부르라하여 '도루묵'이 되었다 한다.

제2절 케이터링의 개념

1. 케이터링의 정의

케이터링Catering은 행사장 준비를 위한 테이블, 의자, 기물 등과 음식, 음료를 준비하여 직접 고객이 원하는 장소에 찾아가 서비스를 제공하는 것을 의미한다. 음식의 질이나 양도 중요하고 서비스에 대한 경험도 필요하지만, 케이터링은 그에

관계없이 인간의 기본적인 욕구를 충족시키기 위해 외부로 이동해서 행하여지는 모든 행사, 단 음식이 포함되어 있는 행사를 의미한다고 보아야 한다.

TIP 인간의 기본욕구(매슬로우 욕구 5단계)

매슬로우가 주장한 인간의 심리에 바탕을 두고 인간 행동에서 나타나는 욕구를 5단계로 구분하여, 단계별 나타날 수 있는 동기유발에 대해 상위계급으로 갈수록 만족을 나타낸다는 심리학이다.

- 생리(생존)적 욕구 : 의, 식, 주에 의한 욕구
- 안전의 욕구 : 경제, 육체, 심리적 작용에 의한 욕구
- 사회적 욕구 : 공동체사회에서 인적 교류에서 나타나는 사교, 친분 등에 의한 욕구
- 존경의 욕구 : 인정받고 싶은 명예, 지위, 권력 등에 의한 욕구
- 자아실현의 욕구 : 성장, 자주독립에 대한 욕구

2. 케이터링의 개념

케이터링Catering은 음식을 공급한다는 의미이나, 출장연회Outside Catering라는 뜻이 내포되어 주로 사용되고 있다. 지금은 대중화가 많이 되어 있어 주변에서도 쉽게 접할 수 있으나, 처음에는 특권계층이나 항공사에서 주로 사용하였다.

케이터링은 현장에서 많이 사용하는 용어로서 고정되어 있는 연회장이나 한정되어 있는 장소를 벗어나 고객이 필요로 하는 장소, 고객이 원하는 시간과 여건에 맞추어, 음식서비스를 위한 주류, 음료 집기비품(접시, 식기, 글라스, 린넨 등) 테이블, 의자 등을 고객이 지정한 특정 장소로 운반하여 어떠한 틀에 구애됨이 없이 고객이 만족할 수 있는 행사를 준비하여 실시하는 것을 말한다.

우리나라의 접대 문화는 음식을 정성스럽게 준비하여 상차림을 하는데, 푸짐하고 풍성하게 하여 접대하는 것을 기본으로 한다. 전통적으로 내려온 잔치문화는 대부분 마당에 멍석을 깔고 여러 사람이 한 장소에 모여 음식을 먹을 수 있도록 한 것과 케이터링을 비교하면, 표현하는 방법만 다를 뿐 많은 음식을 한자리에 제공하여 손님을 맞이하는 것은 비슷하다 할 수 있다.

제3절 케이터링의 성장 배경

잔치와 연회는 넓은 의미에서 같다고 할 수 있으나, 굳이 구분을 하면 잔치는 서민적 의미가 담겨 있고, 연회는 고급스런 의미가 내포되어 있는 것 같다. 그것은 아마도 연회(宴會)는 왕권국가, 군주국가의 권력자와 귀족 등 특권층에서 호화롭게 행하여 내려오는 관습에서부터 현재에 이르렀기 때문이다.

산업의 발달로 소득 수준이 높아짐에 따라 파티문화가 다양화되고 대중화되어감에 따라 가장 빠르게 변화하고 있는 부분이 파티와 가장 밀접한 관계를 가지고 있는 케이터링이라고 볼 수 있다. 파티의 다양화에 따라 고객이 쉽게 접근할 수 있는 음식문화, 고객의 취향 변화로 장소의 제한을 받지 않고 분위기 및 서비스를 제공할 수 있는 케이터링이 각광을 받고 있는 것은 자연스러운 현상이라고 볼 수 있다.

케이터링의 성장 배경에는 서양의 개척문화와 한국의 가정문화에서 찾아볼 수 있다. 그것은 샌드위치와 같은 간단식을 요구하는 개척정신과 과거 한국 가정문화에서 엿볼 수 있는 풍족치 못한 시절, 양적인 음식을 제공할 수 없는 현실, 기물부족 등이 성장 배경의 큰 원인이 되었다고 할 수 있다.

1. 가정의 접대문화

가정에서 손님이 방문하면 주부들은 음식을 만들어 접대하기 위해 많은 수고를 한다. 잔치문화도 거슬러 올라가면 예외는 아니다. 좁은 부엌에서 없는 식재료에 손님을 접대한다는 것은, 단순히 음식을 만든다는 것도 있지만 그보다 더 중요한 것은 음식을 담아야 할 기물이 가정에는 충분치 않다는 것이다. 그러기에 기물이 충분하지 않은 가운데 식재료마저 부족한 상태에서 손님에게 접대를 하는 것은 가정에 큰 문제였으므로 대사(大事)라고 하였던 것 같다. 그러한 접대문화가 근대사회에 접어들면서 자연스럽게 가정 외의 장소에서 접대의 필요성이 대두되었고, 접대문화가 발전하게 되었다고 볼 수 있다. 그러한 문화가 현대사회에서 케이터링이 성장할 수 있는 배경이라 할 수 있다.

TIP 대사(大事)란?

- 대사(大事) : 큰 일. 대례(大禮)의 속된 말
- 대사에 낭패는 없다 : 관혼상제와 같은 큰일은 시작만 해놓으면 어떻게든 치루게 된다는 말

– 국어대사전, 이희승 편저

2. HMR(가정의 대체음식)

가정에서 음식 만드는 불편을 해소하기 위해 대형 마트나 편의점에서 간단하게 먹을 수 있는 여러 종류의 샌드위치, 도시락, 김밥, 일회용 음식들을 출시하면서 사회생활에 참여하는 여성층, 혼자 사는 노인층, 독신자 등의 소비자들을 유인하여 폭발적인 인기를 끌고 있다. 가정에서 할 수 있는 조리를 대행한다는 점에서 케이터링이 성장할 수 있는 요인으로 작용하였다.

3. 패스트푸드의 발전

패스트푸드 음식의 등장은 신속함을 좋아하는 민족성으로 인해 소비 형태가 브랜드와 함께 간편함을 추구하게 되었고, 편리해진 소비문화와 더불어 메뉴의 다양화, 조리법의 발전 등은 질적인 면에서도 중요하지만 양적으로 대량생산, 대중화에 각광을 받게 되었고, 정보산업의 발달로 인한 인터넷 문화가 확산되면서 케이터링이 성장하는데 기여할 수 있었다고 본다. 패스트푸드의 장 · 단점을 살펴보면 다음과 같다.

① 장점

- 가처분 소득이 늘어나면서 발전하였다.

- 자신의 취향에 따라 즉석에서 주문할 수 있다.
- 대기시간을 줄일 수 있어 시간을 절약할 수 있다.
- 다양한 맛 때문에 쉽게 접근할 수 있다.
- 접근성이 용이하여 쉽게 가까이 할 수 있다.
- 야식문화를 새롭게 바꿔놓았다.
- 패스트푸드의 주 고객은 청소년이고, 청소년으로부터 환영받는 음식이다.

② 단점

- 나트륨 함량이 과도하게 함유되어 건강을 해칠 수 있다.
- 수입에 의존하는 재료가 많다.
- 구입 후 빨리 소비하여야 하는 단점이 있다.
- 기름에 튀긴지 오래된 것은 피하는 것이 좋다.
- 패스트푸드 음식을 섭취할 때 야채나 샐러드를 곁들여 먹어야 한다.
- 영양의 불균형을 가져올 수 있다.
- 비만의 위험성이 내포되어 있어 자주 먹는 것은 피해야 한다.

4. 테이크아웃의 발전

소비자의 부담을 줄이면서 편리하게 이용할 수 있는 피자, 햄버거, 치킨점 등이 발전하면서 고객이 음식을 매장에서 소비하지 않고 밖에서 소비하는 형태를 말한다. 신선도가 유지될 수 있도록 신속하게 제공되어야 하며, 찾아오는 고객에게 지속적인 인적서비스와 철저한 물적서비스(메뉴관리)로 고객관리를 해야 한다. 식자재의 특성을 살려 효율적인 관리와 효율적인 활용으로 고객의 부담을 줄일 수 있어야 하며, 밖에서 이루어지는 형태라는 점에서 케이터링 문화와 비슷하여 성장요인이라 할 수 있다.

테이크아웃Take Out 시장이 성장하면서 커피, 아이스크림 등 음식을 포장하는 포장지가 거리에 버려지거나, 공공장소의 쓰레기통이 넘쳐 청결에 대한 문제점도 노출되고 있다. 그러므로 외부로 나가는 음식이 안전하게 공급될 수 있도록 철저한 위생관리가 필요하다.

5. 배달음식

테이크아웃Take Out과 유사한 부분이 많다. 테이크아웃은 소비자가 직접 주문하여 음식을 밖으로 가지고 가는 것을 뜻하고, 배달음식은 소비자가 주문하면 영업자가 소비자에게 음식을 제공하는 것을 뜻한다. 배달음식은 조리할 수 있는 공간만 있으면 가능하므로, 소자본으로도 창업할 수 있다는 장점이 있다. 배달음식은 패스트푸드 외에도 분식이나 한식, 양식 등 다양한 메뉴를 구성할 수 있으며, 시간도 구애받지 않으므로 많은 발전을 할 것으로 보인다. 특히 모바일 주문 결재서비스, 맛 집 정보서비스, 배달 안 되는 음식 배달서비스, 야외 배달서비스 등과 레시피만 있으면 식재료 배달을 받아 해결하는 등 창의력을 발휘하여 미래를 추구하는 형태의 발전이 케이터링 형성요인으로 작용한다.

T I P 단골고객 만드는 법

- 처음 찾아온 고객이 기억에 남을 수 있도록 모셔라.
- 다시 찾아 온 손님을 기억해서, 잘해 주었다는 느낌을 갖도록 하라.
- 추천받은 손님은 추천한 고객의 좋은 점을 자랑하라.

6. 산업사회의 변화

산업혁명 이후 수공업에서 기계공업으로 넘어오면서 농촌인구가 도시로 유입되기 시작하였다. 경제중심이 농촌에서 도시로 이동하여 공업화 도시가 형성된 도시를 산업사회라 할 수 있으며, 산업사회가 발전하면서 신도시가 형성되어 도시의 변화는 계획적인 친환경적으로 인구문제를 해결하려는 모습으로 변화했다. 더불어 음식문화가 발전하게 되었고, 음식문화의 발전은 케이터링이 성장할 수 있는 배경이 되었다.

산업사회의 변화는 자연적인 형성의 좁은 의미의 신도시와, 계획적인 넓은 의미의 대도시로 인구 분산의 효과와 소득 증대로 인한 차별화된 경쟁력과 다변화된 전략으로 경제적 영향을 받아 이윤창출을 담보할 수 있어 케이터링의 발전에 큰 영향을 가져왔다.

제4절 현대사회와 케이터링

현대사회는 생존을 위해 음식이 필요했던 시대를 벗어나, 건강을 위해 많은 관심이 집중되면서 건강 관련 음식에서부터 웰빙식품에 이르기까지 다양한 식품이 홍수를 이루고 있다. 또한 식문화가 발전하면서 기업들도 다투어 음식개발에 많은 투자를 아끼지 않는다. 소규모 사업자들도 영업할 수 있는 공간을 배재하고, 음식을 만들 수 있는 조리시설만은 갖추어 케이터링을 위한 사업에 동참하고 있다. 한식, 양식, 일식, 중식, 제과 등 다양한 메뉴를 개발하여 고객의 욕구를 충족시키면서 경영상 이윤을 추구하고자 독립된 조직체계를 갖추는 업체가 많아지고 있다.

케이터링Catering 하면 제일 먼저 항공기의 기내식을 떠올릴 수 있다. 그것은 'Catering'이라는 단어를 기내식에서 제일 먼저 사용하였고, 항공기를 이용하고 종사하는 사람들은 자연스럽게 사용하고 있기 때문이다. 실제로 어느 항공사든 '출장음식'이라는 표현은 쓰지 않는다. 그것은 케이터링 언어에 익숙해 있기 때문이다. 또한 호텔 연회부서나 외식사업체에서도 출장연회라는 표현보다는 케이터링을 더 많이 사용하는 것도 같은 맥락으로 보아야 할 것이다.

현대사회에서 케이터링 사업의 성패를 좌우하는 것은 다양한 정보를 어떻게 고객에게 전달하여 고객 창출을 하느냐에 달려있다. 맛 좋은 음식을, 저렴한 가격에, 질 좋은 서비스를 제공한다면 동종업소에서 우위를 점하는 것은 자명한 일이다. 그렇게 되면 그 업소는 구전광고를 통해 고객의 발길이 끊이지 않을 것이고 사랑을 받게 될 것이다. 한 번 이용한 고객은 대화하는 과정에서 케이터링이 주제에 오르면 “어! 내가 아는 집이 있는데!”라며 그 업소를 알고 있는 것에 대한 자부심을 가지고 추천을 한다. 그러한 고객을 충성고객이라 하는데, 충성고객을 많이 확보하기 위해서는 주인과 종사원 모두가 ‘가족 같은 주인, 친구 같은 주인, 형제 같은 주인’ 사이가 되도록 노력하여 끈끈한 유대관계를 유지해야 한다.

식음료 분야에서는 어느 분야라도 소홀히 해서는 안 되겠지만, 특히 케이터링Catering 부분은 주변에서의 추천을 통한 고객 확보를 하는 경향이 많으므로 각별히 유의해야 한다.

1. 현대사회의 케이터링 목적

사회가 변화함에 따라 고객의 소비인식도 많이 달라졌다. 주최자의 목적이 분명해진 고객은 질과 양을 동시에 추구하며 성장하는 외식산업에, 빠르고 편리함을 더한 맞춤형 서비스를 선호하여 만족감을 얻음으로써 새로운 욕구를 충족하게 된다.

케이터링Catering은 일반적으로 같은 시간에 많은 고객이 행사장을 이용하기 때문에 매출과 직결되는 것은 물론이며, 사전에 동일한 메뉴로 확정하고 서비스 형태, 서비스 제공 순서가 사전에 협의되어 일률적으로 이루어지므로, 전문지식이 충분한 서비스요원이 투입되어야 한다. 또한 종사원 한사람이 담당해야 할 고객이, FIT 손님을 수용하는 레스토랑에 비해 많기 때문에, 테이블서비스에서 제공하는 양질의 서비스를 제공한다는 것은 불가능하다. 파티 성격에 따라, 참석자 신분에 따라, 참석하는 인원에 따라 그 특성이 다르다.

또한 메뉴에 따라 준비해야 할 기물에서부터 접객을 해야 할 종사원에 이르기까지 특성이 다양하여, 같은 메뉴라 하더라도 이벤트 특성, 행사 소요시간, 행사 준비하는 시간 등에 따라 다르다. 특히 소요예산에 따라 질적 · 양적인 면에서 변화를 예상해야 하므로, 모든 부분에 대한 충분한 협의가 이루어져야 최소한의 목적을 달성할 수 있다.

T I P 목적의 뜻

목적(目的)은 눈목(目) 밝을 적(的)이라 하여 표적을 의미하며, 원래 눈 모양의 과녁을 의미한다. 옛날 어느 사람이 공작의 깃털 중에 눈 모양의 동그란 부분 중앙을 활로 쏘아 맞히면 사위로 삼겠다는 광고를 하여 많은 궁사들이 도전하였으나 실패했다. 그 중 한사람이 그 목표에 맞추어 사위가 됨으로써 쓰게 된 말이다. 이루려고 하는 일이나 방향을 뜻하는 사전적 의미가 있다.

2. 음식과 음료

케이터링Catering은 목적에 따라 제공되는 음식이나 음료가 파티 장소에서 변경될 수는 없다. 파티 성격에 따라 육류를 피하고 생선만으로 구성해야 할 경우, 때로는 육류나 생선 모두를 제외시키고 식단을 야채로만 준비해야 하는 특수성도 있을 수 있다. 특히 주류는 선택의 폭이 넓기 때문에 위스키나 브랜디, 와인 등은 예산에 맞게 검토되어야 한다.

3. 장비용역

파티준비를 하는데 있어 자체장비만 가지고 할 수 있느냐, 외부협조나 용역을 필요로 하느냐에 따른 특성이 있다. 자체장비로 할 수 있으면 크게 문제될 것은 없으나, 케이터링Catering은 대부분 자체장비가 부족하기 때문에 외부의 용역에 의존해서 하게 된다. 고가(高價)의 장비는 대여료가 비싸고, 레크리에이션에 동원되는 진행자나 사회자도 사전에 협의가 잘 이루어져야 하는 특성이 있기 때문이다.

(1) 아웃소싱(용역)

기업의 업무 일부분이나 일련의 과정, 즉 생산, 유통, 포장 등을 외부에 의뢰하는 경우, 경영 효과 및 효율의 극대화를 위한 방안으로 제3자에게 위탁처리 하는 것이라

할 수 있는데, 다음과 같은 경우가 있다.

① 업무나 기능을 자체적으로 유지하기에는 이익창출이 어려운 경우
② 조직 내부의 문제로 야기되는 갈등을 해결하기 위해 제3자에게 문제를 위임하는 경우
③ 내부에 기획이나 경영 전반에 대한 전문성이 없고, 당장 그 기능이 필요하여 외부의 협력이 필요한 경우
④ 조직을 활성화하기 위한 유연성과 업무처리를 빠르게 할 수 있는 민첩성을 높이는데 가장 효과적인 수단으로 작용하는 경우

4. 축배주(酒)

국내 파티는 물론이고, 국제회의나 국제적인 파티의 경우 축배가 있을 때에 샴페인으로 할 것인가, 와인으로 할 것인가, 아니면 그 고장의 토속주로 할 것인가를 미리 준비해야 한다. 축배 시에는 한 사람이라도 잔이 비어 있지 않도록 주의해야 하는 특성이 있기 때문에 축배주(酒)는 색깔이 선명하고 알코올 도수가 낮은 것을 선택해야 한다.

축배의 기원은 덴마크가 영국의 여러 섬들을 점령했을 때와, 영국의 술 마시는 풍습에서 전래되었다는 설이 있다. 전자는 점령당한 원주민들은 점령한 군인들의 허락을 받고서야 술을 마셨다고 한다. 그때 점령한 덴마크 인들이 술잔을 들고 건배할 때까지 마시지 않고 기다렸다고 한다. 후자는 토스트 빵을 벌꿀 술잔에 넣어 마시는 풍습으로, 여흥이 무르익을 때 일행 중 한사람이 '토스트'라고 외치면, 술잔을 기우릴 때 술잔 안에 넣어둔 토스트가 기우린 잔을 따라 내려오도록 하여 마셨다는 설이 있다.

① 축배는 나눠 마심으로써 독이 없다는 의미를 내포하고 있다.
② 축배는 음식이 부족한 행사라 해도 기억될 수 있는 힘이 있다.
③ 축배는 초청자(호스트)가 먼저 하는 것이 예의이다.
④ 주빈은 초청자의 권유를 받아 할 수 있다.
⑤ 축배의 제의를 받으면, 자리에서 일어나거나 사회석으로 이동하여 할 수 있다.
⑥ 축배의 잔은 눈높이까지 드는 것이 상례이다.

TIP 축배의 예

- 갈매기 : '갈수록 매력 있고 기분 좋은 사람'이란 뜻으로, "갈매기" 하면 앞을 보고 바로 "당신"이라고 외친다.
- 청바지 하면 백두산 : '청춘은 바로 지금부터, 백 살까지 두 발로 산에 오른다' 등 긍정적이어야 한다.

5. 만국기

국제행사 시 만국기를 준비해야 할 경우, 참석자의 국기가 하나라도 빠지는 실수가 없도록 각별히 주의해야 하는 특성이 있다. 바쁘게 행사를 준비하다보면, 준비요원의 실수로 간혹 참석자의 국기 대신 미 참석자의 국기가 게양되는 경우가 있다.

만국기는 1851년 영국 런던에서 열렸던 제1회 박람회(지금의 엑스포) 때 참가국의 국기를 게양했던 것이 최초이고, 그 안이 받아들여져 지금까지 이어져오고 있다.

6. 진행요원

현대사회는 행사를 기획하다보면 전문적인 사회나 연예인의 참석을 요구하는 경우가 있다. 그런데 이벤트 특성상 주최 측에서 요구하는 사항이 많을 때 수용할 수 있느냐 없느냐에 따라 다르다. 예를 들어, 연예인을 초청해야 하는데, 주최 측에서 무리한 예산으로 초청을 요구했을 때 총 행사비용을 검토하여 수용을 할 것인가, 아니면 거절할 것인가 등을 살펴야 한다. 그리고 이러한 행사에는 종종 종사원이 연예인의 공연에 정신이 팔려 서비스를 소홀히 할 수 있는 경우가 있으므로, 교육을 철저히 해야 한다.

7. 현대사회란?

'점이 모여 선이 된다'고 한다. 한 점 한 점이 모여 선이 되듯이, 현대사회란 과거사회가 있어야 존재할 수 있다. 과거사회가 없는 현재란 있을 수 없기 때문이다. 과거의 전통사회를 알아야 과거와 다른 현대를 볼 수 있는 것이다. 슬로푸드에서 패스트푸드로, 그리고 다시 슬로푸드가 도래한 시대, 명령과 복종의 체질에서 창조적인 체질로 변화할 수 있는 시대, 유행의 속도가 무디었던 시절에서 민감하게 변화하는 시대, 새로운 자원을 활용할 줄 아는 창의력이 발휘되는 시대, 선진국과 후진국이 공존하는 시대, 급격한 사회변동으로 인하여 나타나는 사회현상인 고학력, 전문성, 산업화, 도시화 등 과거와 다른 현재, 이러한 시대가 현대사회인가?

TIP 오늘 일은 오늘 해야 한다

하루가 모여 인생이 된다. 그 인생을 잘 살려면 하루하루를 올바르게 살아야 한다.
잡초가 무성한 밭에서는 곡식을 얻을 수 없다. 거름을 주더라도 잡초를 뽑아주어야 한다.

(1) 은하수가 보이던 시대와 보이지 않는 시대

은하수가 보이던 시대는 깨끗한 물이 부족하지 않았고, 청정한 공기는 농촌과 도시의 구별 없이 마실 수 있었으며, 인심은 넉넉하여 좀 부족하더라도 나누며 사는 시대였는데, 은하수가 보이지 않는 시대는 끊임없이 자연을 훼손시켜 자생능력을 잃게 하여 공기가 오염되고 물이 오염되는 것도 부족하여, 물이 부족하게 되는 시대가 현대사회인가?

(2) 5일장을 보던 시대에서 마트를 이용하는 시대

과거의 5일장은 인정과 낭만이 있었다. 푸성귀 하나를 사더라도 흥정을 했고, 물건을 사면 덤이라는 인정이 있었다. 그러나 마트나 백화점에 가서 상품을 사게 되면 흥정은커녕 말 한마디가 필요 없게 되었다. 필요한 상품을 카운터에 놓으면 바코드가 알아서 계산서를 보여주고, 카드 하나만 내놓으면 계산이 끝나므로 말이 필요 없게 되었다. 주판을 튀기는 시대에서 바코드의 시대, 덤이라는 것은 생각지도 못하는 사회, 정이 말라가는 사회가 현대사회인가?

(3) 수동으로 하는 시대에서 자동화로 하는 시대

수공업에서 기계공업, 소량생산에서 대량생산으로 변화시키는 과정을 산업혁명이라 한다. 산업혁명은 기계의 발달, 즉 동력혁명을 가져왔고, 과학기술의 발달은 모든 기계를 자동화하였다. 그런데 이 자동화라는 것이 어디가 끝인가? 보이지 않는 사회가 현대사회인가? 그러나 그러한 자동화도 모두가 사람의 손으로 이루어진다.

(4) 걸어서 사는 시대에서 항공산업 시대

서울에서 아침 먹고, 동경에서 점심 먹고, 바이어들과 업무를 처리한 후 다시 서울에서 가족과 저녁을 먹을 수 있는 동양권이 일일 생활권이라 한다. 항공산업의 발달은 이제 세계가 일일 생활권이 될 수 있다는 상상도 해본다. 그러나 아무리 항공산업이 발달하여 일일 생활권이 되더라도 걸어서 다니던 과거가 있었다는 사실은 알아야 한다.

(5) 어느 곳에서나 무엇이든 가능한 시대

모든 분야를 심각하게 변화시키고 있는 정보산업, 안 된다는 과거의 틀에서 탈피하여 무엇이든 할 수 있다는 방향을 제시하는 시대에 살고 있다. 이제 버튼 하나면 되는 시대이다. 한국과 미국에서 버튼 하나면 통화가 가능한 시대, 외부에서 버튼 하나면 가정의 밥솥에서 밥이 되는 시대이다. 이처럼 지금은 무엇이든 가능한 시대이다. 그러나 정보산업의 발달은 끝이 보이질 않는다. 앞으로 얼마나 더 발전하여 더 많이 편리하게 될 것인가. 이것이 현대사회인가?

TIP 대전역 가락국수

서울에서 목포를 가는 호남선 완행열차(대전발 0시 50분)가 대전역에서 열차의 방향을 돌리기 위해 정차를 하는데 시간이 제법 걸렸다. 시간적 여유가 있었으므로 승객은 내려 가락국수 한 그릇으로 허기를 달랬고, 그렇게 시작된 가락국수는 추억 속의 음식이 되었으며, 대전역의 명물이 되었다.

CATERING

케이터링

CHAPTER 02

케이터링의 조직

CATERING
케이터링

제1절 조직의 이해

1. 조직의 정의

조직의 사전적 의미는 "짜서 이룸, 얽어서 만듦"이라고 되어 있고, 나아가서 하나의 집단인데 혈연, 지연 따위로 맺어지는 '기초적 집단'과 인위적(人爲的)·목적적(目的的)으로 맺어지는 '파생적 집단'으로 나누어진다. 여기서 파생적 집단이 추구하는 것은 목적 달성을 위한 상호작용이라 할 수 있다. 사람이 살아가는 사회에서 인과에 얽히어 맺어질 수밖에 없는 존재로써, 어떻게 하면 더불어 일할 수 있는 사람들과 공조를 통해 역할을 나누어 효율성을 높이며 생산성 향상을 위한 행동을 할 것인가. 최소한 개인이 하는 것보다 큰 힘을 발휘할 수 있어야 하고, 그 개인은 다수가 협력하는 가운데 반하지 않아야 한다.

2. 조직의 기본 개념

인류는 오래 전부터 성격이 다르고, 특성이 다른 개개인이 역할을 나누어 일을 해왔다. 기능이 다른 사람들이 모여 주어진 자본과 시간을 가지고 설정한 목표를 달성하는 것이 조직이다. 또한 조직구성원이 의욕을 가지고 일할 수 있는 여건을 만들어 줄 수 있어야 한다. 조직 속에서 서로간의 의견 충돌이 있으면, 그 조직은 와해되기가 쉽다.

1) 조직은 명령계통의 일원화가 되어야 한다

조직의 구성은 체계적이며 불필요한 직위가 없도록 간결해야 한다. 생활과 소비 형태의 변화로 시간절약형 고객이 늘어나고, 경비를 절약하려는 소비계층이 다양화·차별화를 하는 시점에 경영진과 종사원 간의 의사소통이 원활하게 이루어지도록 해야 한다. 특히 주방의 조직편성은 새로운 메뉴에 대한 정보, 신기술 등 양적인 부분과 정적인 부분을 소화할 수 있도록 편성해야 한다. 내부조직과 외부조직 구성원이 상호작용이 이루어지지 않으면 공동의 목표를 달성하는데 장애요인이 많으므로, 업무를 시작하여 진행하고 끝마칠 때까지 지시사항이 항상 지켜질 수 있도록 한다.

2) 전문화, 분업화가 되어야 한다

고정된 장소를 떠나서 조직이 움직여야 하는 이질적인 면이 많으므로, 분업화된 조직이 유기적으로 구성체를 움직일 수 있는 전문성이 요구된다. 업무의 기능을 부분적으로 분류하면 음식 부분, 음료(주장포함) 부분, 행사 부분, 이동 부분으로 구분하여 다양한 업무를 효율적인 경영관리를 하기 위해 종사원 각자의 능력을 최대한 발휘할 수 있도록 해야 한다.

① 각 부서의 효율적인 기능은 수익성 확보를 할 수 있다.
② 수익성 확보를 위해서는 합리적인 조직체계가 요구된다.
③ 체계적인 조직관리 없이는 원활한 서비스가 제공될 수 없다.
④ 원활한 서비스는 고객 창조와 직결되어 있다.
⑤ 각자의 능력을 발휘할 수 있는 조정, 통합이 필요하다.
⑥ 조직이 커지면 구성원 간의 상호 협조할 수 있는 전문·분업화가 필요하다.

3) 관리 한계가 있어야 한다

인적 구성요소의 비중이 높으므로, 각자가 수행해야 할 직무가 명확히 구분되어져야 한다. 개별적으로 움직이면서 보다 효과적이고 능률적으로 수행하기 위해서는 상호 보완 관계를 맺고 목적과 직무에 따라 그 기능을 수행하는데 무리가 없도록 해야 한다.

T I P 자신을 낮추는 사람

맹사성이 19세에 장원급제하여, 파주 군수로 부임하며 무명선사를 찾아 군수로서 삼아야 할 도리에 대해 조언을 구했다. 그러자 선사는 착한 일을 많이 베푸시면 된다고 답했고, 맹사성은 그건 삼척동자도 다 아는 이치라며 나가려 하자, 스님은 차나 한 잔 하고 가라고 한다. 스님이 차를 따르는데 찻잔이 넘치도록 따르니, 찻잔이 넘치는 것도 모르냐며 맹사성이 화를 냈다. 스님은 맹사성을 향해 찻물이 넘쳐 방바닥을 적시는 것은 알고, 지식이 넘쳐 인품을 망치는 것은 모르냐고 하자, 부끄러워 황급히 나가다가 문틀에 이마를 부딪친다. 그 때 스님은 빙그레 웃으며 "고개를 숙이면 부딪치는 일이 없습니다."라고 말했다.

제2절 케이터링 조직의 특성

케이터링Catering은 조직이 잘 정비되지 않은 상태에서는 자원의 손실을 가져올 수 있는 경우가 많기 때문에, 업무의 효율성을 저하시킬 수 있는 요인이 많다. 특히 적응능력이 부족한 상태에서 업무를 한다는 것은 원가상승의 요인으로 작용할 수 있다. 같은 원자재라 하더라도 계절에 따라, 시간대에 따라, 기후변화, 공급 출하량의 변화, 수요변화 등 상황변화에 따라 처리할 수 있는 인재를 배치할 수 있도록 조직한다.

1. 목표 달성

케이터링Catering도 이윤추구가 목적이다. 이윤추구를 위해 경영자와 근무자는 미래 지향적으로 관리기능이 이루어져야 한다. 경영자는 수익극대화를 위한 목표를 명확하게 밝히는 것이 좋다. 매출 목표를 구성원이 인식하고 공유하지 않으면 나 하나만이야 하는 안일한 생각을 할 수 있다. 그렇게 되면 쉽게 행동하고 순수익 증대에 악영향을 초래해 손실을 가져올 수 있다.

1) 기능에 따른 조직

식자재 구입, 메뉴계획, 서비스 등 케이터링 조직에 수행되는 각 기능은 설정한 목적을 달성할 수 있도록 배치한다. 때로는 한 사람이 두 가지 이상의 업무를 수행해야 할 경우도 있다. 일을 하는 과정에서 집중된 한 시간이 산만한 한 시간보다 효과적이다. 주어진 근무시간에 집중력을 발휘할 수 있도록 기능을 살려주어야 조직이 살아난다.

2) 조직 편성은 간단하게

케이터링 조직은 복잡하지 않고 간단해야 한다. 불필요한 직책을 두지 않고, 계층 간의 사이를 좁힐 수 있도록 하여 경영진과 하부계층 간에 의사소통이 원활하게 이루어져야 한다. 조직 편성을 잘했을 때 다음과 같은 효과를 볼 수 있다.

① 미래를 대비할 수 있다.
② 안전함을 추구할 수 있다.
③ 위기에서 대안을 빨리 세울 수 있다.
④ 상대보다 앞서갈 수 있다.

2. 합리적인 조직

케이터링Catering 조직은 단순하다고 볼 수 있다. 경영자가 서비스와 조리영역을 조화롭게 통제할 수 있도록 하여 운영 활동이 원만하게 이루어지면 된다. 그러나 경영주가 무엇을 원하고, 무엇을 요구하는가를 잘 이해시켜야 한다. 종사원 스스로 통제할 수 없는 영역이 많고 업무에 따라 모호한 업무가 있을 수 있으므로, 성취하고 싶은 욕망만 가지고는 일을 그르칠 수 있다. 그렇기 때문에 자만심에 빠지지 않도록 해야 한다. 축구장에 많은 인원이 모여 응원을 하지만, 그것은 조직이라 하지 않고 군중, 관중이라 한다.

① 업무분담을 시킬 때 중복되지 않도록 해야 한다.

② 업무분담을 할 때 누락될 수 있는 요인이 없어야 한다.
③ 할 수 있는 일을 맡겨야 한다.
④ 개인별 업무량이 타당성이 있어야 한다.
⑤ 능력에 맞는 일을 맡겨야 한다.
⑥ 자기적성에 맞는 일을 해야 한다.
⑦ 보람을 느낄 수 있는 일을 해야 한다.
⑧ 주인의식을 가질 수 있어야 한다.

3. 인사

케이터링Catering의 인사관리는 일반 식음료와는 차별화가 필요하다. 일반 식음료는 조리와 서빙에 중점을 두지만, 케이터링은 운송 부분을 추가해야 한다. 또한 조리도 출장음식에 대한 상식이 있어야 하고, 서비스도 실내 서빙과 다른 행사준비 계획서부터 서비스, 그리고 행사 후 정리까지를 담당해야 하기 때문에 체력도 감안해야 한다. 그러므로 경력직원을 뽑을 때나 신입직원을 선발할 때 유의해야 할 부분을 살펴보면 다음과 같다.

(1) 입사 시 근로시간에 대해 잘 살펴야 한다.

케이터링Catering은 근무시간이 일정할 수 없으므로, 그에 대한 협의가 사전에 이루어져야 한다. 그것은 국제행사나 국내행사 등 행사시간이 행사계획에 따라 시간표가 일정하게 정해져 있으나, 그 시간표대로 진행되는 경우는 극히 드물다. 회의를 할 때 어느 때는 빨리 끝나고 어느 때는 늦게 끝나는데, 상상 외로 늦을 수가 있다. 그런데 종사원이 자신의 시간 때문에 행사에 빠지면 어떻게 되겠는가. 그러므로 입사할 때에 이러한 부분에 대해서 사전 협의가 이루어져야 한다.

(2) 후생복지에 대해

급여를 결정할 때 주말 근무에 대한 협의가 정확히 이루어져야 한다. 케이터링Catering은 주중보다 주말 행사가 많을 수 있다. 그러므로 주말에 근무가 어려운 사람은 입사 후 문제가 발생할 수 있다. 또한 시간 외 근무수당 등도 사전에 협의가 이루어져야 한다. 입사 시 조건과 근무 중 조건이 차이가 나면 이직할 확률이 높기 때문이다.

(3) 질병을 사전에 알려야 한다.

평소 가지고 있는 자신의 질병은 입사하기 전에 사측에 알려야 하며, 알리지 않은 책임은 해고사유가 된다. 또한 해고가 아니더라도 외부 근무 시 질병으로 인하여 갑자기 근무가 어려워지면 바로 충원하기가 어렵기 때문이다.

(4) 케이터링 근무자가 이직률이 높은 이유

① 채용 당시와 근무여건이 다르고 열악할 때
② 자신의 능력을 발휘할 수 없다고 판단할 때
③ 장래에 대한 희망보다는 불안요소가 많을 때
④ 일하는 것에 대한 정당한 평가를 받지 못할 때
⑤ 인격적으로 무시당하는 느낌을 받고 있을 때
⑥ 직원에게 요구만 하고, 정당한 보상이 이루어지지 않을 때
⑦ 투명한 경영이 이루어지지 않을 때

4. 조직의 탄력성

가능한 타인들과 공조를 통해 업무를 하는 것이 좋다.

① 소규모 가족 중심 케이터링은 가급적 피하는 것이 좋다.
② 자금관리를 가족이 하였을 때, 긍정적인 면보다 부정적인 면이 많다.
③ 한 사람이 관리할 수 있는 능력은 8~10명 정도이므로, 과중한 업무 분담을 하

지 않아야 한다.

④ 효율성이 있어야 한다.

5. 책임과 권한

주로 외부에서 움직이는 조직이므로, 일정한 책임과 권한을 주어서 합리적으로 업무를 수행할 수 있도록 해야 한다. 업무의 시스템을 이해하지 못하거나, 활용하지 못하는 종사원들에 대한 책임 한계를 명확하게 구분해야 한다. 무한 경쟁시대에서 도태되지 않으려면 단순한 실적보다는 총체적으로 손익분기점을 설정하여 업무의 책임을 주고 책임을 준만큼 권한도 이양해야 한다.

경영자는 업소의 성장을 위한 신규고객 확보, 신규고객을 고정고객화 하기 위해서는 책임을 위임하는데 주저하지 말아야 한다. 다만, 권한을 위임할 때에는 통제할 수 있는 방법도 강구해야 한다.

(1) 누구나 수긍할 수 있어야 한다.

정당한 지시를 했어도 지시받는 사람은 항상 불만이 있을 수 있다. 특히 부정적인 사고를 가지고 있는 사람은 지시받는 것에 익숙하지 못하다. 예를 들어, 어느 케이터링Catering 행사에 출장 인원을 7명으로 하라고 지시를 받았을 때 대부분 수긍하여 7명으로 행사를 마칠 수 있도록 준비하지만, 부정적인 사람은 어떻게 7명으로 할 수 있느냐 반문하며 증원을 해달라고 하거나 인원보충이 안 되면 어렵다고 불평을 늘어놓는다. 그것은 책임감이 없는 행동이라 말할 수 있다.

(2) 지시받는 것에서 탈피하여 참여할 수 있어야 한다.

길이 없으면 길을 만들어야 한다. 길을 만든다는 것은 자신의 의지가 있어야 하며, 그 의지는 참여하려는 뜻이 있어야 한다. 참여해야 성공도 있고 실패도 있다. 지시받아서 하는 일만 한다면 그것은 로봇과 같다. 더불어 살아가는 사회에서는 공동으로 할 수 있는 일이 매우 많은데, 지시하지 않더라도 스스로 참여하여 능률을 높일 수 있는 자세를 가져야 한다.

(3) '무엇을 해라' 보다는 의견을 제시할 수 있도록 해야 한다.

산업사회에서는 좋은 아이디어를 창출하여 남보다 앞서가려는 노력이 필요하다. 상사는 부하직원들에게 힘으로 제압하려는 것보다는, 그들 개개인의 능력을 중시하여 많은 의견들을 제시할 수 있도록 배려해야 한다. 반면에, 부하 직원을 생각하며 일하는 자세로서 조직의 발전을 위한 의견이라면 주저 없이 제시해야 한다. 선택이 되지 않을 것이라는 짐작은 하지 않는 것이 바람직하다.

(4) 직책에 대한 권한 범위가 명확해야 한다.

직책은 위계질서를 세우기 위한 방편이다. 그러므로 팀을 이끌어가기 위해서는 상·하 관계가 명확하게 구분되어 있어야 한다. 기업이나 사회에서 자신이 처한 위치나 지위에 따라 역할 분담을 하는 수단으로, 기대치에 따라 특정한 배역을 결정하는 행동으로 실력, 능력, 자질 등을 평가하여 결정된다.

(5) 업무의 한계를 명확히 해야 한다.

업무의 한계는 매뉴얼로 만들어져 있어야 한다. 만들어진 매뉴얼을 기준으로 협조할 것은 협조하고, 분리할 것은 분리하여 근무하는 데에 서로가 불편함이 없도록 한다.

사람들은 항상 눈을 뜨고 살지만, 세상의 모든 것을 보는 것은 아니다. 사물을 보는 것이나 일 처리를 얼마나 빨리 정확하게 할 수 있느냐는 한계가 있다. 따라서 업무사항이나 숙지사항, 실수했을 때 대처할 수 있는 방안 등을 명확히 해야 한다.

(6) 전결할 수 있는 권한 위임이 있어야 한다.

전결이란, 결재의 권한을 위임하는 것이다. 경영자와 관리자, 종사원이 업무에 기능을 효율적으로 수행할 수 있도록 권한을 부여하여 영역에 대한 책임을 분담하는 경우를 의미한다. 직업에 대한 자부심을 가지고 업무에 성취감을 얻을 수 있는 것은 종사원의 사기와 직결되고, 권한을 부여받은 종사원은 사명감에서 지속적인 발전을 위해 더욱 노력하게 된다. 또한 중요한 결정에 참여할 수 있게 되고 의사결정에 자신의 의견을 제시할 수 있다.

경영자는 종사원들이 업무를 수행하는데 어려움이 없도록 지원을 아끼지 않아야 한다. 발전을 위한 기획이나 참신한 새로운 아이디어를 제출했을 때 좀 부족한 부분이 있다 하더라도 성공을 위한 정보 제공이나 필요한 재원에 대해 부담을 느끼지 않도록 배려해야 한다. 또한 중요한 결정을 할 수 있도록 도와주어야 하며, 미래에 대한 방향 설정도 경영자의 몫이다.

TIP 자기목숨보다 남이 어떻게 보느냐가 중요한가? (우화 한 토막)

화려한 제 뿔만을 사랑하고 잘 못생긴 제 다리를 미워하던 사슴이, 포수에 쫓기어 숲속을 헤쳐 나올 때 저를 살려준 것은 잘 못생겼지만 잘 뛰어준 다리였고, 자신을 죽일 뻔한 것은 화려하되 숲에 거리끼기만 하던 뿔이었다는 것을…….

제3절 종사원의 직무

물적서비스와 인적서비스가 동시에 요구되고 있으므로 행동 하나하나에 필요한 지식을 습득하고 있어야 한다. 분야별로 자신이 해야 할 업무를 숙지하여 고객이 요구하는 것이 무엇인가를 이해하고 궁극적으로는 업무를 원만히 수행할 수 있어야 한다. 특히 인적자원을 많이 필요로 하는 케이터링Catering은 그 인적서비스가 고객 개개인에게 직접적으로 만족감을 느낄 수 있도록 하기 위해서는 부서별 기능을 능률적 · 효과적으로 달성할 수 있어야 한다.

① 주인의식이 있어야 한다.
② 무엇이든 하려는 의지가 있어야 한다.
③ 할 수 있다는 신념이 있어야 한다.
④ 서로 잘한다는 칭찬과 격려가 있어야 한다.

⑤ 의심은 가급적 피해야 한다.
⑥ 불평불만에 대한 위기극복을 기회로 삼아야 한다.
⑦ 실수를 반복하지 않아야 한다.

1. 지배인

지배인Manager은 업무의 최고책임자로서 업무의 계획 및 정책을 수립한다. 업무의 운영방침, 추진방향, 연간매출 목표를 설정하여 계획을 세우고, 그 목표에 따른 매출 달성 방안, 매출 목표를 달성했을 때 연간목표 이익, 종사원교육 계획 등 모든 기획을 입안하여 정책을 수립하고 종사원의 관리, 감독, 인사 등 전반적인 운영에 대한 책임을 지고 경영한다.

업무의 운영 상태와 문제점을 파악하고 부서별 영업방침에 따라 주어진 목표를 효과적으로 달성할 수 있도록 매출관리와 원가관리 및 고객의 영접 등 업장의 원활한 운영을 위해 조리부서 등 유관부서와 긴밀한 관계를 유지하며, 다음에 유의해야 한다.

① 종사원들에 대한 근무편성표를 작성한다.
② 영업 준비사항을 점검한다.
③ 영업전에 미팅을 하고 유니폼 등 복장 및 위생관계를 점검한다.
④ 예약현황을 파악하여 예약 약정서에 기재된 사항이 준비하는데 누락되지는 않았는지 점검하여 담당자에게 세부사항을 지시한다.
⑤ 종사원 교육에 대한 책임을 지고 정기적으로 교육한다.
⑥ 고객의 불평을 원만하게 처리할 수 있도록 한다.

TIP 사람을 잘 써야 한다

사소한 것들을 대수롭지 않게 지나친 결과 크나큰 실패를 초래할 수 있다. 못 하나가 모자라서 말굽을 잃을 수 있고, 말굽이 시원찮으면 말이 못쓰게 될 수 있고, 말에 문제가 있으면 그 말을 탄 사람이 목숨을 잃을 수 있다.
– 벤저민 프랭클린

2. 업장지배인

업장지배인Captain은 지배인을 보좌하여 종사원의 직접적인 업무를 살피고 현장의 서비스 책임자로서 종업원의 용모, 유니폼 등을 점검하여 품위를 유지시키도록 하기 위해 다음 사항을 살펴야 한다.

① 종업원의 출근시간을 점검하여 영업시간 30분 전에 영업 준비를 끝내야 한다.
② 웨이터Waiter, 웨이트리스Waitress들이 근무 위치를 잘 지키고 있는지 수시로 살펴야 한다.
③ 업장의 기물이 청결하고 제 위치에 있는지 수시로 점검해야 한다.
④ 신입사원에 대한 교육을 실시하여 빠른 시간 내에 업무가 숙지되도록 해야 한다.
⑤ 업장의 청결유지를 위해 관리 감독한다.

3. 웨이터, 웨이트리스

웨이터Waiter, 웨이트리스Waitress는 직접 고객을 대하고 서비스할 수 있는 권한을 가지고 있기 때문에, 인적서비스에서 제일 중요한 위치에 있다고 보아야 한다. 웨이터, 웨이트리스가 고객에게 얼마나 친절하고 성실하게 대하느냐에 따라 그 고객의 만족도를 알 수 있다. 또한 그 고객이 단골고객이 되어 다시 찾아 매출에 영향을 미치느냐가 문제이다. 그러므로 다음과 같은 사항에 유의해야 한다. 특히 외부에서 행사를 하므로 개인행동을 자제해야 하고, 상부의 지시에 따라 이탈이 없어야 한다.

① 영업시간 전에 유니폼으로 갈아입고 단정한 용모로 근무에 임해야 한다.
② 캡틴을 보좌하며 업무를 정확하게 숙지해야 한다.

③ 지시된 사항대로 기물을 준비해야 한다.
④ 무거운 테이블이나 의자를 운반할 때는 파손되지 않도록 주의해야 한다.
⑤ 린넨을 취급할 시 분실이나 파손이 없도록 주의해야 한다.

4. 접객보조원

접객보조원은 웨이터와 웨이트리스를 보좌하여, 행사장 준비를 위한 테이블 의자 등 기물 이동이나 행사장 준비 등을 보좌하며 업장 내의 청소나 정리 등을 한다.

① 고객에게 음식을 제공하는 웨이터를 돕는다.
② 식사가 끝나면 테이블에 기물들을 치우는데, 파손이 되지 않도록 조심한다.
③ 테이블, 의자를 치우고 행사장을 정리한 후 기물들의 이동을 돕는다.

5. 조리사

조리사는 크게 더운 음식Hot Kitchen과 찬 음식Cool Kitchen으로 나누어 구분할 수 있으나, 규모에 따라 디저트Pastry / Bakery 부분을 별도로 둘 수 있다. 조리사는 법적으로 기술자격증을 소지해야 하며, 「식품위생법」에서 정한 위생관리를 철저히 하여 위생적으로 음식을 만들어 고객에게 공급할 수 있어야 한다.

6. 종사원의 자세

종사원의 자세는 여러 각도에서 생각할 수 있으나, 근본적인 것은 고객에게 질 높은 서비스를 제공하기 위함이다. 고객을 맞이하는 태도로서 단정한 용모에 웃는 얼굴, 그리고 정확하게 구사하는 말씨 등은 기본이다. 케이터링Catering에서 고객에게 호감을 주는 태도는 다음과 같다.

① 케이터링은 외부행사가 많으므로 항상 긍정적인 태도가 중요하다.

② 짜증나는 경우에도 표정관리를 잘하는 습관을 들여야 한다.

③ 외부행사 중 유니폼을 준비할 때 유니폼이 바뀌지 않도록 조심해야 한다. 만약 자신의 유니폼을 제대로 준비하지 못하면, 작거나 크거나 하여 유니폼으로 갈아입을 때 문제가 발생한다.

④ 명찰을 반드시 착용한다.

⑤ 유니폼의 주머니에는 가능한 한 소지품을 넣지 않도록 한다.

⑥ 장시간 서서 근무를 해야 하는 경우가 많으므로, 신발은 거부반응이 없는 편한 구두를 신어야 한다. 특히 여성은 굽 높은 구두는 피해야 한다.

⑦ 피곤하더라도 행사 중에 고객 앞에서 앉거나 벽에 기대는 행동은 삼가야 한다.

⑧ 외부에서 칵테일파티를 하는 경우 고객의 대화를 엿듣는 경우가 있는데, 매우 불쾌한 행동으로서 금해야 한다.

⑨ 고가의 시계, 반지, 팔지, 목걸이, 귀걸이 등은 행사 중에는 피해야 한다.

⑩ 조리 시 파견 나온 직원은 남·여 공히 반지는 피해야 한다.

⑪ 외부행사에는 장애인 좌석이 따로 없으므로, 지체부자유한 고객은 민첩한 행동으로 이를 빼내고 휠체어가 들어갈 수 있도록 준비하며, 연로한 고객은 옆에서 부축한다.

⑫ 케이터링 행사 시 고객의 보관품, 외투, 가방 등을 보관할 장소가 따로 없으므로, 주최 측과 미리 협의하여 차질이 없도록 해야 한다.

TIP 이럴 때는 봉사료가 아깝다

- 종사원이 고객에게 인사하지 않을 때
- 케이터링은 외부에서 행사하는 경우가 많은데, 고객이 손짓하며 부를 때 고객의 부름에 응하지 않을 때
- 고객이 물 컵에 있는 물을 다 마셨는데 채워주지 않을 때
- 디저트로 커피가 제공되었는데 뜨겁지 않았을 때
- 고객이 포크나 나이프를 떨어뜨렸을 때 종사원의 잘못된 태도
- 카스타에 소금, 후추 등이 비어 있었을 때

CATERING

케이터링

CHAPTER 03

케이터링의 기획

CATERING
케이터링

제1절 기획의 개념과 본질

1. 기획의 개념

기획의 이념적인 뿌리는 인간에 대한 서비스를 연구하는 과학사상이 처음으로 형성되던 19세기경을 그 기원으로 두고 있다. 이 시기에는 물질적 · 인격적인 변화가 한 세기 동안 있어오다가, 비로소 기술적 근거나 사회적 이성을 강조하는 기획이 대두되었다.

기획의 개념을 처음 도입한 것은, 제1차 세계대전 중 독일이 전쟁에 필요한 무기를 생산하는 원자재를 배분하는데, 과학적인 방법을 처음 적용하였던 것으로 알려지고 있다.

21세기 사회는 정보와 지식을 기반으로 한 경제사회이다. 과거 20세기 고도성장의 시대에서는 경제적 측면이 강조되는 시대였다면, 21세기는 사회적 가치와 규범이 경제적 측면과 동등하게 또는 더 중요시 여겨지게 되었다. 따라서 모든 행위와 행동은 경제적 효율성 등과 같은 기준에 부합되는 합리적 행동만이 중요시 되는 시대가 아니라, 사회적 기대와 일치하는 합리적 행동이 요구되는 시대인 것이다. 따라서 과거 20세기의 기획은 시장에서의 합리성이 개인과 기업이 서로 달리 추구하는 이기적 이익에 따라 설정하는 목표와 수단 간의 관계에 기초하고 있다면, 21세기의 기획은 여기에 사회적 가치와 규범이라고 하는 철학이 개입되어있다고 할 수 있다. 좀 더 엄격히 말하면, 21세기의 합리성이란 사회적 승인을 받아야 가치가 있게 된 것이다.

그리고 지식과 서비스를 기반으로 하는 산업사회로 진전될수록 정밀한 기획력을 필요로 하게 된다. 지식형 서비스산업의 상품은 전통적 관점에서의 상품, 즉 제조물과는 그 유통과 소비 면에 있어서 상당히 다르다. 서비스상품은 서비스 인 카운터, 즉 서비스 제공자와 소비자의 접점이 이루어지는 공간에서 서비스상품의 제공과 소비가 동시에 이루어지는 프로세스를 통해 생산 · 소비된다.

즉 상품개발과 제조 등에 이르는 프로세스뿐만 아니라 서비스 인 카운터 내에서의 프로세스까지 정밀하게 관리 · 통제하여 서비스상품의 내용과 질을 정확하게 소비자에게 전달해야만 하는 시대가 도래한 것이다. 즉 '소비자가 무엇을 어떠한 내용과 수준으로 원하는가를 정확하게 파악하고, 이에 따른 상품을 개발하여 제공한다'는 과거 산업사회시대의 패러다임으로는 고객을 만족시키고, 나아가서는 조직의 목표 달성을 이룰 수 없는 시대가 온 것이다.

2. 기획의 본질

기획이란, 존재하지 않은 어떤 대상이나 문제점을 제시하여 그 문제를 해결하려는 목적으로 방법을 구상하고 그 구상한 대상이나 문제를 가상 설계하여 산출된 결과를 가지고 구체적인 해결방안을 세우는 과정이라 할 수 있다. 문제 해결을 위한 데이터를 분석하며 분석된 자료를 근거로 하여 방향제시를 하고 정리한 후 실행할 수 있도록 하여 가시적인 안을 만들도록 하는 것이 기획이다. 기획을 한다하여 모든 구상이나 문제가 해결되는 것은 아니다. 많은 기획이 되었더라도 현실에서 사용할 수 있는 기획은 많지 않다. 아무리 좋은 기획안이 작성되었더라도 하려는 의지나 의욕이 없으면 성공할 수가 없다.

① 미래의 가능성에 대한 비전을 제시
② 인적 · 물적 요소를 체계적으로 결합
③ 합리적인 역할분담으로 효율적인 결과를 얻기 위한 방법

1) 하나의 과정

기획은 하나의 연속적인 과정이다. 기획은 어떠한 조직이나 업무단위 안에서 나타나고 있는 계속적인 활동이며, 이 활동이 지속되기 위해서는 어느 정도의 자원이나

에너지의 투입이 필요하다. 그러므로 하나의 과정으로서 '기획Planning'은 '계획a Plan'과 명확히 구별되어야 한다. 기획은 선택의 과정이며 의사결정의 과정이다. 그리고 계획은 이 과정을 거쳐서 나타나게 되는 최종 산물이다.

계획은 미리 결정된 행동노선 또는 장래 행동을 위한 일단의 체계적 결정이라고 정의될 수도 있다. 기획은 하나의 과정이며, 또한 기획의 문제는 선택할 수 있는 행동코스가 존재할 경우에만 제기될 수 있다.

2) 준비과정

기획이란, 본질적으로 공식적 · 법적으로 다른 기관에 의하여 승인되고 집행될 일단의 체계적 결정, 즉 계획을 마련하는 과정이다. 설혹 동일기관이 기획 기능과 아울러 승인 및 집행에 대한 권한을 정하여 갖는다 하더라도 양자는 본질적으로 별개의 과정에 속하는 것이며, 또한 양자 간에 상호의존적 관계가 깊다 하더라도 분석상 분리되어야 할 성질의 것이다. 결국 결정된 기획을 체계적으로 만들어가는 과정이다.

3) 일련의 체계적 의사결정

기획과 일반적 의사결정, 예를 들어 오늘 무엇을 먹겠는가? 무엇을 하겠는가? 등과 같은 일반적인 결정과는 상이하다는 것을 인식할 필요가 있다. 기획이 일종의 결정과정이기는 하지만, 단순한 의사결정과 구별되는 기획의 특성은 이것이 하나의 세트 또는 조를 형성하는 체계적 결정을 다룬다는 것이다. 즉 기획은 상호의존적이고 시간적 순서가 정연하며 체계적 연관성을 가지는 여러 결정의 모체 또는 기반을 다루는 것이다.

4) 행동지향성

기획은 행동에 제1차적 목표를 두는 것이며, 결코 순수한 지식의 탐구나 기획자의 육성과 같은 다른 목표를 지향하는 것이 아니다. 단순한 선택이나 결정은 반드시 행동성을 내포하는 것이 아니지만, 기획은 행동을 전제로 한다. 물론 기획은 현실적으로 집행 책임자의 자질 향상과 보다 효과적인 의사결정 및 집단 활동의 훈련 등 각종의 부차적인 효과를 초래하기도 하지만, 이런 것이 부차적 목표에 지나지 않는 한 본래의 기획 기능을 약화시키지는 않는다.

기획 활동은 또한 대중의 지지와 공공관계를 개선하는 등의 수단으로서 사용되는 일도 실제적으로 있지만, 이 경우 그 과정은 완전한 의미의 기획이라고는 볼 수 없다. 그리고 실제로 나타나는 과정도 이미 정의된 바와 같은 순수한 형태의 기획 과정이 지니는 특징이나 각 국면과는 많은 점에서 다르게 나타난다. 기획이란 본질적으로 행동 또는 집행을 지향하는 것이지만, 그렇다고 행동이나 집행 그 자체는 아니다.

5) 미래지향성

모든 기획에 대한 정의에서 기획은 미래를 지향하는 것이라 인식되고 있다. 확실히 미래성은 기획의 가장 중요한 특성의 하나이며, 따라서 기획에는 미래예측이나 미래에 대한 불확실성의 요소가 존재하여 기획의 모든 국면과 모든 문제 및 양상에 걸쳐 여러 측면에서 영향을 미친다. 그러나 여기서 주의하지 않으면 안 될 것은 기획과 미래예측을 동일시해서는 안 된다는 것이다. 즉 아무리 좋은 기획이라도 다 성공하는 것은 아니기 때문이다. 이 양자는 다음과 같은 점에서 구별되어야 한다.

미래예측이란, 장차 발생할 가능성이 가장 많은 상황 또는 사태의 진전방향이나 가능성의 정도를 미리 알아내려는 시도이다. 따라서 여기에는 미래성이 내포되어 있다. 그러나 미래예측에는 미래의 행동이 내포되기도 하고, 또한 그렇지 않을 수도 있다. 내일의 일기에 대한 예측이나 앞으로의 물가동향을 예측하는 따위가 그 예일 것이다. 이러한 미래예측은 사전에 결정된 행동노선을 내포하지 않기 때문에 기획이라고 할 수는 없다. 즉 단순한 미래예측 속에는 개인이나 조직의 인과관계의 요소가 결여되기 때문에 기획이 될 수 없다. 미래예측이 기획이 되려면 기획자나 또는 그가 지명한 누구인가가 미래의 행동을 취할 것이 전제되고 있어야 한다.

기획과 미래예측이 혼동되기 쉬운 원인은 미래예측이 기획에 있어 다음과 같은 두 가지 방식으로 사용되기 때문이다.

첫째, 기획자는 다른 사람들이 장차 어떠한 행동을 취하고 앞으로의 상태가 어떠할 것인가를 예측하려고 노력한다. 그리고 예측에 바탕을 두고 미래의 행동노선을 수립하게 된다.

둘째, 그는 자기가 세운 계획의 결과가 어떻게 나타날 것인가를 예측하고자 노력한다. 또는 상태를 반드시 초래하겠다는 결심을 한 연후에 이것을 성취하기 위한 자기의 계획을 수립한다.

그러므로 미래예측이란, 앞에서 말한 의사결정과 마찬가지로 불가결의 부분이기는 하나 기획 그 자체와는 다르게 구별되어야 한다. 기획의 미래지향성에 기인하는 기획 상의 특징을 프리드만은 다음과 같이 열거하고 있다.

- 현재의 결정이 가지는 실제적 의의를 손실함이 없이 미래에 대한 설계를 어느 정도 할 수 있는가에 시간상의 제한을 가하게 된다.
- 기획기간 중 일관해서 기획 상의 분석과 평가를 계속하여 목표 달성을 위한 수단으로 부단한 재평가 및 조절할 필요성을 제시한다.
- 미래를 설명하는데 있어 예측산정법의 적용을 암시한다.
- 골자만을 세우는 구조적 기획제도의 채택을 주장한다.
- 기획에 있어 융통성의 문제를 신중히 고려해야 하며, 최종안에 명시될 융통성의 정도가 앞으로 예측되는 사태에 대한 불확실성의 정도와 비례적이어야 한다. 이런 방법을 통해야만 이성과 불확실성의 절충이 이루어질 수 있다.

T I P 현명한 경영인

현명한 경영인은 따르는 이에게 미래의 희망과 비전을 꿈꾸게 하고,
부족한 경영인은 따르는 이에게 현실을 보며 근심과 걱정을 하게 한다.

6) 목표지향성

기획은 목표달성을 지향한다. 기획과정은 미래행동을 위한 제안이 지향할 결정 목표를 어느 정도 명시해 주지 않는 한 성립될 수 없다. 그렇다고 기획과정이 처음부터 명확하게 명시된 목표를 가지고 움직여서 나가고 있다는 뜻은 아니다. 오히려 대부분의 경우를 보면, 기획과정의 최초단계는 기획과정 이전에 타인에 의해서 설정된 애매모호한 목표를 토대로 하여 운영상의 기획 목표를 설정하는 것부터 시작된다.

TIP 기초가 튼튼해야 한다

뿌리가 죽은 나무는 아무리 물을 주어도, 아무리 좋은 거름을 해도 잎이 돋지 않는다. 나무뿌리의 상태를 보지 않고, 가지에 열릴 열매의 수확량을 목표로 두지 말라.

7) 최적의 수단 제시

미래를 합리적으로 형성하는 과정인 기획의 본질은 수단 · 목표 관계를 바탕으로 하고, 이 관계는 기획 과정의 기초가 된다. 기초 과정의 방향은 목표 달성을 위한 최적의 수단을 제시하는 데에 있다. 다시 말하면, 정보의 수집과 지시의 활용 및 체계적 · 통합적인 자료정리 등 합리적인 과정에 입각하여 목표 달성의 최적의 전략을 선정하는 데에 있다. 기획의 방법과 절차 및 기술에 관한 기본 문제는 자원을 최소한으로 투입하면서 이러한 최적의 수단을 찾아내는 방책을 강구하는 데에 있다.

3. 기획과 계획

기획은 필요에 의한 상상이나 구상을 설계하여 정책을 세우고 비전이 있다고 생각되면 선택을 결정하는 과정이다. 기획은 그 설계를 구체화하기 위한 수단이나 방법을 찾아 실행할 수 있도록 하는 것이 기회이다. 예를 들어, 넓은 강에 다리가 필요한데 아무도 생각하지 못했던 것을 관심 있는 사람이 어느 지점에 어떻게 다리를 놓았으면 하는 구상을 제시하였을 때, 좋다고 찬성하여 구상을 가상 설계하는 것이 '기획'

이고, 그 가상 설계에 의해 실행할 수 있는 설계를 하여 규모와 자금 등의 방법을 강구하는 수단을 '계획'이라 한다.

1) 기획

기획은 무(無)에서 유(有)를 창조하는 것과 같다. 어떤 일을 꾸미기 위해 그 대상을 확인하고, 그 목적을 이루기 위해 적합한 실마리를 찾아서 그 결과를 설계해 나가는 것을 의미한다.

① 배경 : 무(無)에서 유(有)를 창조하는 배경을 안(安)으로 설정하여 추진한다.
② 과제 : 왜 해야 하나, 어떤 과제인가의 설정된 안을 기초로 검토한다.
③ 목적 : 검토 안이 목표지점에 도달했을 때 유익한 것인가의 가 · 부를 결정한다.
④ 목표 : 목표지점에 도달 안이 가(可)로 결정이 나면 계속 추진하게 되지만, 부(否)로 결정이 나면 그 시점에서 멈추고 폐기한다.
⑤ 자원 : 가(可)로 결정이 난 과제에 대해 필요한 인적 · 물적 자원, 소요비용, 정보 등을 검토하여 계획을 해야 한다.
⑥ 기간 : 소요기간에 대해 반영해야 한다.

2) 계획

① 필요성 : 기획에서 넘어온 자료를 토대로 세부적인 계획을 세운다.
② 용이성 : 방향을 설정하고 어떻게 진행할 것인가를 설계한다.
③ 정확성 : 설계에 따라 앞으로의 일에 대해 구체적인 절차나 방법, 규모 등을 미리 헤아려 정확하게 마무리 할 수 있도록 구상한다.
④ 목표 : 정확하게 구상한 절차나 방법에 따라 열정을 가지고 추진한다.
⑤ 우선순위 : 좋은(정성적) 결과를 얻기 위해 실행하는 과정을 단순화, 집중화, 재창조 등으로 구분하여 분석하고, 분석된 자료의 우선순위에 따라 시간과 자원을 투입한다.

⑥ 달성 : 그 목적을 성취하는 것은 기획을 통해 이루어진 결과로써 질적인 면과 양적인 면에서 달라질 수 있다.

TIP 감사하며 살자

고맙고 감사할 줄 아는 사람들의 표정은 따뜻하고 부드럽게 느껴지지만, 감사할 줄 모르는 사람들의 표정은 오만하고, 차갑고, 뻣뻣하게 느껴진다.

제2절 행사 기획

1. 행사의 목표

올림픽이나 아시안게임 등 스포츠 행사로서 지구촌이 모두 참여하는 행사는 목표가 뚜렷하다. 크게는 참여하는 국가는 해가 거듭할수록 좋은 성적을 거두기 위해 부단한 노력을 하며 관심을 갖지만, 참여하는 국가가 아니더라도 다음을 기약하며 모두가 많은 관심을 갖는다. 그렇기 때문에 장기적으로 테마를 설정하여 목표를 세우고 그 목표를 달성하기 위해 기간을 설정하며, 그에 따라 필요한 재원에 대한 예산을 세워 목표를 달성할 수 있도록 많은 노력을 기울인다. 그처럼 일반적인 기획이나 케이터링 기획이 성공하려면 많은 아이디어 속에서 구체적인 안을 만들어 차질 없이 수행될 수 있어야 한다. 그러기 위해서는 다음과 같은 사항이 필요하다.

① 고객이 원하고 의도하는 바가 무엇인지 살펴야 한다.

② 고객이 원하는 날짜가 변동될 수 있느냐 없느냐에 따라 검토 분석하여 제시하여야 한다.

③ 고객이 행사를 하려는 장소에 대해 사전 답사하여 분석하고, 그 결과를 제시하여야 한다.
④ 정해진 목표는 어떠한 상황이 되더라도 성공적으로 마무리할 수 있는 아이디어를 내놓아야 한다.
⑤ 예산은 항상 유사한 행사의 자료와 데이터, 직전 행사의 자료와 데이터, 현재 가지고 있는 데이터를 비교 분석하여 제시하는 것이 좋다.

2. 행사의 기간

행사기간을 세우는데도 매우 중요하다. 행사기간을 몇 일간 할 것인가도 행사 내용에 따라 달라지겠으나, 행사기간이 확정되었다 하더라도 언제부터 언제까지 할 것인가가 더욱 중요하다. 그것은 기후에 따라 행사가 성공할 수도 있고, 실패할 수도 있기 때문이다. 예를 들어, 패션쇼 행사를 야외에서 3일 간 할 수 있도록 기획하였는데, 우천으로 행사가 실패로 끝났다고 상상해 보자. 하나의 예를 들었지만, 아무리 좋은 기획이라도 뜻하지 않은 외부의 흐름으로 행사가 되지 않았다면, 그 행사는 실패하였다고 할 것이다. 행사기간을 결정하는 것은 다음 사항을 참조하면 된다.

① 고객의 입장에서 검토하고 안을 만들어야 한다.
② 고객은 전문가의 노하우를 공유하여 결정하여야 한다.
③ 제시하는 통계를 참조하여 결정하면 실수를 줄일 수 있다.

3. 장소

행사를 기획하고 준비하는 과정에서 장소에 대한 문제는 매우 중요하다. 참석자들의 접근성이 용이해야 하며 교통수단이 편리해야 한다. 많은 참석자들이 항공편을 이용한다면, 공항에서 숙소까지 이동하는데 소요되는 시간이 짧아야 한다. 만약에 결정된 숙소가 기획했던 공항보다 더 가까운 공항이 있다면, 공항을 변경하는 것도 검토되어야 한다. 또한 행사기간이 길 경우에는 참석자들이 지루하지 않은 관광이나 오락, 쇼핑 등의 대안이 논의되어야 한다.

4. 초청자

행사를 기획하는 과정에서 초청자 명단을 작성하는 일은 매우 어려운 작업이다. 행사 내용에 따라 인원이 확정되겠으나, 인원이 확정되었다 하더라도 명단을 작성하다보면 가감(加減)을 해야 할 경우가 발생한다.

그런데 행사의 내용이 가감을 할 수 없는 경우가 있다. 그러한 때에는 기획하는 사람으로서는 행사가 끝난 뒤에 올 수 있는 후유증을 철저히 대비해야 한다. 더불어 꼭 초청해야 할 사람이 초청자 명단에 누락되어 초청장이 발송되지 않는 경우가 있으므로, 만약을 대비하여 예비초청장을 준비하는 것도 생각해야 한다. 꼭 초청받아야 할 사람이 초청장을 못 받는 경우도 황당하겠으나, 유선으로 듣고 행사장에 왔으나 초청장이 없어 입장을 못하는 경우가 발생한다면, 아무리 좋은 기획을 하였다 하더라도 좋은 점수를 받기는 힘들다. 초청 대상자에 대한 다방면의 통계자료를 제시하여 선별하는데 도움이 되도록 예시를 만들어 제시하여야 한다.

5. 교통

국제행사에서 교통문제는 초청대상에 따라 변수가 많다. 그러므로 초청장을 보내고 참석 여부를 확인하는 것이 중요하다. 초청자에게 모든 체제비용 외에 항공요금까지도 주최 측에서 부담할 경우, 교통수단에 소요되는 예산이 의외로 많은 비중을 차지하고 있기 때문에, 기획을 할 때부터 참석자의 동정을 분석하여 행사에 차질이 없도록 해야 한다.

6. 소요예산

목적을 합리적으로 달성할 수 있도록 계획을 통제하는 과정이다. 행사 승패(勝敗)의 변수로 작용하는 것이 예산이다. 예산이 많다고 모두 성공하는 것은 아니다. 그러나 필요한 부분의 소요경비가 필요한 시간에 지급될 수 있도록 기획되어 있지 않으면 예산이 많다 하더라도 행사를 실패할 경우가 종종 있다. 그렇기 때문에 예산은 행사 내용에 따라 장기적인 예산, 중기적인 예산, 단기적인 예산 등으로 구분하여 투명하게 세워져야 한다. 또한 예비비를 산정하여 선 지급, 후 결재할 수 있는 예산도 반드시 세워져야 한다.

예산은 일정기간 동안 총괄적인 수입과 지출을 체계적으로 집행할 때 원활하게 하기위한 수단이지만, 심의하는 과정에서 본 예산, 수정 예산, 추가경정 예산 등으로 구분할 수 있다.

1) 항공교통 부분

파티행사를 준비하는 과정에서 초청자가 어떻게 참석할 것인가에 대해 고민해야 한다. 자부담으로 할 것인가, 아니면 초청자가 부담할 것인가에 따라 행사 비용의 예산을 세우는 데에 많은 차이가 있다. 특히 항공을 이용하여 많은 사람이 움직일 때 초청자가 부담한다면, 아마도 예산 중에 가장 많은 예산이 소요되리라 본다. 특히 항공 부분은 예산 외에도 변수가 있다. 항공기 결함, 기상이변으로 항공기가 뜨지 못해 초청자가 행사에 참석할 수 없는 경우가 발생하므로, 기획할 때에 그러한 부분까지 감안하여 예산을 세워야 한다. 그렇기 때문에 사전에 분석한 데이터를 제시하여 행사 후 문제점이 발생하지 않도록, 다음과 같은 사항에 유의해야 한다.

① 참가자의 교통비용을 전액 초청자가 부담하는 경우
② 참가자의 교통비용 중 항공요금 왕복을 부담하는 경우
③ 참가자의 교통비용 중 항공요금 편도만 부담하는 경우
④ 참가자의 교통비용 중 국내 교통요금(관광 포함)만 부담하는 경우
⑤ 참가자의 교통비용을 전액 부담하지 않는 경우

2) 숙박 부분

파티행사를 할 때에 어느 호텔에서 하느냐 하는 장소도 매우 중요하지만, 예산을 세우는데 있어 숙박(호텔객실)이 차지하는 부분이 상당히 높기 때문에 여러 방면으로 검토해야 한다. 행사를 호텔 내 컨벤션에서 하느냐, 아니면 외부에서 행사를 하고 호텔에서 숙박만 하느냐에 따라 예산은 많은 차이가 있다. 항공 부분과 달리 호텔객실 부분은 특정한 경우를 제외하고는 대부분 행사 주최자가 부담하기 때문에, 행사기간이 길면 주최자가 부담하는 예산 중에서 제일 많은 부분을 차지하기 때문에 다음 부분을 잘 검토하여 예산을 세워야 한다. 호텔을 계약할 때에 주의할 점은 다음과 같다.

① 행사를 하는 장소가 숙박업소와 동일한가?
② 호텔과 행사 장소가 다를 때 이동하는 수단이 교통편인가, 도보인가?
③ 교통편일 때 소요되는 비용은 누가 부담할 것인가?
④ 행사장과 호텔이 다를 때 공항과 소요되는 시간은 검토했는가?
⑤ 초청자를 1인 1실로 하느냐, 2인 1실로 하느냐?
⑥ 호텔 내 부대비용을 본인 부담으로 하느냐, 초청자 부담으로 하느냐?(부대비용이라 함은 식음료 비용을 제외한 룸서비스, 세탁요금, 전화요금, 미니바요금 등)
⑦ 조식을 본인 부담으로 하느냐, 초청자 부담으로 하느냐?
⑧ 단체를 몇 사람부터 할 것인가?(호텔에 따라 조금씩은 다르나, 10인부터 20인 이내에서 조정한다)

⑨ 단체 할인율은 몇 %로 할 것인가?

⑩ 등급도 몇 등급이냐에 따라 다르므로 확인하였는가?

⑪ 숙박업소를 정할 때 참석 인원이 많은 경우, 한 호텔에 투숙할 수 있는가?

3) 국제회의장 사용 부분

나라와 나라 사이에 이해가 얽힌 일이나 사건들을 논의하고 심의하여 문제를 풀기 위해 각 해당국가 대표들이 모여 개최하는 공식 회의로서 회의장 사용료는 식음료에 포함되는 것이 대부분인데, 특별히 동시통역 시설, 특수조명 사용, 특수무대 사용, 빔 프로젝트 사용, 다수의 마이크(스탠드, 테이블, 무선, 주머니 등) 사용 등에 따라 소요 예산이 발생하므로 기획하는 과정에서 면밀히 검토되어야 한다. 예를 들어, 특수 조명을 사용할 시는 조명기사가 행사의 내용을 숙지하여 행사가 매끄럽게 진행되도록 사전에 예행연습이 충분히 되어야 한다. 또한 조명장치가 한 곳에 있지 않고 분산되어 있는 경우에는 보조기사까지 필요하므로 그러한 부분의 예산까지 반영해야 한다.

4) 식음료 부분

식사는 메뉴 선택이 매우 중요하다. 식음료 예산이 확정되어 변할 수 없다면 그 예산에 맞추어 메뉴를 정해야 한다. 그러나 반대의 경우 메뉴에 따라 예산을 편성한다면 정해진 메뉴에 따라 행사의 객단가를 정하는 것이 보통이다. 객단가를 정한 후 참석 인원을 파악하여 예산을 세우는데, 하루에 끝나는 행사라면 큰 문제가 될 것이 없으나 2~3일 이상 하는 행사라면 변수가 많다.

참석자가 매일 바뀌는 경우, 참석자의 범위가 넓어 범위마다 객단가가 다른 경우, 단일메뉴가 아니라 메뉴 선택의 폭이 넓을 때, 특별히 데일리 메뉴를 준비해야 하는 경우 등에 따라 예산이 다르므로 세밀히 검토해야 하며, 음료 부분은 주류에 대해 전문지식을 가지고 있는 담당자가 다루어야 한다.

주류는 알코올 도수가 약한 종류부터 강한 종류까지 다양하고, 가격 또한 편차가

심해 자칫하면 예산이 초과되어 결산하는데 어려움을 겪는 경우가 종종 발생한다. 식음료 부분에서는 그 외에도 제과 부분의 예산을 빠트리지 않아야 한다. 다과는 물론이고 케이크가 필요할 경우, 그 예산도 반영해야 한다.

5) 오락 부분

예산을 세우는데 가장 어려움이 많은 부분이다. 준비되어 있는 피아노나 기본적인 밴드, 사회 정도는 크게 문제될 것이 없지만, 연예인이 참석하게 되는 경우에는 다르다. 가수나 창을 하는 경우에서부터 탤런트들이 참석하는 경우, 신인과 최고 정상의 연예인들에게 지불하는 액수가 상상할 수 없을 정도로 다르므로, 기획할 때부터 많은 자료를 동원하고 알고 있는 인맥을 통해 분석한 뒤 예산을 세워야 한다. 연회기획사에 의뢰하는 경우, 주최자는 행사 내용을 충분히 알리고 최소예산과 최대예산을 제시해 주어야 한다. 그래서 그 범위 안에서 기획하여 예산서를 받아 기본예산서에 첨부시켜야 한다.

6) 기념품 제작 부분

기념품은 비싼 것만이 좋은 것은 아니다. 그 행사의 의미를 충분히 담을 수 있어야 한다. 또한 받은 사람이 간직하려는 마음이 있어야 한다. 만약에 기념품을 받았는데 내용물을 본 뒤 필요성을 느끼지 못하고 제3자에게 건네거나 심지어는 쓰레기통에 버린다면, 그 기획은 참으로 잘못된 것이고 예산낭비만 하는 결과를 가져온 것이나 다름없다. 그러므로 기념품은 다음과 같은 사항에 유의하여야 한다.

① 상징성이 있어야 한다.

② 쓸모가 있어야 한다.
③ 소장하고 싶어야 한다.
④ 저렴하여야 한다.
⑤ 자랑하고 싶어야 한다.

7) 출판 · 인쇄 부분

초청장을 만드는 것부터 학술회의면 학술지, 논문이면 논문 등을 참석자에게만 배부할 것인지, 아니면 참석하지 않았더라도 배부할 곳이 있는지 등 꼼꼼히 챙겨야 한다. 그래서 부족하지 않도록 인쇄를 의뢰해야 하지만, 필요 없이 많이 주문하여 낭비가 되지 않도록 하는 것도 기획을 잘하는 것이다. 초청장의 경우 일시, 장소 등이 잘못 표기되었을 때에는 많은 문제가 야기되므로 철저히 교정을 보아야 한다.

8) 쇼핑 · 관광 부분

단기행사는 쇼핑에 대한 계획을 넣지 않아도 되겠지만, 장기행사는 세션과 세션사이에 시간이 많으면 사고 싶은 것을 살 수 있도록 시간과 안내에 대해 배려를 하여야 한다. 주최 측에서 배려하지 않아 정가보다 비싸게 구매를 하였다든가, 사고 싶은 물건을 사려고 헤매는 시간이 많았다면 불평의 요인이 될 수 있다. 더불어 관광도 일부관광이든, 전체 관광이든 예산을 세우는데 주최자 측에게 부담하여야 할 부분이 있으면 그 부분도 반영하여야 한다.

9) 기타 부분

(1) 사진촬영(원판, 스냅, 비디오 등)

행사에 따라 많은 변수가 있는데, 결혼식과 같은 행사는 사진에 대한 비중이 매우 높지만 세미나, 워크숍 같은 경우에는 높지가 않다. 예산을 세우면서 이러한 미약한 부분은 잘 빠트리는 경우가 종종 있으므로 기획에서는 항상 조심해야 한다.

(2) 꽃 장식

꽃 장식은 행사장에서는 없어서는 안 될 소품이다. 그러나 소품이기 이전에 정서 생활에 도움이 되고 순수예술로서 자연의 아름다움을 담아내고 있다. 각각의 모양과 빛깔을 꽃이라는 주 소재와 부 자재를 이용하여 행사의 의미를 이끌어내는 아이디어는 대단하다. 또한 보는 사람도 그냥 보는 것과 의미를 되새기며 보는 것은 전혀 다르다. 다만, 잘된 꽃꽂이를 보면서 감탄할 뿐이다.

꽃 장식은 계절에 따라, 행사 날짜에 따라 꽃값이 차이가 있으므로, 예산을 세울 때에는 그 부분을 잘 반영하여야 한다. 소홀히 하여 예산이 잘 반영되어 있지 않으면 기획한 대로 꽃 장식을 할 수가 없다.

(3) 아이스카빙

행사장 입구에 얼음조각을 준비하여 고객들의 시선을 맞추어 그 행사에 초점이 어디 있는가를 홍보하는 데에 기여한다. 대부분 조류나 동물들의 형상을 조각하여 그곳에 행사 타이틀, 행사 주최 측을 반영하게 되는데, 예산에서 놓치는 경우가 자주 발생하므로 주의해야 한다.

(4) 문구류(방명록, 면장갑, 네임카드, 메모지, 볼펜 등)

행사는 사소한 데서 그르칠 수 있으므로, 문구류 등도 예산을 세울 때 빠트리지 않아야 한다.

행사는 참석하는 고객들의 몸과 마음이 즐거워야 한다. 그래서 다음에 또 참석하고 싶다는 마음을 갖게 해야 한다. 이것이 진정한 기획 업무인 것이다.

제3절 행사에 의한 분류

주최자는 기획 능력이 있는 기획사나 사람에게 목표와 대안을 주고 행사의 흐름을 제시한 뒤, 계획서를 요구하면 개최자와 행사자는 다음 사항을 고려하여 주제를 설정하고 장 · 단기로 구분하여 투명하게 계획서를 작성하여 행사를 원만히 진행할 수 있도록 기획한다.

1. 정부 행사

정부 주도로 이루어진 행사로, 정부차원에서 근본적인 대책을 세우고 프로그램을 기획하여 정부의 역할을 수행하는 행사를 뜻한다. 정부행사는 서열이 중요하다. 서열은 대부분 직급(계급) 순위, 정부조직법 상의 기관 순위, 기관장 순위, 상급기관 순위 등으로 구분한다.

2. 지방자치단체 행사

중앙정부 행사를 지방자치단체(광역, 기초)로 이관하여 수행하는 행사를 뜻한다. 산업사회로 발전하면서 중앙정부의 사무를 지방정부에서 일부 이양 받아 행함으로써, 지방정부가 국가발전의 새로운 축으로 등장하면서 분권화를 추구하는 환경 변화를 가져오게 되었다. 더불어 지방정부 행사의 수요가 늘어 지역경제의 활성화에도 큰 몫을 하고 있다.

3. 국제기구 행사

국제기구란, 국제사회의 목적이나 활동을 위해 두 나라 이상이 복수국가로 구성되어 자국의 지위를 높이기 위해 구성된 조직체이다. 대표적인 국제기구는 국제연합UN 이다.

1) 몇 개의 국제기구

(1) 국제연합UN, 國際聯合

국제연합은 세계 평화와 안전 보장을 위해 만든 국제기구이다. 국제연맹을 계승한 것으로 유엔UN이라고도 하며, 현재 유일한 범세계적인 국제기관이다. 국제연합은 회원국들의 주권과 평등을 위해 노력하며, 전쟁이나 분쟁으로부터 평화적인 해결을 위해 기여한다.

(2) 국제통화기금IMF

국제금융기구에는 국제통화기금IMF, 국제결제은행BIS, 국제부흥개발은행IBRD, 아시아개발은행ADB 등이 있다. 국제통화기금에서는 각국의 국제수지 조정에 역점을 두고 국제무역 확대와 외국환의 안정을 위해 단기금융을 담당하는 유엔 전문기구이다.

(3) 세계무역기구WTO

수입과 수출의 균형 발전을 위해 회원국 간의 통상관계 전반을 관장하고 분쟁을 해결하는 역할을 담당하며, 세계교역 및 새로운 통상 문제를 해소시키기 위해 설립된 기구이다.

(4) 세계보건기구WHO

세계 인류가 신체적 · 정신적 활동을 하는데 건강하게 할 수 있는 대책을 세우고 예방할 수 있도록 전염병을 통제하며, 약물을 표준화하고 풍토병 및 질병을 퇴치하기 위한 활동 등 공중보건을 위한 조직이다.

(5) 유럽연합EU

유럽연합은 유럽 내 단일시장을 구축하고, 1999년부터 유통되기 시작한 단일 화폐 유로Euro를 사용하며 정치, 경제에 대해 서로 협력하고 평화를 실현하기 위한 무기제조, 철강과 에너지, 석탄을 공동 관리하고자 설립된 기구이다.

(6) 비정부기구NGO

권력이나 이윤을 추구하지 않으며 특히 보수를 바라지 않고 활동하는 시민사회단체로서, 어떠한 지역이나 정부의 간섭도 받지 않고 인간의 가치와 공공성을 모토로 개개인 또는 민간단체들이 자발적으로 조직한 국제기구이다.

2) 국제기구 및 산하단체

국제기구가 만들어질 때 지향하는 목표가 뚜렷하다. 그렇기 때문에 기구나 산하단체 모두가 성격이 다르고 추구하는 범위가 한 국가에 한정되어 있는 것이 아니므로, 기획을 할 때 그 전체의 성격이나 지향하는 목표를 벗어나지 않는 안을 만들어야 한다.

하나의 예로서, 국제축구연맹FIFA은 축구 종목을 총괄하는 국제기구로 월드컵이라고도 불리며, 국제올림픽위원회, 국제육상연맹과 함께 세계 3대 체육기구 중 하나이다. 축구 분야의 국제기구로서 각 국가를 대표하는 축구 협회만이 인정받아 가맹할 수 있다. 산하 연맹을 살펴보면 아시아 축구연맹, 아프리카 축구연맹, 북중미 축구연맹, 남미 축구연맹, 오세아니아 축구연맹, 유럽 축구연맹 등이 있다.

3) 국제학술발표회

국제학술발표에는 여러 가지로 행사마다 많은 차이가 있겠으나, 연구하고 조사한 근거가 바탕이 되므로 발표할 의제가 명확해야 한다. 또한 발표할 내용이 참석자 모두에게 배포되어야 하며, 많은 사람이 참석하는 경우 파티에 참석할 인원을 별도로 구분하여 기획을 해야 한다.

4. 민간단체 행사

1) 대학학회 및 연구기관

대학마다 특성이 다르기 때문에 행사가 매우 다양하다. 전공과목마다 여러 형태의 교내행사나 교외행사가 있을 수 있으며, 국제학술발표회 등과 같이 중복되는 경우도 있을 수 있으므로, 기획을 할 때 여러 방면으로 검토하여 예산에 차질이 오지 않도록 해야 한다.

2) 봉사단체(각종협회)

대표적인 봉사단체로는 로터리클럽, 라이온스클럽, JC 등을 들 수 있다. 회원들을 위한 모임이라기보다는 남을 돕는데 목표가 설정되어 있으므로 기획을 잘해야 하며, 행사 후에 질타를 받는 경우가 없도록 세심한 배려를 해야 한다.

봉사란, 국가나 사회 또는 남을 위하여 자기희생을 통해 스스로 만족과 상대를 행복하게 하는 것으로써, 다음과 같은 일을 할 수 있다.

① 지역사회의 관심과 참여, 책임분담, 서로 돕는 정신, 그리고 협력하는 마음이 있어야 한다.
② 봉사활동의 실천으로 지역발전에 이바지할 수 있어야 한다.
③ 공동체 의식과 타인을 배려하는 너그러운 마음이 있어야 한다.
④ 봉사자의 자세
- 전문 직종에 근무하는 전문적인 지식을 가지고 봉사하면 효율적이다.
- 금전적 보상을 바라지 않아야 한다.
- 자발적인 의지로 하여야 한다.
- 진정성이 있어야 한다. 가식으로 하였을 때 자칫 상처를 받을 수 있다.
- 사회적으로 도덕성이 있어야 한다.

3) 민간기업 및 사회단체

준공식이나 창업행사 등 목표달성 축하연 등 다양한 형태의 행사가 많다. 민간기업 행사는 참석자가 주최자를 중심으로 이루어지기 때문에, 기획을 할 때 다른 행사에 비해 놓칠 수 있는 부분들이 많다.

4) 공공기관 행사기획

공공기관이란, 개인의 이익보다는 많은 사람들의 편익을 생각해야 하며 국민의 세금으로 운영되는 기관인 만큼 교통이 편리한 곳에 위치해야 한다. 대표적인 공공센터로는 주민자치센터, 파출소, 소방서, 우체국, 도서관 등이 있다. 그리고 공공기관은 중앙정부 또는 지방자치단체를 제외한 관광공사, 공항공사, 도로공사, 농어촌공사, 도시가스공사처럼 수많은 공공기관들이 있다. 수요가 많으므로 행사를 의뢰받아 기획하는 기획사는 보안을 철저히 해야 하며, 국제행사의 경우에는 개최지의 모든 여건에 대하여 정통한 기획사를 추천받아 준비하고 운영하는 관리체계를 만들어야 한다. 이러한 정부기관 및 공공기관만 담당하는 기획사가 많다.

5) 기업 행사기획

기업의 상품정보, 교역전, 전시회 등을 임원회의나 이사회의에서 논의된 의제들을 관계자회의를 거쳐 기획사에 의뢰하여 세부사항을 기획하게 한다. 기업단체회의 기획사, 전문가단체 기획사, 개인회의 기획사가 활동하고 있다.

CATERING
케이터링

CATERING
케이터링

CHAPTER 04

케이터링의 수요

CATERING
케이터링

케이터링Catering의 수요란, 어떠한 재화를 일정한 가격으로 사려고 하는 욕구를 의미하며, 소비자가 원하는 상품, 구하고자 하는 수량 등에 의해 나타나는 현상이다.

처음에는 아주 소수의 인원으로 연회의 틈새시장 문을 두드렸으나, 수요가 증가하면서 비슷비슷한 음식을 준비하여 먹고 마시는 통상적인 모임에서 탈바꿈하여 케이터링도 환경의 변화를 가져오게 되었다. 영세성을 면치 못했던 업체들도 시장 규모가 점점 커지면서 투자를 하게 되었고, 새로운 분위기, 위생에 대한 신뢰를 구축하고 새로운 맛을 추구하면서 새로운 기대에 부응하여 목적을 달성할 수 있도록 하여 믿음과 신용으로 늘어나는 시장에 대처하는 추세이다. 세계화에 편승해 국제회의가 증가하면서 케이터링도 기업으로 발돋움하고, 20~50명의 소규모에서부터 300~500명, 더 크게는 수천 명의 행사까지로 영역을 넓힐 수 있어 전망이 밝다고 할 수 있다.

제1절 케이터링의 시장

최근 들어 케이터링Catering 산업이 구조적인 변화와 국제화 · 개방화로 빠른 움직임이 본격화하고 있다. 다수의 케이터링 업체들이 국제교류가 늘어나면서 협회나 학회 등 많은 국제학술회의, 워크숍, 세미나 등에 눈을 돌리고 있고, 국내시장도 이미 결혼식의 피로연 같은 문화가 형성되어 있으며, 생활수준이 향상되면서 대량생산, 대량판매의 변화를 보이고 있다. 특히 편리성을 추구하는 소비자가 급증하면서 냉동기술의 발달과 더불어 가공식품이 발전되고, 인스턴트식품이 증가하면서 다변화되는 외식시장과 함께 케이터링의 시장은 새로운 시대를 맞이하고 있다.

1. 수요시장

케이터링Catering 시장은 작게는 가족행사로부터 컨벤션이나 컨퍼런스 같은 국제행사까지로 그 수요를 가늠할 수 없다. 삶이 있는 생활 속에서 시장은 빠르고 편리함을 추구하며, 저렴하고 실속 있는 시장을 찾는 수요는 돌잔치 · 약혼식 · 결혼식 · 수연이나 고희연 같은 가족행사를 비롯하여 이 · 취임식 · 창립기념식 · 신년하례 · 시무식 · 종무식 · 송년회 등의 기업 행사, 기공식 · 준공식 · 개관식 · 현판식 · 제막식 등 수요도 많지만 범위도 광범위하다.

(1) 기내식 시장

항공 수요가 늘어나면서 승객들을 위한 기내식은 날로 수요가 늘어나고 있다. 한국은 1969년 대한한공이 유일하게 기내식을 제조할 수 있는 시설을 갖추고 처음으로 기내식을 생산한 후 질적인 면으로나 양적인 면에서 많은 성장을 하고 있다. 대한항공, 아시아나항공 외에 저비용항공사가 노선을 확보하면서 시장 규모가 빠르게 성장하고 있으며, 국제항공사 특히 중국 항공사들이 지방의 공항과 손을 잡고 취항이 늘어남에 따라 기내식 시장은 더욱 활성화되고 있다.

(2) 호텔 등 대형시장

호텔이나 대기업에서 운영하는 케이터링은 자체 조리시설과 전문 담당자를 배치하여 늘어나는 수요에 대비하고 있다. 특히 대형시장에서는 담당자가 예약을 받다가 상사의 의견을 들으려고 한다거나 지시를 받으려고 고객을 기다리게 한다면, 자칫 예약문의를 한 고객이 전화를 끊는 경우가 발생한다. 그러한 경우가 발생하지 않도록 책임질 수 있는 담당자가 꼭 필요하다. 또한 행사 후 고객의 재 구매 의지를 빠르게 파악하여 다음에 대처할 수 있는 정보로 활용할 수 있어야 한다.

(3) 틈새시장

최근 고객이 찾아가는 영업장소를 두지 않고 조리시설만을 준비하여 늘어나는 케이터링을 소화하는 중저가 업소들이 창의성을 가지고 새로운 메뉴와 서비스로 고객을 찾아가고 있는데, 좋은 호응을 얻고 있다. 특히 틈새시장을 노리는 업소에서는 제일 중요한 고객만족을 위해 노력해야 한다. 대형 매장이나 저가 매장도 동일하지만, 틈새시장은 체험에서 오는 만족이 어떠한 홍보보다 유익하다는 것을 알아야 한다. 틈새시장은 경험할 수 있는 기회가 많다. 그렇기 때문에 경험에서 만족을 느끼는 고객은 소요자금이 들어가지 않는 홍보대사가 되는 것이다.

(4) 저가시장

다과나 커피 등 저렴한 가격으로 할 수 있는 케이터링에 의외로 많은 관심을 가지고 있다. 특히 브랜드가 있고, 인지도가 높은 매장들이 실속형 케이터링 메뉴를 만들어 소비자들의 욕구를 충족시키고 있다. 예를 들어, 고객이 워크숍이나 미니세미나를 할 때, 시간이 식사하기에는 이르거나 늦을 때 20~30명분을 요구한다면 아마도 다과(케이크, 페이스트리, 쿠키 등)나 커피 밖에 할 수가 없다. 이 때 얼마나 빠른 시간에, 얼마나 편리하게 이용할 수 있는가이다. 소규모의 매장이 아니라면 충분히 가능하며, 반면 의외의 매출을 높일 수도 있으므로 시장성이 높다고 보아야 한다.

특히 똑같은 기물에 똑같은 메뉴를 통해서 하기 때문에 상 · 하의 간격을 좁힐 수 있고, 저렴한 가격으로 진행할 수 있어 눈치를 볼 필요도 없고, 자신이 가지고 있는 모든 것을 보여줄 수 있다는 점에서 충분히 창의성을 발휘할 수 있으며 서로의 벽을 허물 수 있는 계기가 될 수도 있다.

2. 공급시장

수요가 많으면 공급시장은 자연적으로 성장하게 된다. 소비자는 맛을 우선시 하지만 아름다움을 추구하며, 모양과 디자인도 중시하는 것이 현실이다. 모두 다 그렇다고 할 수는 없지만, 대부분은 실속 있는 메뉴에 영양가도 있어야 하며 더불어 건강을 생각하는 시장을 요구하고 있다.

공급시장을 살펴보면, 결혼식의 접대음식, 폐백음식, 이바지음식을 비롯하여 뷔페

음식, 칵테일음식, 핑거푸드음식, 바비큐음식, 퓨전음식, 패스트푸드음식, 다과음식, 패스추리음식, 샌드위치음식, 김밥음식 등 성장 가능성을 본다면 외식업계를 앞설 수도 있는 것이 현실이다. 이처럼 소비자의 성향은 모든 것에 만족하고 싶어 한다.

TIP 계속하지 않으면 사라진다

산속의 작은 길도 많은 사람이 자주 다녀야 큰 길이 되지만, 잠시만 다니지 않으면 그 길도 모두 풀로 덮여 길이 없어진다. 시장도 많은 유통이 있을 때 점점 발전된다는 의미이다.

제2절 국제회의

산업사회가 형성되면서 국제회의(컨벤션, 컨퍼런스 등)의 수요가 증가하게 되는 것은 자연스런 현상이다. 빠른 국제화와 개방화는 음식문화의 세분화를 가져왔고, 행사의 특성에 따라 조금씩은 다르지만 케이터링Catering은 편리성을 추구하여 이용도가 높아짐에 따라 국제행사에서도 수요가 증가하는 추세이다. 특히 지방자치시대가 열리면서 국제경쟁의 주체가 중앙정부 행사에서 지방자치단체 또는 민간단체로 많이 이관되면서 수요는 다양한 방법으로 증가하고 있다.

1. 컨벤션

컨벤션Convention이란 용어를 이제는 일반사회에서도 쉽게 접할 수 있다. 처음에는 관광호텔 연회장에서나 접할 수 있었는데, 지금은 많은 인원의 행사를 할 수 있는 곳이면 모두가 컨벤션이라는 간판을 걸고 있다. 특히 결혼식을 올리는 예식장에서 예식장 대신 컨벤션이라는 용어를 사용하고 있다. 과거에는 컨벤션이라는 용어는 국제적 · 국가적 기구와 단체에서 개최하는 연차총회로 그 의미가 제한되어 사용되었으나, 최근에는 각종 회의와 총회, 소규모 회의와 위원회 등도 포괄적으로 사용되고 있으므로, 더불어 케이터링의 수요가 증가한다고 보아야 한다.

컨벤션은 다수의 사람들이 특정한 활동을 하거나 협의하기 위해 모이는 회의 장소로서 산업, 학술, 정치 등 다양한 분야에 정보교환이나 인적 교류를 목적으로 하는 집회시설로서 제주국제컨벤션센터, 창원컨벤션센터, 김대중컨벤션센터, 대전컨벤션센터, 63컨벤션센터 등 지역마다 가지고 있다.

2. 비(非)정부기구

비(非)정부기구NGO로, 인간의 가치를 중시하며 권력이나 이해관계에 얽히지 않고 사회정화를 위해 국제 활동을 하는 순수한 민간단체이다. 특히 자연보호, 환경보호 등 시민사회를 대변하면서 사회의 공공성을 위한 기구로 활동이 많아지면서 케이터링에도 많은 영향을 주고 있다. 중요 활동으로 하고 있는 것은 다음과 같다.

① 긴급구호 활동 : 위험에 처해있는 생명들을 구하기 위해 하는 활동
② 재해복구 활동 : 지진이나 해일 등으로 피해가 입은 지역을 복구하는 활동
③ 식량지원 활동 : 기아에 허덕이는 곳을 찾아 지원해 주는 활동
④ 자원봉사 활동 : 세계 각지에 사람의 손길이 필요한 곳에 지원하는 활동
⑤ 인권보호 활동 : 인간이 인간으로서 대접받지 못한 곳을 찾아 보호하는 활동

3. 포럼

사전적 의미는 1~3명의 전문가가 자신의 주장을 공개적으로 발표한 뒤, 참석자와 질의응답으로 진행하는 토의로서 포럼Forum은 제시된 특정 주제에 대해 발표하고, 견해는 서로 다르지만 같은 분야를 연구하는 전문가들로 구성하여 사회자의 주도 하에

진행하는 공개 토론회이다. 참가자들도 자유롭게 질문을 할 수 있고, 질문한 내용을 가지고 토론하면서 사회자가 이를 취합하고 종합하여 결론에 도달할 수 있도록 한다. 다만, 사회자는 참여자의 의견을 존중하며 진행하는 과정에서 어느 한 곳에 치우치면 안 된다. 그러기에 다른 형태의 회의보다 사회자의 역할이 상당히 중요한 회의이다.

제3절 협회 · 학회

지식사회가 형성되면서 사회구조의 변화는 지식을 공유하지 않으면 새로운 가치를 창출할 수 없는 새로운 시대로 인적 네트워크의 중요성이 대두되었다. 경쟁력 향상을 위해서 개인이 할 수 없는 지식을 발굴하는 조직이 필요하게 되었고, 같은 목적을 가진 사람들이 학문연구, 학술연구 등을 위해 협회나 학회를 만들어 논의하고 결과를 발표하게 되었는데, 구성원들이 인프라 구축을 위해 기하급수적으로 늘어나게 됨에 따라 케이터링Catering도 더불어 성장을 하게 되었다. 지식이 성공하기 어려운 이유는 다음과 같다.

① 기업 내부에 존재여부를 알 수 없다.
② 지식은 보이지 않는 정보의 조합이다.
③ 지식은 아무리 사용해도 줄지를 않는다.
④ 지식도 관리가 필요하다.

1. 협회

한국무역협회, 한국사회복지사협회, 대한태권도협회, 의사협회, 대한축구협회 등은 공동의 목적을 가진 사람들이 적절한 시스템을 만들기 위해 방법론을 찾아 객관적으로 이해할 수 있도록 하여, 수용할 수 있는 것은 수용하고 버릴 것은 버려 효율적인 경영활동을 위한 상호작용을 하기 위한 모임이다.

2. 학회

한국경영학회, 한국교육학회, 한국고분자학회, 대한토목학회, 한국상담심리학회 등은 지식이 필요할 때 꺼내어 쓸 수 있는 데이터를 공유하기 위해 학문을 깊이 있게 연구하고, 각자의 연구 성과를 공개 발표하여 타당성을 검토하고 고차원의 어려운 문제들을 새로운 각도로 분석하며 정보를 수집하여 논의한 후 그 연구 성과를 심사 발표하고, 발표한 자료를 응용할 수 있도록 체계화하여 능동적인 인적 네트워크를 형성하는 모임이다.

제4절 축 제

국내 여가문화의 새로운 모습을 선보이며 다채로운 프로그램과 연계하여 테마, 문화, 관광, 특산물 등을 주제로 주민의 화합과 결속을 다지고, 지방자치시대의 재정자립도를 높이는 데에 기여하고자 산업형 축제 등 다양한 분야에서 새롭게 시도하는 축제들이 증가하고 있다.

대표적인 산업형 축제를 살펴보면, 금산 인삼축제, 영광 굴비축제, 보령 머드축제, 고창 복분자축제 등을 들 수 있고, 축제를 하게 되면 자연히 사람이 모이게 되며 사람이 모이는 곳에는 케이터링Catering 수요도 증가하게 된다.

1. 지역문화 축제

지역문화 축제는 우선 주민들이 호응할 수 있어야 한다. 주민들의 교류와 지역갈등을 해소하기 위해, 눈에 보이는 것보다는 보이지 않는 문제들을 찾아내서 갈등의 요소들을 능동적으로 해결하려는 대안을 끊임없이 제시하고 경쟁력 있는 방향으로 이끌어 지역을 알릴 수 있는 축제, 화합할 수 있는 축제, 지역을 선도할 수 있는 축제로서 정치적·경제적으로 발전하여 지역자립도에 기여할 수 있어야 한다.

어떤 대상이나 특정 분야를 주제로 전통성을 살리면서 국민의식을 높이기 위해 만들어진 지역축제를 살펴보면, 일부지만 부산 불꽃축제, 보은 대추축제, 산정호수 억새풀축제, 장성 가을 노란꽃축제, 함평 나비축제, 익산 억만송이국화축제, 문경 사과축제, 안면도 대하축제, 경남사천 항공우주엑스포, 대한민국 국항대전 등이 있다.

2. 대학 축제

대학 축제는 젊음의 끼를 발산하는 행사이다. 그러나 세월의 흐름 속에 많은 부분이 변질되어 처음 시작했던 소중한 의미가 퇴색되어, 대학 축제가 꼭 필요한가라는 의문을 갖게도 한다. 한편으로는 선·후배의 끈끈한 유대관계를 갖게 하고, 그들만의 상호활동을 통한 역할분담에서 인간관계를 성숙시켜 상대방의 입장을 이해하고 인격존중의 목적을 달성할 수 있다면, 사회에서 맛볼 수 없는 소중한 경험을 할 수 있다.

제5절 기업 수요

기업은 소비자의 욕구를 충족시키는데 초점을 맞추어야 한다. 기업은 공공의 목적을 위해 운영하는 '공기업'과, 개인의 영리를 목적으로 하는 '사기업'으로 구분할 수 있다. 사기업은 주식회사, 합자회사, 유한회사, 합명회사, 유한회사, 개인기업 등을 살펴볼 수 있다.

기업은 인간이 요구하고 필요로 하는 제품을 생산하고 판매하여 이윤을 추구하는 경제 주체이다. 제1차 경제개발 5개년 계획을 발판으로 성장하기 시작한 기업은 산업사회가 형성되면서 존재가치를 인정받게 되었고, 기업이 원하건 원하지 않건 예상치 못한 위기에도 융통성 있게 대처하여 기업 본질에서 벗어나지 않도록 노력하면서 발전했다. 산업이 고도화됨에 따라 기업 문화가 확고하게 정착되었고, 그 수도 양적으로 많은 팽창을 가져왔으며, 그에 따라 케이터링Catering도 빠르게 성장하였다.

1. 신제품 발표회

기업은 새로 만들어진 제품이 나오면 고객들에게 알리기 위한 방법으로 설명회를 개최한다. 특히 신약이나 가전제품, 자동차, 화장품 등의 설명회를 할 때는 관계되는 고객 또는 대리점 등 많은 사람들을 초대하여 개최하기 때문에, 자연스럽게 케이터링Catering과 접목되어 많은 수요가 생긴다. 신제품 발표회는 다음과 같은 느낌을 받을 수 있어야 한다.

① 사람의 마음을 움직일 수 있어야 한다.
② 불편함을 해소할 수 있어야 한다.
③ 기쁨과 즐거움을 줄 수 있어야 한다.
④ 깜짝 놀랄만하여야 한다.
⑤ 신기하게 느낄 수 있어야 한다.
⑥ 흥미를 느낄 수 있어야 한다.
⑦ 생동감이 있어야 한다.
⑧ 욕심나는 느낌이 있어야 한다.
⑨ 현실감각의 새로운 개념이 있어야 한다.
⑩ 대단하게 생각하며 박수를 칠 수 있어야 한다.

2. 각종 세미나

기업은 교육 및 연구 목적으로 개최되는 회의로서, 발표자와 참가자가 한 가지 의제를 가지고 발표 · 토론을 하며, 발표자와 참가자는 교육자와 피교육자의 관계가 아니라 참가자도 의견을 제출해 토론에 참여하여 특정과제를 공동 연구하는 모임이다.

3. 워크숍

기업은 새로운 정보와 새로운 전문지식을 전달하기 위한 목적으로 워크숍을 개최하여, 연구방법 등을 교환하고 참가자가 동질성을 가지고 추구하고자 하는 목적을 위한 같은 사람들끼리 같은 성질이나 특성이 있는 특정 문제를 논의하는 관계이다.

4. 컨설팅

기업 자체 내에 전문가가 없으면 외부전문가를 초빙하여 상담을 하거나 조언을 듣게 된다. 창업을 한다거나, 교육프로그램을 운영한다거나, 부동산컨설팅, 상권분석 등이 많았으나, 요즘은 파티플래너, 웨딩플래너 등의 새로운 직업군이 활기를 찾으면서 웨딩컨설팅이나 케이터링Catering과 관계되는 기업이 날로 성장하고 있다.

5. 패션쇼

디자이너들은 새로운 시대를 개척하는 선구자처럼 항상 새로운 색상, 새로운 모양, 새로운 무늬 등을 고안해서 밑그림을 그리고 시안을 만들어 새로운 의상을 만들어 고객들에게 보여주는 행사를 하고 있다. 지금은 경제가 더욱 발전하면서 행사 규모가 확대되고 화려하게 성장하고 있으며, 케이터링Catering과 밀접한 관계를 맺고 있다.

6. 각종 기념행사

기업은 내부적으로 하는 행사도 많지만, 외부와 연결한 뜻 있는 기념행사들이 많다. 개업식, 병원 · 학원 등 개원식, 정기총회, 창립기념일, 준공기념, 이 · 취임식, 목표달성 기념, 지점 개 · 소식, 기공식, 선포식의 의미를 부여하는 공식 행사와 비공식 행사가 많기 때문에 많은 기업들이 케이터링Catering에 영향을 주고 있다.

제6절 개인 수요

1. 웨딩Wedding

결혼식에는 음식이 빠질 수 없다. 손님을 접대하기 위한 음식이 아니더라도 폐백음식, 이바지음식, 뒤풀이음식 등이 있고, 예식도 현대식이 아니더라도 사모관대를 쓰고 하는 전통 혼례식을 비롯하여 야외 결혼식, 종교 결혼식, 사내 결혼식 등이 많으므로, 웨딩플래너까지 등장하여 전문가로서 기획하고 프로그램을 만들어 성장하는 수요에 대처하고 있다. 웨딩 플래너가 상담하는 일은 다음과 같다.

① 결혼스케줄을 상담한다.
② 상담 후 상담한 정보를 분석하여 고객에게 제시한다.
③ 예식장 장소 선정에 조언을 한다.
④ 드레스 선정에 종류, 가격 등의 조언을 한다.
⑤ 부케에 사용할 꽃이나 종류, 가격 등을 조언해 선택할 수 있도록 한다.
⑥ 사진은 고가이므로, 상담을 잘하여 고객의 불평이 없도록 해야 한다.
⑦ 신혼여행의 일정과 장소 등 필요한 정보를 제공하여 불만이 없도록 해야 한다.
⑧ 제일 중요한 케이터링은 정확한 정보를 제공하여 가능한 고객의 예산에 맞도록 설계해 주어야 한다.

2. 프라이벗 케이터링Private Catering

개인적인 관계에서 진행되는 행사도 무시할 수는 없다. 가족행사로 유기적인 연결을 하고 있는 백일이나 돌, 수연이나 고희, 금혼식 등이 있고, 집들이나 가족 친목을 도모하기 위한 종친회에서도 케이터링Catering 수요가 날로 늘어나고 있다.

3. 졸업전시회

금속공예, 실내공간디자인, 패션디자인, 만화애니메이션, 섬유예술, 사진, 서예, 미술 등 다양하지만, 그 중에서도 케이터링Catering과 가장 밀접한 관계를 가지고 있는 졸업전시회에서의 음식이다. 향토음식, 궁중음식, 사찰음식, 기능성음식, 제과·제빵 등 특수한 음식을 작품으로 만들어 졸업전시를 하는 전시회는 작품성이나 창의성이 뛰어나 많은 발전을 기대할 수 있고, 그 기대에 부응하도록 성장하리라 본다. 특히 베이커리 부분은 예술적인 케이크 전시가 아니더라도 설탕공예나 초콜릿공예 등 남들이 잘 하지 않았던 것을 차별화된 감각으로 특별히 하는 것은 케이터링 인테리어의 미래가 밝다고 말할 수 있다.

4. 갤러리행사

회랑에서 감상하는 전시회는 바라보는 관점에서 다를 수 있지만, 포괄적인 의미에서는 서예, 미술, 조각, 사진 등 미적 표현 양식들을 예술이라는 개념으로 나타내고 있다. 그러나 아름다움을 추구하는 전시회도 사회가 발전하면서 지적 수준이 높아지고 경제적인 부유계층이 늘어남으로써 인격적인 이미지를 부각시키고자 수요가 늘게 되고, 따라서 케이터링Catering 수요도 경쟁력을 높일 수 있는 요인으로 작용하였다고 본다.

5. 출판행사

출판은 작가의 창작에서 나온다. 논문, 시, 소설, 희곡, 수필 등 하나의 작품을 구상하여 출판되어 나오기까지 무에서 유를 만들어내기 때문에, 많은 인내와 창작에 대해 시간을 보내야 한다. 그렇게 해서 세상에 나온 창작물의 가치는 상품성을 가지고 논할 수는 없다. 그러나 출판물의 수요가 증가하고, 그 저작물에 대한 출판기념 행사를 하게 됨으로써 케이터링Catering도 수요가 늘어 기업들이 많은 관심을 가지게 되었다.

T I P

리플릿과 팸플릿

리플릿은 펼치면 1장이나 접으면 4쪽 이하의 광고용 전단지를 뜻하고, 팸플릿은 5쪽 이상 48쪽 이하의 책자 형식이며 회사 소개, 자체 홍보, 상품 소개 등으로 사용된다. 출판의 중요성에 대해 단재 신채호 선생은 "서적이란 한 나라의 인심, 풍속, 정치, 산업, 실업, 무력을 산출하는 생식기이며, 역대 성현, 영웅, 고인, 지사, 충신, 의협을 본떠 전하는 사진첩"이라 하였다.

영웅을 길러내는 기계

영웅은 누가 만드는 것인가? 시대인가, 지세(地勢)인가? 아니면 학교인가, 서적인가? 영웅을 만들어내는 것은 과연 누구인가? 아아! 말지어다! 영웅을 만들어내는 것으로 말하면 비록 허다한 가지가지의 원인이 있겠다하겠으나, 나는 바로 영웅이란 것은 그 나라 민족들이 숭배하는 마음 속에서 만들어져 나오는 것이라고 믿는다.

– 1908년 8월 18일 대한매일신보, 도록 단재 신채호 64쪽에서

CATERING
케이터링

CATERING
케이터링

CHAPTER 05

케이터링의 프로그램

CATERING
케이터링

제1절 케이터링의 흐름도

케이터링Catering이 필요한 곳이면 누구나 요청할 수 있다. 케이터링은 어느 곳이든 할 수 있다는 것이 장점이다. 고객의 요구가 있으면 우선은 상담에 응해야 한다. 다만, 상담에 응한다고 모두 행사를 진행하는 것은 아니다. 서로의 조건이 맞아야 진행할 수가 있다.

1. 고객 요청

고객의 요청을 미리 상상해서는 안 된다. 장소가 좋을 수도 있고, 여건이 안 좋을 수도 있다. 거리가 가까울 수도, 멀 수도 있다. 행사 내용이 수월할 수도 있고, 까다로울 수도 있다. 그 외 돌발 변수도 많기 때문에 상담자는 여러 상황에 접하더라도 항상 긍정적인 자세로 임해야 한다.

2. 관계자 협의

상담자는 고객과 상담한 내용을 상세하게 가감(加減)없이 보고서를 작성하여 상사에게 보고하고 실행할 수 있는 행사인가의 여부를 결정한다. 우리가 살고 있는 이 세계는 거대한 협상 테이블이다. 거미줄처럼 얽혀있는 대립 속에서 무엇인가를 얻는 과정이 협상이다. 협의란, 유리한 결과를 위해 최선을 다하는 과정이다.

T I P 협상이란?

우리의 인생은 성공할 수도 있고, 실패할 수도 있다. 또한 만족스러운 삶을 즐길 수도 있고 쓴맛만 맛보게 될 수도 있다. 바로 이 부분에 협상의 영역이 존재한다.
그렇다면 협상이란 무엇인가?
당신이 원하는 무언가를 얻어내는 일이다.
– 허브코헨의 협상의 법칙에서

3. 관계자 현장답사

답사란, 실제로 어떤 일이나 사건이 일어나 있는 곳에 직접 가서 보고 조사하는 것이라고 한다. 케이터링Catering 행사를 해야 할 곳의 보고서를 검토한 후 행사를 할 수 있다고 결론이 나면, 관계자는 반드시 현장을 답사하여 문제점이 없는가를 확인하고 행사를 원만히 끝낼 수 있도록 제반사항을 준비하도록 해야 한다.

4. 주최자 질문

현장답사를 할 때 주최자와 제반사항을 논의하고 고객의 요구사항을 빠짐없이 기록해야 한다. 특히 음식에 대한 사항과 레크리에이션에 대한 상담은 별도로 기록하여 행사 후 차질이 없도록 해야 한다.

5. 행사약정서에 서명

현장답사 후 행사를 원만히 할 수 있다는 결론이 나면, 행사계획서를 작성하여 주최자에게 제출하고 행사약정서에 서명한다. 서명을 한다는 것은 서명자가 책임진다는 것을 명심해야 한다.

6. 행사 확정

행사가 확정되면 관계부서장의 회의를 거쳐 행사계획서를 각 부서로 보내어 행사준비를 하도록 해야 한다.

7. 행사 준비

준비라는 것은 남이 시켜서가 아니라 내 스스로 할 수 있어야 한다. 담당부서에서는 행사계획서를 넘겨받으면 즉시 날짜와 장소를 표시하고 행사 일정표를 만든 후,

메뉴에 대한 자료는 조리부에 넘겨주고 필요한 부분이 있으면 상부에 요청하여 행사에 차질이 없도록 준비한다.

8. 출장인원 확정

행사계획서를 토대로 부서장 회의를 거쳐 행사에 필요한 인원을 확정한다. 만약 타부서의 인원이 필요할 때에는 사전에 협의가 이루어져야 한다.

9. 출장목록 작성

행사계획서를 토대로 행사 시 필요한 출장목록 리스트를 작성하고, 내부에 비품이나 물자가 없어 외부에서 조달되어야 할 품목이 있으면 미리 구매의뢰를 하여 행사에 차질이 없도록 준비한다.

10. 출장목록 점검

행사 담당부서 책임자는 2일 전 행사목록을 다시 점검하여 누락된 부분이 없는가를 확인하고, 관계부서(조리, 음료, 음향, 주차 등)도 확인한다.

TIP 목록

품목과 내용을 한 번 보아서도 알 수 있도록 일정한 기준을 정하고, 점검해야 할 항목, 관련 데이터를 보기 쉽게 만드는 것이다.

11. 기물 반출

행사 1일 전 출장목록 리스트에 의해 행사에 필요한 테이블, 린넨, 기물 등을 행사장소로 이동한다. 특히 도기나 유리로 된 기물을 이동할 때에는 파손이 되지 않도록 유념해야 한다.

12. 행사장 준비

외부행사장을 준비할 때는 날씨에 영향을 많이 받으나, 대부분 1일 전에 음식을 제외한 모든 준비를 마치는 것이 원칙이다. 그러나 여건이 허락하지 않으면 당일에 준비할 수도 있다. 다만, 당일 음식준비는 행사시작 30분 전에 완료되어야 한다.

13. 행사 진행

현장책임자의 지시를 받고 종사원은 자신의 자리에서 이탈하지 않아야 하며, 항상 고객의 눈에 벗어나지 않는 위치에서 행사를 진행해야 한다.

14. 행사 후 현장정리

행사가 끝나면 현장을 깨끗이 정리정돈 해야 하지만, 경우에 따라 늦게 끝나는 경우 중요한 기물만 회수하고, 주최자의 동의를 얻어 테이블 등은 다음날 철수할 수도 있다.

15. 기물 반입

기물반출 리스트에 의하여 점검하고, 주방기물과 서비스기물을 분리하여 주방기물은 특히 파손이 없도록 주의해야 하며, 당일 반입하지 못하는 기물은 주최 측에 이해를 구한 다음날 반입을 하고 확인한다.

16. 종료

행사가 끝나면 현장책임자는 반드시 정산여부를 확인하고, 후불일 경우 경리과에 주최자가 서명한 계산서를 인계하고 종료한다.

17. 평가

행사가 끝난 후 관계부서원들이 한자리에 모여 자체평가를 한다.

제2절 출장연회

출장연회Outside Catering는 고객의 목적이 분명하다. 고객에 따라 다양한 형태의 기획을 할 수 있으며, 특별한 예외 규정이 없는 한 행사 내용이 변경될 수 없는 것이 특징이다. 출장연회는 다양한 음식, 주류, 음료 외에 각종 기물, 글라스, 테이블, 의자, 린넨 등 필요한 비품을 고객이 지정한 장소로 옮겨 준비하는 행사이다. 이러한 행사는 사무실이전이나 사옥준공, 기업이나 사회단체 특별행사, 예술단체들의 전시회 등을 할 때 많이 한다. 예를 든다면, 출판기념회를 하려고 했던 행사를 행사기획이 잘못됐다고 하여 시 낭송회로 바꿀 수는 없고, 미술관을 새로 신축하여 개관식 및 전시회 행사를 기획하였는데, 전시회 준비가 미흡하다하여 개관식만 한다는 것은 옳지 못하다는 것이다. 또한 행사가 축소된다하여 예약한 음식을 임의로 행사시작 몇 시간 전에 축소변경 취소할 수는 없다는 것이다. 그러므로 출장연회는 고객의 요청에 의해서만 이루어진다고 볼 수 있다.

일반적인 연회는 고객의 요청이 없더라도 기획하여 고객을 초대하는 형식으로 행사를 할 수 있으나, 출장연회는 고객의 요청에 의해, 고객이 요청한 시간에, 고객이 요청한 장소에서, 고객이 원하는 행사장(테이블세팅 포함)을 준비하여, 고객이 선택한 메뉴를, 고객이 요청한 방법으로 행사를 하는 연회를 말한다. 출장연회를 의뢰하는 목적은 다음과 같다.

① 가정에서 요리를 만드는 것이 부담이 되므로 의뢰한다.
② 다양한 요리가 제공되기 때문이다.
③ 가정에서 하는 것보다 보기도 좋고, 맛도 좋은 음식을 기대해서 의뢰한다.
④ 고객을 초대하여 상차림을 했을 때 품위가 있기 때문이다.

⑤ 많은 고객을 초대했을 때 기물준비에 부담이 없기 때문이다.

출장연회는 실내에서 할 수 있는 실내 케이터링Inside Catering과, 실외에서 할 수 있는 실외 케이터링Outside Catering으로 구분할 수 있다.

1. 실내 케이터링

출장연회지만 야외가 아닌 실내에서 하는 경우도 많다. 기업체 강당, 대학 컨벤션, 학교 강당 등을 대여해서 할 수 있는 형태의 실내 케이터링Inside Catering은 정찬서비스(테이블서비스), 칵테일서비스, 뷔페서비스, 티서비스 등 장소의 대소(大小)와 행사의 성격 등 형태에 따라 다양하게 구성할 수 있으나, 인원이 많고 자유스러운 분위기를 연출하기 위해서는 가급적 정찬서비스는 피하는 것이 좋다.

2. 실외 케이터링

실외에서 할 수 있는 형태는 뷔페서비스, 칵테일서비스, 티서비스 등을 할 수 있으나, 앉는 형태보다는 서는 형태를 주로 사용한다. 특히 정원에서 하는 경우 정찬서비스(테이블서비스)는 가급적 피하는 것이 좋다.

실외 케이터링Outside Catering에 잘 어울리는 행사가 가든파티이다. 연회장소가 부족하거나 조리시설만 가지고 출장연회업을 하는 경우는, 행사가 많으면 많을수록 매출이 늘어나기 때문에 업체들의 경쟁이 매우 심하다. 특히 조리시설은 가지고 있으나 행사를 할 수 있는 고정된 장소가 없다거나 연회장을 마련하기에는 많은 비용이 소요되므로, 연회장을 준비할 수 없는 업체들로서는 실외 케이터링에 상당히 매력을 느끼고 많은 홍보를 한다.

실외 케이터링 업체가 날로 증가하면서 홍보비의 과다지출로 업체가 영업을 중단하게 되는 경우가 있을 정도로 관심이 많아졌고, 질적인 면에서도 많은 향상을 가져오게 되었다. 특히 조경시설이 잘되어 있는 개인의 정원 또는 경치가 아름답거나 풍광이 좋은 야외정원에서 맑은 날씨를 택하여 자연을 벗 삼아 파티를 하다보면 실내에서 느끼지 못하던 운치를 즐기게 된다.

그러나 가든파티는 대부분 칵테일파티Cocktail Party나 뷔페파티Buffet Party로 이루어진다. 경우에 따라 티파티Tea Party로 하는 경우도 있으나, 정찬파티Table Service Party는 특별한 경우를 제외하고는 거의 행해지지 않는다. 특히 바비큐나 갈비 등을 직접 구워가면서 하는 파티는 정원파티에서나 맛볼 수 있는 특징이 있다.

제3절 예 약

1. 케이터링의 예약

예약은 고객과의 약속이다. 그러므로 출장연회 예약은 매우 중요하다. 예약을 받을 때는 행사를 의뢰하는 고객이 원하는 것이 무엇인지 항상 고객의 입장에서 생각해야 한다. 우선 예약을 받을 때 행사의 성격을 살펴야 한다. 행사의 성격에는 여러 분류가 있으나 국제행사, 오픈행사, 기업행사, 기관단체행사, 웨딩행사, 종교행사, 가족행사 등에 따라 그 행사를 소화할 수 있는지를 검토해야 한다.

또한 장소는 케이터링의 흐름에서 살펴보았듯이, 현장을 답사하여 행사장까지의 거리, 행사장소가 옥상이나 높은 층은 아닌지, 야외장소라면 세팅하는데 어려움은 없는지 등을 검토해야 한다. 예약상담자는 무리한 요구가 있다 하더라도 세밀한 검토를 한 후, 수행할 수 있으면 긍정적으로 예약이 체결되도록 노력해야 한다. 신중을 기하여 고객이 기획한 요구사항에 문제가 없다고 판단되면, 예약서 2부에 서로 서명하여 각 1부씩 소지한다. 다만, 한 번 체결한 예약은 특수한 경우를 제외하고는 함부로 변경할 수 없으므로 유의해야 한다.

TIP 매너

미국 컬럼비아대학교 MBA 과정에서 우수기업의 최고경영자(CEO)들을 대상으로 설문조사를 하였다. 경영자로서 성공을 이룬데 가장 영향을 준 요소가 무엇인가라는 질문에 93%가 기획, 능력, 의지력, 자신감, 행운이라는 대답 대신 '매너'였다. 예약은 '매너'이다.

1) 장소

실외 케이터링Outside Catering에 장소는 행사하기에 좋은 곳도 있고 매우 어려움이 따르는 곳도 있다. 행사장이 실내라면 물이나 불을 사용하는데 무리가 없으나, 층이 높은 곳이면 엘리베이터를 사용할 수 있느냐에 따라 행사를 할 수 있느냐, 없느냐로 결정될 수 있다.

야외에서 할 경우에는 기후에 따라 변동할 수 있는 경우와 변경할 수 없는 경우를 대비해야 한다. 만약 바람이 불거나 비가 올 경우 실내로 이동할 수 있는 공간이 있다면 좋겠으나, 그렇지 못한 경우는 그에 대한 대비를 해야 한다. 특히 행사 장소까지의 거리를 정확히 알아야 한다. 시간적으로 짧은 거리도 있고, 2~3시간 소요되는 장소도 있다. 시간이 많이 소요되는 행사장은 한 번 이동하면 끝이라는 생각을 해야 한다. 행사장에 도착하여 부족한 부분이 발견된다 하더라도 보충할 수 없기 때문이다. 또한 이동하면서 교통체증에 대한 대비도 해야 한다.

2) 예약 인원

일반 행사도 예약 인원이 정확해야 하지만, 실외 케이터링Outside Catering은 일반 행사보다 훨씬 예약 인원이 정확해야 한다. 인원의 증감(增減)은 고객 측에서 보면 소요예산과 직결되어 있고, 행사를 담당한 측에서 보면 매출과 직결되어 있으므로 서로가 상대의 의사를 존중해야 한다. 상대의 의사를 존중한다고 해서 고객이 예약하는 인원을 그대로 받아들이는 것은 옳은 처사가 아니며, 상담자는 전문가적 입장에서 조정해야 할 경우가 있으면 확실하게 설명을 해야 한다. 기업의 매출이 우선이라는 입장에서 고객이 원하는 인원으로 예약을 받아 행사를 진행한 후 예약 인원보다 매우 적은 인원이 참석했을 때는 분쟁의 소지도 발생하고 고객을 잃을 수도 있다.

인원을 확정하는 것은 신중에 신중을 기해서 결정해야 한다. 예약이란, 어떠한 예약이든 중요치 않은 것이 없다. 특히 인원을 예약하는 과정에서 고객 측이 망설이는 경우가 종종 생긴다. 그러한 경우 예약상담자는 모든 가능성을 상기시켜 정확한 인원을 예측하도록 도와주어야 한다. 인원 예측이 잘못되어 너무 적게 참석해도 문제지만, 너무 많이 참석해도 문제가 된다,

예를 들어, 예약 인원은 100명을 하였는데, 행사 인원이 150명이 되었다면 테이블, 의자, 집기비품, 기물 등 모든 부분에서 문제가 발생한다. 고정 장소에서 하는 행사라면 부족한 비품을 즉시 조달하여 보충하겠으나, 실외 케이터링은 그 비품을 시간이 약간 있다해도 조달할 방법이 없다. 또한 행사 장소가 고정 장소에서 2~3시간 이상 소요되는 곳이라면 후속조치를 취할 방법이 없다. 그만큼 집기비품이 중요하지만 그보다 더 중요한 부분은 음식 부분이다.

대부분 행사를 주관하는 기업이나 호텔 외식사업부에서는 약간의 추가음식을 준비하지만, 때로는 예약을 받은 음식이 남는 경우가 있으므로 추가음식을 많이 준비하지를 않는다. 그러한 경우 음식은 부족한데 현장에서 문제를 해소할 수 있는 방법이 없다는 것이다. 행사의 성격상 일부는 근처식당으로 유도하여 할 수 있는 장소라면 몰라도, 그렇지 못하면 그 행사는 그르친 행사라고 해야 할 것이다. 그러한 경우 행사를 주최하는 고객 측에서도 예측을 잘못한 1차적 책임이 있으나, 예약을 받아 행사를 주관하는 업소 측에서도 전문가적인 입장에서 이러한 일이 발생하지 않도록 사전에 충분히 정보를 제공하고 협의하지 않았다면 도의적인 책임은 피할 수 없다. 하나의 예를 제시하지만, 예약 인원을 정확히 파악하여 행사를 주도하는 것은 예약 문화를 정착시키는 지름길이 된다.

3) 일시

실외 케이터링Outside Catering을 하기 위해서는 행사 인원도 중요하지만, 더욱 중요한 것은 일자와 시간이다. 일자와 시간을 결정하는 요인에는 두 가지가 있다. 하나는 행

사 일자를 확정하고 기획하는 경우, 또 하나는 행사를 기획하면서 일자를 결정하는 경우가 있다. 행사 일자를 확정하고 행사를 기획하는 경우는 국경일과 같이 이미 결정되어 있어 전혀 변동할 수 없는 경우, 회갑연 또는 돌잔치와 같이 일자가 결정되어 있지만 행사를 기획하면서 변동할 수 있는 경우가 있다.

행사를 기획하기에 앞서 일시가 결정되어 변동할 수 없는 경우는 국경일 기념행사 외에 국제행사, 결혼식 등도 있지만 창립기념 행사, 기공식, 정기총회 등 이미 일자가 결정되었더라도 기획하면서 변동할 수 있는 예외적인 경우도 있다.

행사를 기획하면서 일자와 시간이 결정되어 변동할 수 없다면, 나머지 기획을 할 때 약간의 제약요건이 따를 수 있다. 행사 내용에 따라 다르겠지만, 제약요건에 따라 부수적인 준비가 필요하기 때문이다. 그러나 행사에 따라 일시를 변동할 수 있는 경우는 행사 일정을 결정하기 전에 실내에서 할 행사인지 야외에서 할 행사인지를 구분하여 야외에서 해야 할 행사라면 일기예보를 중시해야 한다. 행사일에 비나 눈이 올 예보는 없는지, 아니면 강풍이나 기타 기상여건이 행사에 지장을 줄 수 있는 경우가 없는지를 확인하고 고객 측과 협의해야 한다. 모든 행사가 행사일자와 시간이 결정되면 변경하지 않는 것이 옳으나, 특히 실외 케이터링은 예약일자를 변경했을 때 돌발적인 변수가 많으므로 이를 예측하여 받아야 한다. 그러나 다음과 같은 경우가 발생하면 수습하기가 매우 어렵다.

① 기상예보는 이상이 없었으나 당일 기후변화가 있는 경우
② 항공사의 항공기 결항으로 고객이 도착하지 못할 경우
③ 행사 주빈이 변고로 참석이 어려울 경우
④ 행사물품이 도착하지 못하는 경우(패션쇼에 의상이 도착하지 못하면?)
⑤ 교통체증으로 음식이 도착하지 않았을 경우

4) 행사 성격

실외 케이터링Outside Catering은 주로 고정되어 있는 장소를 탈피하여 고객이 요구하

는 장소에서 이루어지므로, 행사를 하고자 하는 목적이 분명하다.

고객이 하려는 실외 케이터링은 행사 내용에 따라 여러 가지 형태로 다양하게 준비할 수 있으므로 기획을 잘해야 한다. 고객의 욕구를 충족시키기 위한 프로그램을 고객이 목적하는 바에 따라 기획해야 한다. 행사 성격에 따라 일부 예외적인 것을 제외하면 대부분 고객을 초청하는 초청행사가 주를 이룬다.

하나의 예를 든다면, 독특한 전시회를 기획하여 전시회를 관람하려는 고객을 초청한다고 했을 때 전시품목에 따라 고객이 선정되어야 한다. 관심 없는 고객을 초청했을 때 연회 성격과 무관하므로, 그 행사가 원만하게 마무리 될 수 없을 것이다. 또한 국내행사와 달리 국빈을 초청했을 때의 성격은 일반 케이터링과 달리 그 나라의 국가나 국기를 준비해야 한다. 국기를 사용할 때도 초청한 국가의 국기만 사용해야 할 경우도 있겠으나, 조인식을 한다거나 양 국가가 회의를 주제할 때 등은 양 국가의 국기를 동시에 사용해야 하는 것이 기본이고, 국가를 제창해야 할 경우 초청 국가의 테이프도 준비해야 한다. 또한 나라마다 풍습이 다르고 문화가 같지 않으므로 의전에 관한 것도 많은 차이가 있다. 그러므로 초청 국가의 의전 절차를 사전에 반드시 알아야 하며, 행사에 따라 의상이나 인사법 등을 사전에 제공받아 행사를 원만히 마무리할 수 있도록 행사의 성격을 파악해야 한다.

T I P 돌상 준비물

책, 연필, 공책, 실, 돈, 과일, 장난감, 붓, 벼루, 청진기, 활, 화살, 전화기, 의사봉, 바늘, 복주머니, 마패 등

5) 주차공간

현대사회에서 주차공간은 실외 케이터링Outside Catering뿐만 아니라 식음료 영업을 목적으로 하는 곳이면 선택이 아니라 필수조건이다. 수용인원이 많으면 많을수록 영향을 많이 받고, 주차공간을 확보하지 못하면 매출에 영향을 많이 받기 때문에, 단체고객을 유치하는 업소에서는 시내보다 주차공간을 확보하기 쉬운 시외를 선호하고 있다.

실내에서 하는 출장연회는 행사의 여건상 기존 주차공간이 부족하면 주변공간을 이용할 수도 있겠으나, 야외에서 하는 출장연회는 주차공간이 부족하면 행사를 원만하게 치룰 수가 없다. 행사 인원에 따라 주차할 수 있는 필요한 공간을 확보해야 행사를 무리 없이 소화할 수 있으므로 주차공간 확보는 행사를 원만히 치루기 위한 필수조건이다. 그러나 대부분 주차 대수를 유관으로 판단하여 대충 계산하여 진행할 수도 있다.

주최 측이나 행사를 담당한 담당자 모두가 행사 준비에 몰두하다보면 소홀히 할 수 있는 부분이 이러한 주차 문제이다. 뒤늦게 주차정비를 하다보면 우선적으로 고객의 차량을 주차시키게 된다. 그렇게 고객의 차량에만 신경을 쓰다보면 행사에 필요한 음식이나 기타 행사 준비에 필요한 차량마저 주차할 공간이 없어 난처할 때가 종종 발생한다. 행사 준비에 동원되는 차량은 행사에 따라 다르겠으나 생각보다 많을 때가 있고, 의외로 대형 차량이 필요할 때가 있다. 그러므로 예약 시 필히 현장을 답사하여 냉동 탑차나 행사 차량이 행사장까지 이동하는데 문제는 없는가, 차량대기 장소는 충분한가를 검토하여 예약을 받아야 한다.

6) 예산

실외 케이터링Outside Catering에서 예산을 세울 때 제일 비중을 많이 차지하는 부분은 식음료 부분이다. 식료 부분은 행사의 목적 내용에 따라 질적 · 양적 어느 쪽에 비중을 둘 것인가에 따라 달라지고, 음료 부분에서 변수가 많은 것은 주류를 어느 것으로 선택하느냐에 예산이 많이 변동된다.

그 외에 초청장, 행사안내서, 선물비용, 꽃장식, 사진촬영 등도 있지만, 오락프로그램이 있을 경우 밴드 사용료 및 연예인들에게 지불할 예산도 반드시 계상해야 한다. 특히 견적서를 제출할 때 계산하는 방법에는 별도로 출장 인건비, 운송비, 기물 등의 장비 사용료를 계상해야 하며, 많은 시간이 소요되는 장거리의 출장일 경우에는 차량에 소요되는 비용과 종사원의 식대 등을 추가로 계상하여 예산을 세울 수 있도록 견적서를 제출해야 한다. 그것은 업소에서 행사장까지의 거리관계와 소요시간이 예산에 반영되어야 하기 때문이다.

제4절 행사의 사전준비

1. 행사예약서 점검

행사를 하기 위한 사전점검은 행사를 원만히 소화하기 위해서 꼭 지켜야 할 수칙이다. 사전점검을 철저히 했더라도 행사를 진행하다보면 집기나 소모품 등을 소홀히 하여 고객에게 불편을 주는 난처한 경우가 발생한다. 그러한 부분을 방지하기 위해서 3일 전에 행사 약정서를 면밀히 살펴 출장리스트를 만들고, 미리 준비해야 할 기물들과 당일 준비해야 할 기물들을 구분하여 혼동되지 않도록 해야 하며, 타 부서에 협조를 요청할 리스트는 별도로 작성하여 미리 요구해야 한다.

사진이나 음악 등 외부에서 준비해야 할 부분은 직접 가지 않더라도 전화를 하여 문제가 발생하지 않도록 사전에 확인을 하고, 실수가 없도록 당부를 해야 한다. 1일 전에는 작성한 리스트를 놓고 당일에 준비해야 할 목록만을 남겨두고 모두 점검을 끝내야 한다. 음식 외에 음료나 주류 등도 유의해야 하며, 건배주로 사용해야 할 토속주나 샴페인 같은 주류는 빠트리기가 쉬우므로 조심해야 한다. 특히 계산서나 영수증은 경리부서 소속이라는 평소의 습관 때문에 빠트리기 쉬우므로 리스트에 꼭 기입해야 한다.

2. 행사의 성격 점검

행사의 성격은 국내행사를 준비하느냐 국제행사를 준비하느냐에 따라 다르지만,

국내행사보다는 국제행사가 더 중요하다. 그것은 문화와 풍습이 다르고 의전 절차가 다르며 국가마다 음식문화가 까다롭기 때문에, 국빈을 초청한 만찬이라면 행사를 담당할 서비스 인원도 초보자는 가급적 제외시키고 숙련된 종사원으로 서비스를 담당하게 해야 하며, 초청한 국가의 풍습이나 문화 등을 교육시켜 초청인사에게 실수하는 일이 발생하지 않도록 해야 한다. 인사풍습도 나라마다 많은 차이가 있으므로, 행사의 성격에 대비하여 사전교육을 철저히 시켜야 한다.

국내행사도 성격에 따라 많은 차이가 있지만, 예식을 겸한 실외 케이터링Outside Catering이라면 예식에 필요한 비품(장갑, 방명록, 주머니꽃 등)에 신경을 써야 할 부분이 많고, 사옥 준공식뿐만 아니라 전시회 개관식에는 오색테이프, 가위, 흰 장갑 등 테이프 커팅에 필요한 비품들을 반드시 확인해야 한다. 회갑연 같은 경우는 상차림을, 정기총회에는 의사봉을, 송년회 등에는 음악이 필요하듯 행사의 성격에 따라 준비사항도 많이 달라진다.

3. 약정서에 표시된 행사형태 점검

실외 케이터링Outside Catering은 특별한 경우가 아니면 칵테일파티나 뷔페를 하더라도 스탠딩 뷔페로 하는 경우가 대부분이다. 그러나 약정서에 테이블서비스 또는 칵테일파티나 뷔페를 하더라도 스탠딩 뷔페로 하지 않고 좌석을 만들어야 할 경우 테이블, 의자 등을 이동해야 하기 때문에 현장에 테이블과 의자를 놓을 수 있는 여건, 그에 따른 준비물들을 잘 점검하여 부족함 없이 해야 한다. 때로는 현장에 있는 테이블과 의자를 사용할 수 있는 경우가 있는데, 그러한 경우는 현장에서 사용할 수 있는 기물을 정확히 파악하여 이동하는 기물과 중복되지 않도록 해야 한다. 그리고 철수할 때는 담당자의 입회하에 인수인계를 해야 한다.

4. 행사의 성격에 따라 출장인원 점검

행사 초청인원이 많으면 많을수록 서비스인원도 비례해서 많은 것이 당연하다. 테이블서비스 또는 칵테일파티나 뷔페를 하더라도 스탠딩 뷔페로 하지 않고 좌석을 만들어야 할 경우, 인원은 예상 외로 많이 차출해야 한다. 서비스 형태에 따라 약간의 차이는 있으나, 실습생인 초보자가 처리할 수 있는 단순한 업무 이외에는 반드시 숙련된 인원을 배치해야 한다. 실내행사는 부서협조를 얻어 인원의 이동이 가능하지만, 케이터링Catering은 한 번 차출된 인원 외에는 이동이나 보충이 불가능하기 때문에 사전 준비를 철저히 해야 한다. 특히 조리부분의 인원 배치를 잘못하였을 때 음식에 문제가 발생하면 현장에서는 수습하기가 매우 어렵다.

5. 특정 약정사항은 없는가를 확인

실외 케이터링Outside Catering 행사는 대부분 특정 약정사항이 있을 수 있다. 마이크 사용은 기본이며, 그 외에 무선마이크를 포함하여 더 필요한 숫자는 없는가, 플레카드 문구 및 설치 위치, 야간인 경우 조명시설의 범위, 레크리에이션을 위한 부대행사가 있다면 연예인의 범위 등등 점검할 사항이 많다. 또한 주빈 좌석에 꽃 장식을 요구했다든가, 아이스카빙을 주문하였다든가, 주류는 주최 측에서 제공한 양주를 사용하므로 각 얼음을 주문하였다든가, 종교행사인 관계로 육류 대신 야채만을 주문하였다든가, 계절에 맞지 않은 메뉴를 요구한다든가 등 요구사항이 많으므로 약정서를 세밀히 살펴야 한다. 또한 다음과 같은 사항에 유의해야 한다.

① 고객의 자존심을 살려주려고 노력해야 한다.
② 무리한 요구라도 큰 틀에서 가능한 한 거절하지 않는다.
③ 사소한 것에 마음을 상해서 고객의 마음을 잃을 수 있다.

6. 당일 준비해야 할 음식 종류와 양을 점검

당일에 준비해야 할 음식의 종류는 의외로 많다. 쉽게 변질이 되는 음식, 냉동음식, 생선회와 같이 쉽게 녹는 음식, 오래 저장할 수 없는 면류음식 등은 모두 당일에 준비해야 한다. 약정서에 의해 모든 준비를 해야겠지만, 가능한 예약을 받는 과정에서 쉽게 변질이 되는 메뉴는 피하는 것이 좋다.

조리부서에서는 제일 중요한 것이 안전사고이다. 이동시간이 많이 소요되는 행사라면 이동 도중에 음식이 상하는 일이 발생하지 않도록 철저히 준비를 해야 하며 국, 수프, 간장, 소스 등 이동 도중 용기 밖으로 넘쳐서 흘러나와 사용할 때 부족할 수 있는 음식은 더욱 주의를 해야 한다. 더불어 약정서에 예약 인원을 정확히 파악하여 기본준비 외에 약간의 추가음식을 준비해야 한다.

7. 음식 종류와 양에 따라 기물을 여유 있게 준비

실외 케이터링Outside Catering은 행사 현장에서 기물이 부족하다하여 지원받을 수가 없다. 그렇다고 여유 있게 많은 기물을 이동한다는 것도 어려운 일이다. 그렇기 때문에 행사장을 준비하면서 음식을 놓아야 할 밑받침 등 필요한 기물은 조리부서의 협조를 얻어 준비를 하고, 필요에 따라 찬 음식과 더운 음식을 구분하여 약간의 여유 있는 기물을 준비하면 된다.

그 외에는 사전에 고객 측과 면밀한 협의를 하여 고객이 필요로 하는 기물에 대해서는 제공할 수 있는 한도 내에서 제공해야 한다. 때로는 행사에 필요한 테이블이나 의자가 주최 측에서 소장하고 있는 것이 있어, 고객 측이 소유하고 있는 것을 사용할 수 있는 경우도 있다. 그러나 충분한 협의가 없었던 상태에서 행사장에 도착했을 때 주최 측에서 상의 없이 떡이나 과일 등 예약에 없는 음식을 내놓으며 기물을 요구할 때에는 시시비비를 가릴 수도 없고 난감하게 되는 경우가 있으므로 유의해야 한다.

TIP 김치의 종류

배추김치, 얼갈이김치, 열무김치, 오이소박이, 부추김치, 총각김치, 깍두기, 백김치, 동치미, 갓김치, 파김치, 나박김치, 석박이, 보쌈김치, 미나리김치, 고들빼기김치, 깻잎김치, 고구마줄기김치 등

8. 기타사항

기물 외에 소홀히 할 수 있는 소모품이 누락되지 않도록 점검해야 하며, 주머니와 꽃 같은 경우, 현장에서는 실수가 빈번하게 발생한다. 그것은 고객은 행사를 준비하는 측에서 준비하리라 믿고, 행사를 준비하는 측에서는 고객이 아무런 언질이 없었으므로 준비를 하지 못하는 상황이 발생하면 뒤처리가 매우 어렵다. 특히 차량에 대해서도 이동해야 할 차량은 미리 점검하여 행사시작 1시간 전까지 세팅을 완료해야 한다.

제5절 행사장 준비 및 진행

1. 행사장 준비

행사장을 준비하는데 절대적으로 필요한 것이 연회 약정서이다. 실내에서 할 경우는 테이블을 행사할 수 있도록 약정서대로 준비하면서 주빈이 앉아야 할 좌석을 중심으로 배열하면 큰 문제가 없다. 그러나 야외에서는 테이블 배치가 실내와는 다르다. 주간의 경우라면 태양을 등질 수 있도록 해야 하며, 음식테이블은 그늘이 있는 곳을 택해야 한다. 야간행사에서는 조명시설을 중심으로 테이블 배치를 해야 하며, 메뉴에 따라 배열과 모양을 결정하고 주빈의 앉을 자리에 조명이 어두워서는 안 된다. 실내에서의 음향기기는 큰 문제가 없으나, 야외에서는 무대가 있어야 하면 무대의 위치를 잡고, 주빈석이 결정되면 주빈석을 중심으로 반대쪽에 스피커를, 마이크는 사회석과 분리하여 설치해야 한다. 테이블크로스를 깔고 기물들을 행사 1시간 전까지는 끝내야 한다.

2. 서비스 준비

행사 준비를 할 때는 테이블이나 의자, 때로는 병풍이나 앰프 등 무거운 기구들을 운반할 수 있으므로, 종사원은 사복이나 작업복을 입고 준비를 해야 한다. 테이블 배치를 할 때 땀이 나고 먼지에 노출되므로, 가능한 테이블 배치가 끝나면 흐른 땀이나 먼지를 씻고 유니폼으로 갈아입은 후 기물을 세팅하는 것이 위생적이다. 만약 작업복을 준비하지 못한 종사원이 있다면, 그 종사원은 테이블이나 의자의 이동 등 힘이 소요되는 업무보다는 테이블크로스나 냅킨 등 가벼운 업무를 하도록 해야 한다.

모든 세팅이 끝나면, 지배인은 음식을 담당할 종업원과 주류 및 음료를 담당할 종업원의 위치를 지시한 다음 연회의 성격, 진행순서, 메뉴에 대한 설명을 자세히 하여 고객을 접대하는데 소홀하지 않아야 한다. 서비스를 할 직원들은 연회가 시작되기 20~30분 전에 각자 맡은 구역에서 대기해야 한다.

3. 행사시간에 맞게 음식을 준비

실외 케이터링Outside Catering 음식은 테이블세팅이 모두 완료되면 지배인 또는 조리책임자가 테이블 형태에 맞게 음식을 배열해야 한다. 음식을 테이블에 준비할 때는 반드시 행사 진행사항에 따라 주최 측과 서로 협의를 하여 제공해야 한다. 행사시간은 항상 변수가 있으므로, 음식을 미리 내놓았다가 행사의식이 의외로 길어지면 음식이 굳어질 수도 있고, 음식을 내놓을 준비를 미루었다가 행사의식이 의외로 빨리 끝나면 서두르게 되고 당황하여 실수를 할 우려가 있으므로, 항상 주의하여 관찰하고 있다가 시간이 되면 신속하게 진행해야 한다.

4. 종사원의 효율적 배치

실외 케이터링Outside Catering은 행사의 특성 때문에 특별한 경우를 제외하고는 정찬파티Table Service Party를 하지 않는다. 대부분 칵테일파티나 스탠딩 뷔페로 한다. 그러므로 종사원을 많이 배치할 수 없는 어려움이 있기에, 지배인은 담당구역을 설정하여 책임을 질 수 있도록 해야 한다. 따라서 종사원은 근무 중에 고객의 시야에서 벗어나는 행동을 자재해야 한다. 조그만 실수 때문에 행사 후 고객의 불평을 듣는 경우가 종종 있으므로, 관리자는 행동에 대한 통제를 엄격하게 하여 행사가 잘 마무리되도록 해야 한다.

5. 행사준비 시 장비

1) 테이블

① 세미나테이블 : 행사에 따라 행사준비를 할 때 제일 많이 사용하는 테이블로 행사테이블, 헤드테이블, 등록테이블 등이며, 가로 185cm, 세로 45cm로 제작된 것을 주로 사용한다. 그러나 헤드테이블을 준비할 때는 가로 185cm, 세로 90cm로 제작된 테이블을 사용하기도 한다.

② 정사각형테이블 : 세미나테이블 보조용으로, 모서리 부분이나 빔 프로젝트 등을 설치할 때 사용한다.

③ 원형테이블 : 행사인원이 많을 때 주로 사용하며 대형(10~12인용), 중형(8~10인용), 소형(6인용) 등이 있다.

④ 반원테이블 : 세미나테이블과 연결하여 타원형 행사장을 만들 때 사용하며, 칵테일파티나 뷔페파티를 준비할 때 많이 사용된다.

⑤ ¼ 원형테이블 : 일명 쿼터테이블이라고도 하며, 연회장의 모서리 부분이나 사각테이블과 반원테이블을 연결할 때 긴요하게 사용된다.

⑥ 테이블 배치

- I자형 : I자형 또는 아라비아 숫자 1자형이라고도 하고, 소규모 인원이 회의를 할 때 적합하며 제일 많이 사용된다. 한 줄로 앉아서 마주보고 할 수 있기 때문에, 식사를 하면서도 무리 없는 대화를 할 수 있어 기업에서도 많이 사용한다.
- T자형 : I자형보다 많은 인원이 앉을 수 있도록 배치하는 형태이며, 특히 주빈

석에 앉아야 할 인원이 많을 때 사용되는데, 약혼식 등이 이에 해당한다. 주빈석은 스커트를 쳐 주빈석에 앉은 사람의 다리가 보이지 않도록 해야 한다.

- U자형 : U자형 또는 말굽형, ㄷ자형이라고도 하며 I자형, T자형보다 많은 인원을 수용하는 형태로써 회의를 목적으로 하는 경우가 많다. 준비하는 과정에서 안쪽으로 스커트를 쳐 밖으로 앉은 고객의 다리가 보이지 않도록 해야 한다. 다만, 대규모 행사일 때는 이를 생략할 수도 있다.
- E자형 : E자형 또는 ㅌ자형이라고도 하며, U자형보다 많은 인원이 회의를 할 때 사용하는 형태이다.
- ㅁ자형 : ㅁ자형은 가운데 공간을 비워두어야 하기 때문에 넓은 장소를 필요로 한다. 공적인 성격을 띠고 있는 회의에서 많이 사용되며, 마주보고 하는 회의이기에 준비하는 과정에서 안쪽으로 스커트를 쳐 마주앉은 사람의 다리가 보이지 않게 하는 것은 물론이고, 가운데 꽃이나 화분 등으로 장식하여 삭막하지 않도록 해야 한다.
- 원탁형 : 대규모 인원이 참가할 때 사용되는 형태이다. 원탁은 8인용, 10인용, 12인용 등을 사용하며, 주로 식사를 겸하여 행사를 할 때 많이 배치하는 형태로 결혼식, 패션쇼, 국제회의 등에 사용한다.

그 외에 교실형, 극장형, 반원 날개형, V자형, Y자형, X자형 등 담당 지배인의 구상에 따라 여러 형태로 배치할 수 있다.

TIP 준비

- 일생지계재어유(一生之計在於幼) : 일생의 계획은 어릴 때 있고,
- 일년지계재어춘(一年之計在於春) : 일년의 계획은 봄에 있고,
- 일일지계재어인(一日之計在於寅) : 하루의 계획은 새벽에 있다.

– 명심보감

세미나테이블

원형테이블

테이블 배치

ㅁ자형

원탁형

2) 의자

① 스태킹 체어 : 연회행사 시 주로 사용하는 의자로써 팔걸이가 없다.

② 안락의자 : 팔걸이가 있는 의자로써 행사시 주로 해드테이블에 사용하며, VIP 고객을 위해 준비한다.

③ 스태킹 의자카트 : 스태킹 체어를 운반할 때 사용하며, 보통 의자를 10개씩 겹치게 하여 이동한다.

④ 스태킹 의자커버 : 린넨에서 취급하는 커버는 자주 세탁을 해야 하는 불편이 있으나 항상 청결을 유지하며 고급스런 품위를 유지할 수 있는 장점이 있으나, 비닐성이 있는 커버는 비용절감에는 유익하나 고급스런 품위는 유지할 수 없는 단점이 있다.

3) 린넨

① 테이블 크로스Table Cloth : 청결함을 나타내기 위해 대부분 백색을 사용하며, 크기와 모양에 따라 여러 종류가 있다(사각 : 대, 중, 소 / 원형 : 대, 중, 소).

② 톱 크로스Top Cloth : 테이블 크로스 위에 사용하는 것으로, 테이블 크로스가 버려지는 것을 방지하고 식탁의 품위를 높이기 위해 사용해왔으나, 지금은 사용하는 곳이 많지 않다.

③ 언더 크로스Under Cloth : 테이블 크로스 밑에 사용하는 것으로, 약간 두께가 있어 식기나 유리컵을 놓을 때 소리가 나는 것을 방지하고 미끄러지는 위험성을 방지하기 위해 사용해왔으나, 지금은 거의 사용하지 않는다.

④ 냅킨Napkin : 냅킨은 위생적인 관리를 하기 위함이나, 주로 입에 묻은 가벼운 이물질을 닦을 때 사용한다. 특히 밝은 색상의 옷을 입은 고객에게는 옷에 이물질이 떨어져 옷을 버리는 것을 방지하기도 한다. 크기는 50~60cm 사이에 업소에 따라 다르게 제작할 수 있고, 색상은 주로 백색이 많으나 테이블크로스 색상에 따라, 업소 특징에 따라 적색, 청색, 녹색 등을 사용한다. 고객에게 제공할 때

잘 정돈된 느낌을 주기 위해 다양한 방법으로 접어서 제공한다.

⑤ 암 타월Arm Towel : 핸드타월 또는 서비스타월이라고도 하며, 웨이터나 웨이트리스가 고객에게 음식을 제공할 때 사용한다. 종사원은 근무 중에는 항상 소지해야 한다.

⑥ 세미나 크로스 : 세미나나 워크숍 등 세미나테이블에 사용하는 크로스로써, 대부분 녹색을 사용하고 있다.

⑦ 스커트 : 회의테이블이나 뷔페, 칵테일파티 시 테이블 준비를 할 때 하단 부분을 가려 상대의 발이 보이지 않도록 하는 용도로 사용하는 천인데, 주로 주름을 잡아 모양을 보기 좋게 하기 위함이며 주로 적색, 청색, 황색, 녹색 등을 사용한다.

⑧ 도일리 : 테이블세팅을 할 때 테이블크로스를 보호하기 위해 개개인이 사용할 수 있도록 만든 매트이다. 주로 천을 좀 두툼하게 만들어 물이 엎지르더라도 스며들도록 하였는데, 지금은 종이로 만들어 사용하는 곳이 많다.

4) 기타

① 조립식 무대

② 연설대

③ 안내판

④ 음향장비(마이크 외)

⑤ 이동식 스크린

행사 시 필요한 장비

- Glass Rack
- Service Trolley(Cake, Wine, Ice 등)
- 행사용 국기
- 화이트보드 등
- Service Wagon
- Service Cart(Dish, Ice Carving, Flower 등)
- 병풍

제6절 행사 후 정리

행사가 끝나면 뒷정리를 깨끗이 해야 한다. 주방의 기물부터 정리를 하는데, 사기 접시와 유리제품의 기물들은 먼저 이동하면서 파손되지 않도록 주의해야 하며, 크로스 등 린넨은 철수 후 바로 세탁실로 옮길 수 있게 구분하는 것이 좋다.

조리 기물을 철수할 때에 조심해야 할 사항은 남은 음식물에 대한 처리이다. 음식이 많이 남아 고객의 요구로 현장에 남겨둘 때에는 반드시 담당자에게 음식이 변질되기 전에 처리해 줄 것과, 이후에 발생되는 불미한 문제에 대해서는 책임질 수 없다는 것을 당부해야 한다. 정산도 당일 처리해야 하겠으나, 현장 사정상 어려움이 있다면 영수증에 확인 서명을 받아 경리부서로 넘겨야 한다. 책임자는 모든 기물을 철수한 후 고객에게 불편한 점은 없었는가, 혹 시정해야 할 점은 없는가를 확인한 후 감사함을 표시하고 떠나야 한다.

시작도 잘해야 하지만, 끝을 잘 마무리하는 사람이 일을 잘하는 사람이다. 대부분 시작은 잘하는데 끝을 흐리는 사람이 있는데, 그것은 과정이 얼마나 중요한가를 알지 못함이다. 과정을 잘하게 되면 끝의 결과도 좋아 고객이 만족할 수 있고, 다시 찾아오게 된다.

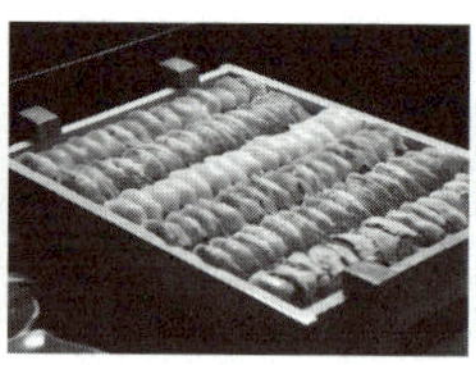

CATERING

케이터링

CHAPTER 06

케이터링과 음식문화

CATERING
케이터링

케이터링Catering과 음식문화는 가정에서부터 시작되었다. 자연에서 얻을 수 있는 먹거리를 식품의 소재로 하여 음식을 만들어 가족과 함께 나누고, 넓게는 주위 사람들과 나누면서 사회구성원과 함께 하는 식문화가 형성되었다. 이 식문화는 전통으로 이어져오는 음식으로, 그 고장의 문화와 풍습을 잘 알 수 있었다.

우리나라 잔치문화도 거슬러 올라가면, 가정을 방문하여 혼례도 하고, 회갑연, 고희연 등 많은 가족행사를 마당에 천막을 치고 마을사람들 외에도 인근 각지의 친인척을 초대하여 음식을 대접했다. 장소의 제한을 받지 않고 누구의 집에서든지 어느 형태로나 그 집의 형편과 취향에 맞게 준비할 수 있다는 것이 현재의 케이터링과 유사하다 할 수 있다.

서양에서도 전쟁 중에 병사들을 위한 아침과 저녁식사를 샌드위치로 제공했다는 기록을 보면, 음식문화와 케이터링은 공유할 수 있는 식문화라 할 수 있다. 그렇기 때문에 케이터링을 이해하기 위해서는 '음식을 공급하는 업'의 사전적 뜻을 가지고 있는 음식문화부터 살펴보는 것이 순서라 하겠다.

제1절 음식문화

음식문화는 농업과 수공업 중심의 사회생활에서, 공업과 기계를 사용하는 삶으로 변화하는 과정에서 산업화와 긴밀한 관계를 가지고 있다. 산업이 발전하면서 그 시대에 맞게 주어진 환경에 적절하게 적응하여, 일하고 먹는 패턴에서 맛으로 먹는 즐거움을 거쳐 건강을 생각하면서 먹는 음식으로 발전한 것이다.

음식문화가 형성되기 전 먹어야 삶을 유지할 수 있다는 인간의 본능적 욕구는, 항상 자연 환경과 공존하며 살아가는 법을 알았기에 맛보다는 살아가기 위한 수단으로 행동했을 것이고, 주변 환경(열매를 딸 수 있는 나무가 많은 환경)의 지배를 많이 받았다고 보아야 한다. 그러한 식문화는 농경사회로 정착하면서 생활양식에 변화를 가져왔고, 바람직한 생활 여건을 마련하기 위해 여러 방면으로 노력하여 새로운 변화를 거듭하였다.

즉 음식문화는 지리적 여건, 자연환경적 여건, 사회적 여건, 종교적 여건, 기타 여건 등이 융합되어 각국의 역사와 함께 했다. 처음에 만든 음식, 새로 만들어진 음식 등 시대에 따라 없어지기도 하고 전혀 다른 음식으로 발전되기도 했다.

산업혁명 이후 산업사회로 접어들면서 정치적 · 사회적 환경의 지배를 받아서 대외적인 또 다른 음식문화를 수용하여 전통적으로 전승되어오던 고유한 식문화와 연계성을 가지고 새로운 구도를 형성하게 되었다.

건강한 일상생활을 위한 음식문화는 산업사회의 경제발전과 더불어 조리기술이 발전하게 되었고, 조리기술이 발전함에 따라 조리가공법에 많은 변화를 가져왔다. 이러한 발전은 음식에 따라 필요한 기물들이 눈부시게 개량되었고, 냉장 · 냉동 · 포장 · 유통에 이르기까지 다양하고 복잡하게 변화되었다.

1. 음식문화의 개념

문화란 너무 포괄적이어서 한마디로 표현할 수는 없지만, 사전적 의미를 살펴보면 "자연 상태에서 벗어나 삶을 풍요롭고 편리하며 아름답게 만들어 가고자 하는 사회 구성원들에 의해서 습득하고 공유해서, 전달이 되는 행동양식"이라고 정의되어 있다. 이러한 문화란 다른 존재와 접목되어 가치를 생성하는 언어라고 보아야겠다. 그러므로 문화란 음식과 접목되어 어떻게 하면 사람들에게 좀 더 편리하고, 좀 더 풍요롭고, 좀 더 맛과 아름다움을 추구하여 가치관을 높일 수 있는가이다. 그 가치관 속에는 긴 역사의 흐름 속에 환경의 영향을 받으면서 형성되어온 한 국가의 문화가 들어있고 정치, 경제, 풍습, 풍토 등이 내포되어 있다.

'음식' 하면 사람들은 먹는 것만을 생각한다. 그러나 '음식'이란 마시는 음료와 먹는 식사 모두를 의미한다. 사람이 먹을 수 있도록 만든 밥과 국을 아우르는 의미라고도 해석할 수 있다. 음식이란 사람이 하루에 필요한 영양소를 제공하는 소중한 자산이다. 그 소중한 자산은 좋은 식재료에서 얻을 수 있다. 어떻게 하면 좋은 식재료를 이용해서 좋은 음식을 만들 수 있는가? 이러한 음식은 맛이 좌우하며, 좋은 음식은 맛이 좋아야 한다. 그것은 요리하는 사람의 정성이 있어야 한다는 것이다.

2. 음식문화의 정의

조상들의 음식에 관한 이야기를 살펴보면, 음식의 맛을 결정하는 것은 물과 소금에서 온다고 한다. 사회가 발달하면서 자연에서 얻은 먹을거리를 조리하는 과정에서 사람들이 가지고 있는 오감을 어떻게 하면 만족할 수 있을까를 연구하게 되었고, 그 과정에서 음식에 어떤 재료를 사용해서 만들어야 오감을 만족할 수 있는가를 인식하게 되었다. 그러나 기본적인 것은 어떤 첨가물이 아니라 물과 소금이 뿌리가 되는데, 이것은 어느 국가, 어떤 지역에서도 공통으로 나타나고 문화와 풍습이 다르더라도 다를 수 없다는 것이다. 다만, 조리를 가공하는 조리법, 상차림을 하는 습관이나 기물(식기 등)은 지역마다 다르게 나타날 수 있다.

3. 음식문화의 기원

생존을 위한 음식은 신석기시대 자연에서 얻을 수 있는 열매, 고기잡이를 해서 얻은 물고기, 사냥 등으로 취한 고기로써 삶을 이어오다가 원시 농경생활로 바뀌면서 시작되었다. 불을 사용할 수 있을 때까지는 자연에서 얻을 수 있는 것이 전부였을 것이다.

인간의 본능인 삶에 대한 배고픔을 충족시키기 위한 수단은 불이라는 존재가 등장하면서 농기구가 등장하고 개량되어 농사를 지어 곡식을 얻게 되고, 다른 동물들과 달리 빠르게 생활여건이 변화하면서 시대적 환경에 적응하였다고 본다.

인류는 음식을 혼자 먹는 것보다는 함께 나누어 먹는 기회가 많았을 것이고, 나누어 먹으면서 서로를 알게 되고 친분을 쌓으면서 새로운 식문화가 형성되어 사회생활 속 깊이 파고들었을 것으로 본다.

농경사회가 정착하기 전에 화전민으로 이동하면서 곡물을 구하게 되었고 조류, 물고기 등 자연과 조화를 이루면서 시대에 따른 음식으로 자리 잡게 되었다. 음식문화의 발전은 다음과 같다.

(1) 자연에서 얻는 음식

인간이 태어나서 생존을 위해 의존할 수 있는 음식은 배고픔을 없애기 위한 본능적인 행동으로, 나무 등에서 채취할 수 있는 풀과 과일, 바다에서 구할 수 있는 물고기, 수렵에서 얻을 수 있는 날짐승이나 동물 등으로 유지하는 수단으로 삼았다.

(2) 농경이 시작하는 단계

그때그때 해결하려는 배고픔의 문제를 축적하여 허기를 달랠 수 있는 방법으로, 계획적인 재배를 하여 식량을 조달하려는 농경시대가 시작되는 단계로 생식에서 벗어날 수 있는 시기이다.

(3) 식량문제 해결 단계

농경시대가 발전하면서 농업기술이 발달하여 식량의 소출이 늘어나 배고픔의 문제를 해결할 수 있는 단계로써, 지역에 따라 소득 수준차가 커서 부유생활을 하는 사람과 빈곤층의 식생활 격차가 많아지는 시기이다.

(4) 우수한 품질의 농산물

경제가 발달하면서 영농기술은 더욱 발전하여 양적인 발전보다는 질적인 성장을 위해 품질을 개선하고 우수한 공산품을 생산하기 위해 노력하는 시기로써, 외국의 체인점들이 늘어나고 소비가 증가하는 시기이다.

(5) 질의 음식에서 건강음식

공산품들이 늘어나고 발전하면서 외식시장이 활성화되었다. 유통시장은 더불어 확대되고, 간편하게 식사할 수 있는 가공식품을 만들어 공급하면서 고객들은 양적이면서 질적으로, 질적인 면에서 건강을 추구하는 식생활로 발전하였다.

4. 음식문화의 특징

자연에서 자연적으로 열린 열매를 따먹던 시대에서, 불의 등장은 음식문화를 획기적으로 변화시켰다. 화전민 시대를 지나 곡식을 재배하는 기술이 발전하면서 음식을 만드는 기술이 함께 발전하였다.

시대에 따라 변화하는 과정에서 식습관은 주변 환경의 영향을 받아 음식을 나누어 먹는 행위, 즉 혼자보자는 여러 사람이 공유하여 맛을 보고 식사를 하면서 서로의 친분을 쌓고, 같은 민족은 동질성의 식문화를 형성하게 되는 특징을 가지게 되었다. 특히 나라마다 오랜 세월동안 그들의 기후, 풍토, 풍습 등 자연조건과 지역마다 고유한 향토음식이 발달하게 되는 지리적 조건은 끊임없이 변하는 변동요인으로 작용하였다. 또한 의례음식, 혼례음식, 종교음식 등 가치관에 따라 사회 환경에 따라 변하는 변동요인도 하나의 특징이라 할 수 있다.

TIP 탕평채

'탕평채'라는 음식명은 영조 때 여러 당파가 잘 협력하자는 탕평책을 논하는 자리의 음식상에 처음으로 등장하였다는데서 유래한다. 만드는 법은 먼저 녹두묵을 얇고 가늘게 채 썰고, 숙주는 삶아 물기를 짜놓고, 미나리는 소금에 절였다가 헹구어 꼭 짜서 새파랗게 볶아놓고, 고기는 가늘게 채 썰어 갖은 양념을 하여 볶아놓고, 달걀은 얇게 황백으로 나누어 지단을 부쳐 가늘게 채 썰고, 김은 구워서 부수어 놓는다. 큰 그릇에 숙주와 고기 볶은 것, 미나리, 파, 마늘 다진 것, 깨소금, 기름, 실고추를 넣고 간을 맞추어 잘 섞은 뒤에 묵과 김을 넣고 초와 설탕으로 간을 맞추어 접시에 담는다. 지단과 실백을 얹어 상에다가 내놓는다. 탕평채는 음력 3월 봄철의 입맛을 살리는 시식(時食)의 하나로, 묵청포라고도 한다.

– 한국민족문화 대백과사전

제2절 음식문화의 변화

음식은 인간의 본능인 공복감을 해소하기 위해 먹는다고 한다. 그러나 공복감을 해소하는 것보다 더 중요한 것은 삶이다. 살아가기 위한 수단으로, 아마도 처음에는 날것을 절단하거나 부수어 먹었던 생식시대를 지나, 불을 이용한 조리법이 발전하면서 많은 변화를 가져왔다. 농산물, 수산물, 가금류, 축산물 등 다양화된 식자재를 바탕으로 소비자의 취향에 따라, 소비심리에 따라 세분화, 전문화, 차별화하여 현재에는 건강음식, 웰빙음식, 유기농음식 등으로 다양하게 변하고 있다.

새로운 음식문화는 변할 수밖에 없다. 쌀이 주식이었던 문화가, 서구의 문화에 많은 영향을 받고 있는 것이 현실이다.

① 생명을 유지하던 식사 형태, 즉 인간의 본능인 공복감을 해소하기 위한 삶에서 맛을 즐기고 건강을 생각하는 형태로의 변화
② 삶의 장소가 재래식 주택에서 아파트로 변화함에 따라 고유음식(간장, 된장 등)의 변화
③ 자연적인 보관 장소(땅을 파서 묻는 형태나 토굴 등)에서 인위적인 보관 장소(냉장고 등)로의 변화
④ 쌀(밥) 위주의 식사에서 밀가루(국수, 빵, 햄버거 등)를 이용한 음식으로의 변화
⑤ 정성과 손맛이 깃든 전통음식에서 간편 음식(인스턴트식품, 가공식품 등)으로의 변화
⑥ 반상에서 빠른 음식(우유와 토스트 등)으로의 변화
⑦ 함께 하는 식사에서 혼자 하는(핵가족화) 식사로의 변화
⑧ 단순음식에서 다양한 취미형으로의 변화
⑨ 양적인 식사에서 소비자욕구의 다양화로 인한 소비 형태로의 변화
⑩ 주식인 쌀과 부식인 야채에서 다양한 식자재의 출현으로 인한 변화

1. 기능성음식

기능성음식이란, 영양소가 몸에 잘 흡수되어 몸에 기능을 활발하게 도와주는 음식이라 할 수 있다. 같은 성분이라도 체내에 부족한 영양소를 많이 공급할 수 있는 음식, 혈액순환을 순조롭게 도와 몸에 독소를 배출하게 하는 음식, 피를 맑게 하고 알코올 분해를 도와주는 음식, 숙취해소에 도움이 되는 음식 등 몸에 좋은 음식을 만들려는 전문가가 많다.

소득증대로 여가활동과 체험활동 시간이 늘어나면서 기능성음식에 대한 관심이 높아지고 있으며, 현대사회를 살아가는 사람들에게 스트레스나 성인병들이 늘어나면서 기능성식품을 찾는 사람도 급증하고 있다.

TIP 기호식품

사람 몸에 꼭 필요한 영양소는 아니지만, 식품만의 향과 식품이 지닌 맛 때문에 좋아하고 즐겨 찾는 식품이다(술, 담배, 차, 커피 등).

2. 유기농음식

유기농음식이란, 농약이나 화학비료를 사용하지 않고 재배한 농산물, 항생제를 사용하지 않은 축산물이나 수산물 등 인위적이 아닌 자연의 힘으로 재배하고 키운 재료로 만든 음식을 뜻한다.

우리 주변에는 많은 음식들이 있지만, 유기농음식을 접하기란 쉽지가 않다. 그것은 유기농음식이 몸에 좋다는 것은 모두가 알고 있으면서도 친환경적으로 재배하고 키운 식재료를 구하기가 어렵기 때문이다. 외국농산물이 밀려오는 시대에서 경쟁력을 키울 수 있는 유기농음식에 많은 관심을 가질 때이다. 그랬을 때 환경과 건강을 함께 생각하는 안전한 유기농 식재료가 늘어나게 될 것이고, 더불어 농촌도 살릴 것이며, 땅도 살릴 수 있을 것이다.

3. 가공음식

가공음식이란, 건조기술의 발전과 냉장 · 냉동 기술의 발전은 농산물, 축산물, 수산물 등을 가공식품을 만들어 인위적으로 먹기 편리하게 만든 음식이다. 가공음식은 맛도 중요하지만, 오래 저장할 수 있어야 하며 위생적으로 인체에 해가 없어야 한다. 유제품, 베이커리 등 예전부터 잘 알려진 음식도 많으나 훈제햄, 훈제오리, 냉동만두 등 전자레인지를 이용하여 간편하게 먹을 수 있는 음식들이 소비자들에게 많은 호응을 얻고 있다.

4. 배달음식

음식점에서 단순히 메뉴얼화 해서 판매하는 음식과 다르게 차별화하여 고객이 있는 곳까지 가져다주는 음식을 뜻한다. 젊은 층을 중심으로 세대에 관계없이 수요가 늘어나고 있다. 전문 직종에 근무하는 종사자들의 증가, 여성의 사회진출 증가, 고령화로 인한 독신자들의 증가 등에 힘입어 시간에 관계없이 수요가 증가함으로써 배달음식이 자연스럽게 생활의 일부가 되어 한 달에도 몇 번씩 찾게 된다. 물론 맛집이 늘어나고 시장이 눈부시게 성장하면서 주부들의 수고를 대신하는 것도 사실이다. 그러나 배달음식은 기존의 음식에서 무엇인가 느끼지 못하는 2%의 부족함이 있으나 저렴한 가격, 할인쿠폰, 보너스 등의 이벤트로 배달시장을 넓혀가고 있다.

TIP 이바지음식

혼례를 올린 후 신랑 신부가 친정집에서 3일을 쉬고 처음 시댁에 갈 때 준비하던 음식이 '이바지음식'이다. 친정어머니가 시댁에 보내드리는 음식은 정성들여 준비하였으며, 딸에게 그동안 가정교육을 시켜온 친정어머니의 마음과 딸의 영민함을 시댁에 알리는 기회이다. 또한 신부 집안의 가풍을 은연 중 느낄 수 있도록 하는 뜻이 담겨 있으므로 소홀히 해서는 안 된다. 과욕하지 않고 신중을 기하는 것은 시댁을 잘 모시겠다는 뜻을 내포하고 있다.

이바지음식은 고기, 과일, 한과, 떡 외에 밑반찬을 중심으로 손님에게 내놓을 때 고명이나 모양도 눈에 띄어야 하지만, 맛이나 신선도가 유지되도록 신경을 써야 하며 대부분 대바구니나 함에 담는데 열었을 때 친정의 품위를 느낄 수 있어야 한다.

제3절 음식문화와 식당

1. 식당의 유래

기록에 의하면, BC 512년 경 고대 이집트에 식당의 기원이라 할 수 있는 음식점이 있었다하며 이곳에서 곡물, 들새고기, 양파 등을 이용한 단조로운 요리가 제공되었다고 한다. AD 79년 경 로마시대에는 대중목욕탕 카라카라에서 여행자들을 위해 식사와 숙소를 제공했다고 한다.

우리나라의 경우, 삼국사기에 의하면 490년에 신라의 수도 경주에 처음으로 시장이 설치되어 장사하는 상인들을 위해 음식을 판매하는 장소가 있었다. 고려시대에는 983년에 개성에 식당이 있었다는 기록이 있고, 1103년에는 지방에서 술과 음식을 판매하며 숙박도 겸하는 상설식당이 개점하여 후일에 물상객주, 보행객주의 시초가 되었다고 한다. 진주에서 생겨난 주막과 목로집은 오늘날 식당과 숙박을 겸하는 형태가 되었다.

2. 식당의 정의

국어사전에 식당(食堂)이란, "식사하기 편리하도록 설비하여 놓은 방, 음식을 만들어 파는 가게"라고 한다. 그러므로 식사하기 편리하도록 설비하여 놓은 방의 의미는 비영리를 목적으로 하는 식당이라 할 수 있으며, 음식을 만들어 파는 가게는 영리를 추구하기 위해 위생적인 시설을 갖추고 인적 · 물적 서비스를 통하여 음식을 제공하고 대가를 받는 곳이라 할 수 있다.

식당의 발생은 인류의 이동에서 시작되었다. 사람들이 어떠한 형태로든 집을 떠나 이동을 하면서 머물러야 할 곳을 찾게 되었고, 머무르면서 삶에 가장 중요한 것은 생존이었다. 인간의 삶 중에 가장 중요한 것이 의 · 식 · 주이지만, 그 중에서도 살아가기 위한 음식의 필요성은 인간의 본능에서 나온 욕구이며, 그 욕구를 충족시키기 위해 식당은 자연적으로 발생하였다.

3. 식당을 찾는 조건

음식문화와 식당은 분리해서 생각할 수 없다. 음식 하면 인적서비스를 추구하는 것이 제일 큰 덕목이지만, 식당을 찾을 때는 음식의 종류와 맛이 제일 중요한 요소로 자리 잡고 있다. 또한 고객이 식당을 찾는 가장 까다로운 조건 중의 하나가 가격이다. 가격이 높거나 낮거나에 관계없이 가격에 비해 그만한 가치가 있으면 찾게 되고, 그만한 가치가 없으면 외면하게 된다. 또 하나의 조건은 청결상태이다.

위의 조건을 충족시켰다고 하더라도 불결한 곳은 고객이 발길을 돌린다. 그래서 식당은 음식에 맞는 분위기에 대해 많은 연구를 하여야 하며 각별히 관심을 가져야 한다. 다음과 같은 사항도 유의해야 한다.

1) 접근성

고객의 이동수단에 따라 다를 수 있으나, 식당을 찾게 되는 요건 중의 하나로 꼽을 수 있다. 도보로 이동할 때는 거리에 영향을 미칠 수 있으나, 교통수단을 이용할 때는 크게 영향을 받지 않는다.

2) 편리성

식당을 이용하는 고객의 취향에 따라 다를 수 있으나 테이블 배치 등 움직일 수 있는 동선이 용이하도록 하여야 하며, 실내장식을 하면서 특히 유의하여야 할 점은 분위기도 중요하지만 주방과 화장실을 오갈 수 있는 동선이 고객에게 불쾌감을 주지 않도록 한다.

3) 영업시간

식당을 운영하는 영업시간도 고객이 식당을 찾는 조건 중의 하나이다. 새벽에 이동하는 고객은 해장국 같은 메뉴도 영향을 미치지만 시간에 민감한 반응을 보인다.

4) 주차시설

현대에 있어 주차시설은 식당을 찾는 조건 중에 상당히 큰 부분을 차지하고 있다.

4. 경영 형태에 의한 분류

1) 직영식당 경영

경영인 본인 소유의 건물이나 임차한 장소에 자기자본을 투자하여 필요한 실내장식 및 조리시설을 갖추고 직접 운영하는 방식이다. 경영주가 영업에 대한 이익이나 손실 등 모든 책임을 감수해야 하며, 일반식당의 경우 대부분 이러한 경영 형태로 영업을 하고 있다.

경제력이 있는 사람이 시설을 하였으나, 운영능력이 부족하여 능력 있는 경영자에게 임대하여 운영하게 하는 경우도 임대료를 지불하는 것 외에는 모두 운영하는 경영인의 책임이므로 직영 경영이라 할 수 있다.

2) 프랜차이즈 경영

음식업도 대형화됨에 따라 여러 곳에 지점을 두고 점포를 확대 운영하는 경영방법이다. 최근에는 국내 기업식당도 많이 늘어나고, 매출도 늘어나는 추세이다.

프랜차이즈 경영은 사업자(본사)와 계약자(가맹점) 사이에 맺은 약속으로서, 계약자는 사업자가 소유한 상호, 상표 등을 동일하게 사용하는 조건으로 가입비, 수수료 등을 지불하는 경영 형태이다.

계약자는 사용허가 계약을 체결하고 상호, 상표뿐 아니라 사업자의 경영 형태, 즉 노하우를 전수받아 사업자와 동일한 이미지로 영업하면서 영업 활성화를 위해 사업자가 주최하는 교육 훈련에 참여하여야 하며, 신용이나 인지도가 낮아지지 않도록 통제를 받을 수 있다.

프랜차이즈 경영은 대부분 상품이 표준화되어 있어 창업하는데 비교적 어려움이 없으며 비용도 높지 않다. 그렇게 때문에 사업자는 짧은 기간에 가맹점을 많이 확보하여 대량으로 판매할 수 있으며, 계약자는 특별한 경험이 없더라도 쉽게 창업하여 사업할 수 있다. 다만, 사업자와 계약자 간에 갑, 을 관계가 형성되어 분쟁의 소지가 발생할 수 있다.

3) 전문식당 경영

식당이 대형화됨과 더불어 전문화되어가고 있다. 다양한 메뉴를 탈피하고 단일화시켜 고객의 취향에 따라 음식의 질을 높여가며 많은 매출을 향상시키고, 단일 식자재 구입으로 원가를 줄여 영업이익을 최대화하는데 기여하고 있다. 삼계탕, 칼국수, 피자, 햄버거 등 전문으로 제공되는 업소가 예상 외로 많다.

4) 실비식당 경영

경제능력이 부족한 사람들 또는 일일노동자들에게 저렴한 가격으로 부담 없이 식사를 할 수 있게 하는 방식이다. 이러한 식당은 식재료를 직접 구입하여 원가를 줄이고 많이 팔 수 있는 형태를 취해야 한다.

5) 위탁 경영

경영능력이 부족한 경영주가 자신이 소유한 건물이나 임차한 점포에 자기자본을 투자하여 필요한 시설 및 설비를 하여, 경영의 노하우가 있고 운영능력이 탁월한 개인이나 기업에게 위탁경비를 지불하고 운영권을 위임하는 형태이다. 위탁경비에 대해서는 별도계약에 의해 이루어진다. 다만, 영업이 잘되어 약정한대로 이루어지면 문제가 없으나, 그렇지 못한 경우에는 다음과 같은 문제점이 발생한다.

① 영업이 부진하여 손실이 발생한 경우
② 위탁자의 잘못으로 영업 손실 및 약정대로 이루어지지 않을 경우

③ 약정기한이 만료되었으나 약속을 지키지 아니할 때

5. 식당 명칭에 의한 분류

1) 레스토랑Restaurant

고급식당으로서 테이블서비스를 제공하지만, 일반적으로는 식당의 의미로 쓰인다. 레스토랑은 인테리어를 고급스럽게 하여 고객이 안락함을 느낄 수 있도록 해야 하며, 훈련된 종사원이 고객의 주문에 의해 최상의 서비스를 할 수 있어야 한다.

2) 그릴Grill

고객의 기호에 따라 메뉴를 선택할 수 있으며, 주로 일품요리가 제공된다. 아침부터 저녁까지 계속해서 식사를 제공할 수 있으며, 요일이나 계절에 따라 그날에 메뉴를 별도로 준비하여 수입을 올릴 수 있다.

3) 뷔페식당Buffet Restaurant

뷔페식당은 찬 요리, 더운 요리, 면류, 후식 등을 양식, 한식, 일식, 중식 등으로 조리하여 준비한 요리를, 고객의 기호에 따라 선택하여 먹을 수 있도록 한 셀프서비스식당이다. 대부분 균일한 요금을 지불하고 자신이 선호하는 음식을 몇 차례건 마음껏 식사할 수 있으나, 음식을 남기는 것은 예의에 어긋난다.

4) 스낵 바 Snack Bar

공항이나 항만, 터미널 등에서 가벼운 식사로 샌드위치나 김밥 등을 제공하는 간이식당이며, 주로 카운터서비스 형식을 취하고 있다.

5) 런치 카운터 Lunch Counter

요리사가 카운터에서 직접 요리하여 고객에게 제공하는 식당이다. 런치 카운터는 카운터 테이블에서 요리사가 요리하는 과정을 모두 볼 수 있으므로, 일차적으로 눈으로 음식을 먹을 수 있는 장점이 있으며 실제로 식욕을 돋울 수 있다.

6) 다이닝 카 Dining Car

다이닝 카는 기차 객차와 객차 사이에 식당차를 연결하여 기차여행을 하는 여행객에게 음식을 파는 식당으로, 메뉴가 단조로운 것이 단점이다. 그러나 최근에는 식당 내부를 고급스럽게 꾸며 음식도 고급화하고 있다.

7) 카페테리아 Cafeteria

고속도로 휴게소 등에서 음식 진열대에 조리한 음식을 다양하게 준비하여 고객이 선호하는 음식을 고른 다음, 그에 해당하는 요금을 지불한 후 직접 날라다먹는 셀프서비스 식당이다.

8) 백화점 식당 Department Store Restaurant

백화점이나 마트 등을 이용하는 고객에게 편의를 제공하고 수익을 올리기 위해 간이식사를 할 수 있도록 구내에 만든 식당이다. 메뉴는 회전율이 높은 음식을 제공하는 것이 통상적이며 셀프서비스 하는 것이 일반적이다.

9) 커피숍Coffee Shop

커피숍은 관광호텔을 허가할 때 의무적으로 만들어야 하는 부대시설이지만, 대부분 사람들이 많이 오고가는 곳에서 커피와 음료수 외에 간단한 식사를 판매하는 곳이다.

10) 기타

드라이브 인Drive-in, 다이닝 룸Dining Room, 패스트푸드Fast Food 등이 있다.

6. 식사시간에 의한 분류

1) 조식Breakfast

조식은 일반적으로 아침에 제공되는 식사를 총칭하는 의미이며, 동 · 서양이 다르나 서양요리는 크게 미국식 조식과 유럽식 조식으로 나누며, 한식 외에 일본식 조식은 밥, 장국, 생선구이, 달걀, 김 등으로 간단하게 구성한다.

① 미국식 조식American Breakfast : 주스(O/J, P/J, T/J 등에서 선택), 토스트, 달걀요리(감자튀김, 햄 또는 베이컨 포함), 커피Coffee 또는 티Tea가 제공되며, 때에 따라 곡류Cereal에 우유가 제공되기도 한다.

② 대륙식 조식Continental Breakfast : 미국식 조식에서 달걀요리가 제외되고 제공된다. 비교적 간단한 식사 형태로 주스, 토스트, 커피 등이 제공되며, 호텔에서는 대부분 객실요금에 아침식사를 포함하여 수익을 올리려는 특징이 있다.

2) 브런치Brunch

농촌에서 농부들이 먹는 참과 비슷하며, 아침과 점심 중간에 제공되는 식사를 의미한다. 도시 생활인의 생활 패턴이 많이 변하면서 아침과 점심을 동시에 해결하려는 식사 형태로, 바쁘게 살아가는 현대인이 늘면서 이용객이 늘고 있다.

3) 점심Lunch

아침과 저녁 사이 정오를 기준으로 해서 저녁보다는 가볍게 제공되는데, 대부분 3~4가지 코스로 구성된다(수프Soup, 앙뜨레Entree, 후식Dessert, 음료Coffee or Tea).

4) 애프터눈 티Afternoon Tea

브런치가 아침과 점심 중간에 제공되는 것이라면, 애프터눈 티는 점심과 저녁 사이에 제공된다. 간단한 차에 토스트 정도인데, 세계적인 추세는 오후에 티타임Tea Time으로 많이 이용한다. 우리나라도 오전 참에는 식사가 주가 되지만, 오후 참에는 막걸리나 음료 외에 식사보다 가벼운 약간의 감자, 고구마, 옥수수 등이 제공된다.

5) 저녁Dinner

동양이나 서양이나 저녁은 시간을 충분히 가지고 대부분 정식을 제공하는 형태이다. 저녁코스에는 4~7코스에서 고객이 원하는 형태로 구성되지만, 애피타이저, 수프, 앙트레, 디저트, 커피 외에 기호에 따라, 접대하는 고객에 따라 피시Fish나 로스트Roast를 추가하여 제공할 수 있다. 업소에서는 음식에 따라 음료나 주류를 함께 제공할 수 있는 기회가 있어 매출에도 영향을 미치기 때문에 선호하는 형태이다.

6) 밤참Supper

늦은 저녁시간에 간단한 음료와 수프, 샌드위치 정도를 제공하는 형태이다. 최근에 늦은 저녁행사(전시회, 음악회, 시사회 등)가 많아지면서 의외로 많이 사용되고 있다.

7. 서비스 형태에 의한 분류

1) 테이블서비스Table Service

테이블서비스는 고객의 주문에 의해 음식을 제공하면서 이루어진 일반적인 서비스 형태로써, 훈련된 웨이터나 웨이트리스가 서비스하는 과정에서 품위를 유지하면서 효율적으로 고객의 욕구를 충족시켜 만족할 수 있도록 하는 서비스이다.

① 아메리칸서비스American Service

미국식 서비스는 주방에서 정성들여 만든 음식을 접시에 먹음직스럽게 담아 가장 신속하게 서비스할 수 있는 형태로써, 직접 손으로 들고 나와 제공하는 플레이트 서비스Plate Service와 제공해야 할 고객의 수가 많을 경우 트레이Tray를 사용하여 제공하는 트레이서비스Tray Service가 있다. 주방에서 음식이 담겨진 상태로 제공되기 때문에 빠른 시간에 신속하게 처리할 수 있는 장점이 있으나, 음식이 비교적 빨리 식어 적정온도를 유지하기 어렵고 시각적으로 음식의 맛을 떨어뜨릴 수 있는 단점이 있다.

② 러시안서비스Russian Service

러시안서비스는 주방에서 요리를 정성스럽게 만들어 은(銀)접시나 고급스런 쟁반에 품위가 있도록 담아 고객이 볼 수 있도록 보조테이블에 올려놓고, 고객이 직접 먹고 싶은 만큼 덜어먹거나 종사원이 적당량을 제공하는 고급스런 서비스 형태이다. 훈련된 종사원이 고객의 왼쪽에서 오른손을 사용하여 테이블을 돌아가며 동일하게 제공하므로 음식이 따뜻하게 적정온도를 유지할 수 있으며, 모든 고객들에게 같은 음식이 제공되기 때문에 연회에 많이 사용된다.

③ 프렌치서비스French Service

프렌치서비스는 품위 있고 고급스런 분위기에서 시간적인 여유를 가지고 제공되는 형태로써, 유럽의 귀족들이 즐기던 식사이다. 고객의 만족도를 높일 수 있는 서비스이며 일품요리를 제공하는 전문식당에 적합하다. 다만, 서비스 제공시간이 길어 많은 고객에게 제공한다는 것은 숙련된 종사원 확보 등의 단점이 있다.

2) 카운터서비스Counter Service

카운터서비스는 개방된 주방 앞의 카운터를 식탁으로 사용하여 제공하는 서비스로써 빠르게 식사를 제공할 수 있다는 장점도 있으나, 요리하는 것을 고객이 직접 볼 수 있으므로 위생적으로 청결해야 한다.

3) 셀프서비스Self-service

셀프서비스는 뷔페나 카페테리아처럼 고객이 기호에 맞는 음식을 선별하여 직접 이동하여 마음껏 먹을 수 있는 형태이며, 비교적 가격이 저렴하고 적은 인원으로 많은 고객에게 식사를 제공할 수 있어 인건비가 절약된다. 고속도로나 터미널 등의 카페테리아, 뷔페 등이 해당되며, 장점은 다음과 같다.

① 선호하는 음식을 먹을 수 있다.
② 뷔페는 예외일 수 있으나, 대부분 저렴한 가격에 먹을 수 있다.
③ 주문하고 대기할 필요성이 없다.
④ 메뉴에 대한 고객의 불만이 비교적 적다.

8. 식사 내용에 의한 분류

1) 정식요리

정식Table D'Hote Full Course은 정해진 메뉴Set Menu에 의해 제공되는 식단을 말한다. 행사 인원이 많을 때 식단 조정을 단조롭게 할 수 있어 메뉴 구성이 쉬우며, 메뉴에 따라 조리과정, 고객에게 서빙하는 과정이 일정하므로, 종사원은 순서에 따라 애피타이저, 수프, 생선, 메인요리, 샐러드, 디저트, 음료 등을 제공하면 된다. 정식메뉴의 장점은 다음과 같다.

① 많은 고객을 소화하는데 어려움이 없다.
② 고객이 메뉴를 선택하는데 간단하다.

③ 일품요리보다는 가격이 저렴하나, 객단가로 보았을 때 고가로 책정할 수 있어 영업의 매출을 높일 수 있다.

④ 매출에 대비하여 원가를 절감할 수 있다.

2) 일품요리A La Carte

일품요리는 정식코스에서 고객의 기호에 따라 고객이 선호하는 메뉴만을 골라 주문할 수 있어 고객의 욕구에 충족할 수 있다. 일품요리는 메뉴코스의 품목에 따라 가격이 따로 정해져 있으며, 계절에 따라 변경될 수도 있다. 또한 정식 품목에 없는 특정 음식을 지칭하기도 한다.

일품요리의 종류

- 애피타이저(Appetizer) : 새우칵테일, 훈제연어 등
- 수프(Soup) : 크림수프, 야채수프, 콘소매수프 등
- 씨푸드(Sea Food) : 왕새우튀김, 생선구이 등
- 샐러드(Salad) : 야채샐러드, 과일샐러드, 멕시칸샐러드 등
- 앙트레(Entree) : 안심스테이크, 등심스테이크, 티본스테이크, 햄버거스테이크 등
- 라이스스파(Rice & Spaghetti) : 오므라이스, 하이라이스, 스파게티 등
- 샌드위치(Sandwich) : 햄샌드위치, 야채샌드위치, 달걀샌드위치 등
- 디저트(Dessert) : 아이스크림, 프루트칵테일, 과일푸딩 등
- 음료 : 커피, 홍차 등

3) 뷔페요리Buffet

뷔페는 준비 내용에 따라 찬 요리와 더운 요리로 구분하여 청정야채, 찬류, 전류, 해산물, 육류, 후식 등 다양한 음식 종류를 차려놓고 불특정 다수에게 일정액을 받고 자유롭게 먹을 수 있게 하는 메뉴이다. 불특정 다수를 위한 뷔페를 상설뷔페Open Buffet라 하고, 주문에 의해 정해진 고객만을 받는 뷔페를 예약뷔페Closed Buffet라 한다.

4) 특별요리Special Menu

계절에 따라 특별한 식자재(전어, 송이, 칠면조 등)가 제공될 때 일정기간 제공되는 경우와, 고객의 욕구를 충족시킬 수 있는 그날Daily의 메뉴를 만들어서 제공되는 경우, 특정국가의 국경일이나 기념일 때 특별메뉴를 만들어 고객의 흥미를 유발시켜 매출을 올리는 경우 등이 있다.

제4절 케이터링과 파티

1. 파티란?

파티Party란, 일대일의 만남에서 상호 만족할 수 있어야 한다. 특히 음식과 만나는 자리는 사람과 사람, 사람과 음식, 음식과 음식의 관계가 존재한다. 다시 말해, 제공하는 자와 받는 자 사이에는 결과가 존재한다. 파티는 사람과 사람 사이에 반드시 음식과 음료가 있어 그 음식에 의해 양자가 만족하느냐, 아니면 어느 한쪽이 불만을 갖느냐에 따라 관계가 형성될 수 있는 특성이 있다. 목적에 따라 거래가 이루어지고 그 거래 행위에 따라 발생할 수 있는 결과를 예측할 수 없기에 상호작용에 대한 역할 이론이 매우 중요하다.

파티라고 하는 것은 개방적이고 사교적인 문화가 뿌리내려 있는 서구적인 표현이다. 목적이 분명하고 적극적인 사고방식으로 음식과 장소만 있으면 자연스럽게 사교의 장이 마련된다. 모르는 사람과도 잘 어울리고 사교 장소에서 자연스럽게 비즈니스도 하며 즐거움을 추구하며 친분을 돈독히 한다. 반면에, 한국사회는 풍성하게 차려진 음식과 풍류(가무)가 있어야 한다. 물론 서양도 밴드를 동원하여 음악을 하지만, 한국과 같이 정에서 시작된 것이 아니라, 목적에서 시작되었다고 본다.

한국의 잔치는 대부분 친인척과 잘 알고 있는 지인들을 초청하여 먹고 마시며 정을 나누는 데에 의미가 있다. 그러기에 모르는 사람이 참석하면 어색하고 불편하게 느끼는 것이 한국의 파티문화이다. 이러한 파티문화가 세계화되면서 지금은 생일파티, 약혼식, 회갑연, 시상식, 출판기념회, 기업행사, 컨설팅, 지역문화축제 등을 뛰어넘어 컨벤션, 즉 국제회의로 발전하였다. 파티가 대형화되고 국제화되면서 파티플래너Part Planner가 직업으로 자리 잡게 되었고 각광을 받게 되었다. 파티매니저라고도 하며 행사의 기획, 진행, 연출 등 전체적인 진행을 맡으며 기업환경이 변화하는 시대에 독특한 자신만의 이미지를 개발하여 끊임없이 노력한다면, 지속적인 성장을 할 수 있어 전망이 매우 밝다고 할 수 있다.

2. 파티문화와 케이터링

산업의 발달로 소득수준이 높아짐에 따라 파티문화가 다양화되고 대중화됨에 따라 가장 빠르게 변화하고 있는 부분이 파티와 가장 밀접한 관계를 가지고 있는 케이터링Catering이다. 파티의 다양화에 고객이 쉽게 접근할 수 있는 음식문화, 고객의 취향이 날로 빠르게 변화하는데 장소의 제한을 받지 않고 분위기 및 서비스를 제공할 수 있는 케이터링이 각광을 받고 앞으로도 발전하리라 본다.

파티는 호텔, 외식사업, 컨벤션 등을 영업하기 위한 건물 내 빈 공간에 기본적으로 인테리어시설과 조명시설, 음향시설을 갖추고 고객 요구사항을 참조하여 행사 목적에 따라, 인원에 따라 테이블을 배치하고 이윤추구를 위해 고객이 요구한 식음료를 제공하는 영업 행위를 하는 곳이다. 그러나 호텔이나 외식사업을 하는 기업은 고정된 장소의 한계를 극복할 수 없었다. 그래서 파티의 중심에 케이터링이 자연스럽게 접목될 수 있었다. 따라서 케이터링은 매출과 이윤 추구를 위해 매우 중요한 업장으로 자리잡았다.

또한 케이터링이 대중화 · 세계화 하면서 가정이나 기업 외에 국제행사까지도 호텔의 연회장을 떠나 고객이 요구하는 장소, 특히 야외에서 하는 행사가 급증하게 되었고, 많은 고객을 한자리에 모이게 하여 자연스럽게 케이터링이 파티 문화에 영향을 미쳐 부가가치의 효과를 기대할 수 있어 파급효과는 생각보다 크다 할 수 있다. 아마도 현대사회가 발전하면 할수록 더욱더 성장할 수 있는 분야이다.

3. 파티의 개념

파티(宴會; Party)란, 사전적 의미는 "사교나 친목을 목적으로 여러 사람을 초청하여 즐기는 모임"이라고 되어 있다. 축하, 위로, 석별 등의 뜻을 표시하기 위해 해당하는 사람들이 모여 주연을 베푸는 일이라고 하며, 초기에는 고정된 특정 장소에서 목적을 같이 하는 사람들이 모여 시간에 구애받지 않고 잔치를 함으로써 시작되었으나, 사회구조가 변화되고 산업이 급속도로 발전하면서 행사 인원이 늘어나고 국제교류가 활발해지면서 고객의 요구조건도 다양해져 고정된 특정 장소(호텔 또는 외식사업 등)를 떠나 고객이 원하는 장소에서 파티를 할 수 있는 출장파티가 파티의 한 축을 이루게 되었다.

파티는 행사에 따라 여러 형태로 구분될 수 있으나, 축하 의미의 당선 · 입선 · 준공 · 취임 · 결혼 · 약혼 · 회갑 등의 피로연, 환영 의미의 세미나 · 전시회 · 기념회 등에서 하는 피로연, 이벤트성 의미의 패션쇼 · 디너쇼 · 발표회 · 비엔날레 · 엑스포 · 각종축제 등에서 하는 피로연 등을 들 수 있다.

파티는 한마디로 많은 인원을 한 곳에 모이게 하여 주최자가 추구하는 대상을 상대로 주최자가 피력하고 싶은 뜻을 적극적으로 개진할 수 있는 의미로 풀이할 수 있다.

행사의 종류를 살펴보면 다음과 같다.

- 관 행사 : 국경일, 정부 기념행사(대통령 취임식, 국빈 초청행사 등), 기공식(도로, 철도, 항만 등) 등
- 기업체 : 준공식, 개관식, 창립기념일, 신년하례, 송년회 등
- 사회단체 : 협회 정기총회, 단체장 이 · 취임식, 국제교류행사 등
- 학연관계 : 동문회, 동창회, 사은회 등
- 가족행사 : 회갑연, 약혼식, 결혼피로연, 돌(백일)잔치 등
- 이벤트 : 시상식(문학, 서예, 미술, 음악, 영화 등), 공연(연극, 음악 등), 발표회(음악, 의상, 신차, 디자인 등)
- 설명회 : 관광상품, 모델하우스 등

4. 경영 측면의 파티

경영 측면에서 살펴본다면 이윤추구가 목적이다. 파티로 인하여 보다 많은 수익을 올릴 수 있는 방법을 찾는 것이다. 그러나 처음부터 파티가 활성화되었던 것은 아니다. 일손이 부족한 가정에서 어렵게 하던 행사를 탈피하려고 하다 보니 힘들이지 않고 가족들의 수고를 덜어줄 수 있어 환영받을 수 있게 되었다.

가정에서는 음식을 고급화 할 수 있는 여건이 부족한 것은 물론 많은 양을 소화할 수 없는 단점 때문에 파티의 수요는 계속 증가하고 있는 현실이다. 인적 교류와 국제교류가 급증하고 있는 시대를 반영하듯이 파티의 수요도 많아졌지만, 단일 행사인원도 예상을 못할 정도로 늘어나고 있는 실정이다. 이러한 원인은 파티가 하나의 상품으로 자리 잡으면서 고객에게 좋은 이미지를 심어주었기 때문이라 생각된다.

파티의 대형화 · 고급화가 이루어지면서 호텔 연회장보다 이윤추구가 상대적으로 높아 케이터링Catering을 전문으로 하는 파티 플래너가 등장하게 되었고, 고객을 기다리는 자세에서 홍보하고 판촉하여 고객을 찾아다녀야 할 필요성이 대두되었다. 그러한 결과 경영에 효율을 높이는데 일익을 담당하였고, 더불어 매출증대를 가져오게 되었다. 더불어 케이터링 시장 점유율도 높아졌고, 또한 케이터링만을 전문으로 하는

일반 외식사업체도 늘어나면서 그 규모가 매우 방대해졌다. 업체의 수가 경쟁적으로 늘어나는 것을 감안할 때 수익의 극대화를 꾀할 수 있도록 전문지식을 습득한 전문가가 필요하게 되었고, 경영 활성화를 위한 노력이 필요한 시대이다.

5. 목적 측면에서의 파티

파티는 목적이 분명하다. 행사를 할 수 있는 일정한 시설을 갖추고 고객의 요구에 응할 수 있어야 한다. 고객의 요구는 다양하다. 그 요구를 정해진 대가를 받고 양질에 서비스를 가미하여 파티 목적을 달성할 수 있어야 한다.

파티는 크게 일정한 시설을 갖춘 고정된 장소에서 하는 파티와, 고정된 장소를 이동하여 고객이 요청한 장소에서 하는 출장파티Outside Catering로 구분할 수 있으며, 목적에 따라 공공의 목적이나 사적의 목적 등, 또는 신년하례나 송년회 등 다양하게 구분할 수 있다.

6. 파티의 종류

1) 정찬파티Table Service Party

한국에서 격식을 갖추어 준비하는 음식이 한정식이라면, 양식에서는 가장 격식을 갖추어 준비하는 파티가 정찬파티이다. 나라마다 정찬파티Table Service Party를 할 때는 품위를 유지하기 위해 통상 예복(정장, 예절을 특별히 차릴 때 입는 옷, 의식 때에 입는 옷)을 입고 참석하는 것이 원칙이다. 나라마다 문화와 풍습이 다르고 식문화가 다르기 때문에 모두 살펴볼 수는 없으나, 양식의 경우 풀코스 정식요리를 의미하고, 초대한 고객이 많을 경우 주최 측에서는 고객이 입장하기 전에 연회장 입구에 좌석 배치도를 준비해야 하며, 고객은 지정된 좌석에 앉아야 혼잡을 피할 수 있다. 테이블 세팅은 주빈의 위치에 따라, 연회장의 넓이에 따라, 참석자 수에 따라, 행사 목적에 따라, 테이블 배치를 한 다음, 결정된 메뉴에 따라 세팅을 해야 한다.

2) 칵테일파티Cocktail Party

여러 종류의 주류와 음료를 준비하여 직접 현장에서 간단한 칵테일을 만들어 고객의 기호에 따라 드실 수 있게 하며, 간단한 식사를 가미하는 경우와, 식사는 배제시키고 안주를 겸할 수 있는 오도블, 카나페 등을 곁들여서 하는 행사로서 행사장 안을 자유롭게 이동하면서 친분이 있는 경우는 자연스럽게 담소하고, 처음 만나는 경우는 서로를 소개하고 친교를 쌓아갈 수 있다. 높고 낮음에 구애받지 않고, 있고 없음에 옆 사람을 의식할 필요가 없으며, 복장 또한 편하게 차려 입으면 된다. 시간을 지키는 것이 예의겠으나 때에 따라 늦어도 크게 문제될 것이 없으며, 급한 용무가 있으면 행사가 끝나지 않았더라도 살며시 행사장을 떠난다해도 부담이 되지 않기 때문에 사교모임으로는 적당하다.

스탠딩파티Standing Party라고도 하며 정찬파티에 비해 비용을 절감할 수 있다. 주의할 점은 셀프서비스이지만, 음식테이블에 자주 가지 않은 고객을 위해 종사원은 고객 사이를 이동하면서 고객이 무엇을 필요로 하는가를 잘 살펴야 한다.

3) 뷔페파티Buffet Party

뷔페는 많은 인원이 여러 가지 음식을 한 곳에 준비하여 고객의 취향에 맞게 할 수 있도록 한 파티이나, 실외 케이터링Outside Catering은 식사를 하기위한 테이블 서비스보다는 간단한 식사를 겸한 스탠딩뷔페Standing Buffet로 하는 경우가 대부분이다.

물론 테이블서비스를 할 수 없다는 것은 아니다. 그러나 테이블서비스의 경우, 준비부터 많은 집기비품이 필요하고, 종업원도 많이 필요한 번거로움이 있기 때문에 대부분 테이블뷔페로 하더라도 스탠딩뷔페를 선호하고 있다. 기물세팅은 실내 테이블세팅과 동일하게 준비하지만, 경우에 따라서는 일회용 기물을 사용하는 경우도 있다. 행사를 진행하는 과정에서 실내 행사와는 달리 바비큐나 갈비 등을 직접 숯불에 구워 제공할 수도 있다. 또한 사전에 비나 강풍이 불 경우를 대비도 해야 한다.

식사시간이 제한되어 있는 것이 아닌 만큼 천천히 조금씩 즐기면서 하는 것이 좋다. 다만, 마음껏 먹어도 좋다고 하여 음식을 접시에 한꺼번에 수북이 가져와 남기는 것은 삼가야 한다. 가령 남기지 않고 다 먹는다해도 보기에 민망스럽게 느껴진다. 그러기에 음식의 맛을 본다는 생각으로 조금씩 자주 가져다먹는 것이 좋다. 뷔페는 대부분 좌석뷔페로 행사를 진행하나, 다음과 같이 구분할 수 있다.

(1) Sit Down Buffet

각 개인의 좌석을 마련하여 식사를 하는 형태로서 일반적으로 많이 이용한다. 다만, 원형 테이블이든 사각 테이블이든 너무나 많은 인원이 행사를 하려고 한다면 그만큼 넓은 장소가 필요하다. 음식을 준비하는 테이블도 인원에 비례해서 준비해야 한다. 행사 인원은 많은데, 음식을 준비한 테이블이 한 곳이라면 뒤에 줄을 서있는 고객은 많은 시간을 기다려야 한다.

(2) Standing Buffet

칵테일파티와 형식이 비슷하다. Sit Down Buffet가 각자의 좌석이 있다면, 스탠딩뷔페는 의자만 배치한다. 음식테이블이 Sit Down Buffet보다 넓어야 하며, 음식메뉴가 안주 위주로 하는 것은 피해야 하고 약간의 식사가 될 수 있도록 구성되어야 한다. 메뉴를 구성할 때도 나이프를 사용하는 음식은 제외시키고, 포크만을 사용하여 음식을 먹을 수 있도록 해야 한다. 대부분 테이블이 없는 상태에서 자유롭게 이동하며 하는 형태이지만, 가능하다면 한 끼 식사가 될 수 있도록 구성해야 한다.

(3) Open Buffet

상설뷔페라고도 한다. 상설뷔페란, 오픈되어 있는 시간에 음식을 한 곳에 준비하여 예약에 관계없이 시간에 구애받지 않고 누구나 식사를 할 수 있도록 준비한 형태를 의미한다. 연회의 경우, 식사는 상설뷔페와 달리 예약시간에 맞추어 음식을 한 곳에 준비하고, 회의장소를 별도로 마련하여 행사는 별도로 한 후 음식은 같이 사용할 수 있도록 하는 경우를 말한다.

예를 들어, 20명, 30명, 50명 정도의 행사를 하려고 하는데, 단일뷔페를 원할 경우

음식을 준비해야 할 공간도 부족하고, 소요예산도 높아져 행사하기가 어려울 때 음식은 한 곳에 준비하고 행사만 따로따로 하면 단일뷔페로 행사하는 효과가 있다.

(4) Close Buffet

단일뷔페로서 어느 한 행사만 하는 파티이다. 그 행사에 관계되는 사람 외에는 다른 사람은 출입할 수가 없다.

4) 가족파티Family Party

생활수준이 높아지면서 크고 작은 가족모임을 할 때에 연회장을 찾게 된다. 가정에서 행사를 하다보면 불편한 점이 많다. 장소에서부터 음식 준비까지 어느 것 하나 만족할 수 없는 수준이다. 그래서 돌잔치, 약혼식, 고희연 등 가족모임을 외식사업체나 호텔연회장을 많이 이용하고 있기에 수요가 계속 늘고 있는 실정이다. 특히 관광호텔에서 사치성으로 결혼식을 할 수 없도록 규제가 되었던 것이 해제되어, 모든 호텔들이 다투어 웨딩사업을 하고 있고 웨딩사업부까지 만들어 홍보하며 고객유치에 최선을 다하고 있다. 특히 교통이 편리하고 주차공간이 많은 특급호텔에는 결혼식 예약이 많으며, 호텔 판촉에서도 이러한 가족모임 유치에 적극적으로 나서고 있다.

장수연(長壽宴)의 구분

- 50회 – 지천명(知天命)
- 60회 – 회갑(回甲)
- 61회 – 진갑(進甲)
- 70회 – 고희(古稀)
- 77회 – 희수(稀壽)
- 80회 – 팔순(八旬)
- 88회 – 미수(米壽)
- 90회 – 국순(菊旬)
- 99회 – 백수(白壽)
- 100회 – 천수(天壽)

5) 티 파티Tea Party

다과와 차를 준비하여 하는 행사이다. 간담회나 발표회, 좌담회 등 일반적으로 많은 시간이 소요되지 않는 경우, 식사보다는 가볍게 음료를 중심으로 과일, 쿠키, 케이크 등 패스추리를 중심으로 한다.

6) 조찬파티

바쁜 시간을 피해 아침 일찍 하는 행사로써 시간을 절약하고 경비도 줄일 수 있는 행사로 각광을 받고 있다. 회사업무가 시작되기 전에 행사를 끝내기 때문에 업무에 지장도 주지 않고 저녁행사와 같이 주류를 할 필요성이 없기 때문에 시간, 건강에 모두 유익하며, 식사만 간단하게 하므로 소요예산을 많이 세울 필요가 없어 요즈음 많이 선호하고 있다.

7) 커피 브레이크

행사가 장시간 소요될 때 휴식시간이나 행사 중간에 간단한 음료, 쿠키, 케이크 등을 준비하여 담소할 수 있게 제공하는데, 의외로 많이 이용되고 있다.

8) 댄스파티

행사 중에 춤을 출 수 있도록 댄싱플로어를 준비하여 만찬과 함께 하는 파티로, 무도회나 그 밖에 특별한 날을 기념하여 하는 것이 보통이나, 이때에는 가능한 정장을 입어야 한다.

제5절 케이터링과 외식

1. 케이터링과 외식

케이터링Catering과 외식의 관계를 살펴보면, 외식산업 속에 출장연회라는 개념으로 포함되어 있다. 출장연회라 함은 고객이 원하는 장소에서 필요한 시간에 주문한 음식으로 행사를 할 수 있는데, 가정에서의 출장연회는 소규모 행사라도 편리하게 할 수 있는 장점이 부각되어 다양한 소비 형태로 발전되었으며, 가정 내의 식생활에서도 외식의 개념이 자리 잡게 되었다. 이러한 케이터링 산업이 발전하면서 외식산업과 밀접한 관계를 맺으며 성장하고 있다.

2. 외식의 정의

외식의 사전적인 뜻은 "가정이 아닌 곳에서 식사(食事)하는 일"이라고 되어 있다. 외식은 가정의 식생활을 기준으로 하여 가정 내에서 하는 식사를 '내식', 가정 밖에서 하는 식사를 '외식'이라고 범위를 정하였다. 그리고 학자들 간의 정의는 다르나, 골격을 보면 가정 내에서 조리하는 식사를 '내식적 내식'이라 하고, 외부에서 조리된 음식을 배달, 출장 주문하여 가정 내에서 식사하는 것을 '외식적 내식'이라 그 범위를 구분하였다. 또한 가정에서 음식을 조리하여 외부에서 식사하는 것을 '내식적 외식'이라 하고, 외부에서 조리된 음식을 외부에서 식사하는 것을 '외식적 외식'이라 구분하였다(외식산업개론, 대왕사, 김윤태 저).

1) 내식적 내식

식자재 또는 공산품 등 식재료를 구입하여 가정 내에 설치된 조리시설을 이용하여 조리한 음식을 가정에서 식사하는 것을 의미하며, 내식적 내식은 상업적 성격은 존재하지 않는다고 보아야 한다.

2) 외식적 내식

외부 상업시설이나 기타 외부시설에서 조리된 음식, 즉 햄버거, 샌드위치, 김밥 등을 그에 상응하는 대가를 지불하거나 지불하지 않더라도 그 음식을 배달하거나 출장 주문하거나, 직접 가지고 들어와 가정 내에서 식사하는 것을 외식적 내식이라 한다.

3) 내식적 외식

가정 내에 설치된 조리시설을 이용하여 조리한 음식, 즉 밥이나 반찬 등 필요한 음식을 도시락이나 기타 이동할 수 있는 기물에 준비하여 가정 밖에서 식사하는 것을 의미하며, 소풍이나 야유회, 기타 가족행사에 등에서 하는 식사를 내식적 외식이라 한다.

4) 외식적 외식

가정 밖에서 외부 상업시설이나 그에 준하는 장소에서 생산자에게 의뢰하여 조리된 음식을 외부기물을 이용하여 그 시설을 이용하여 하는 식사를 외식적 외식이라 한다. 다만, 고객이 원하는 장소로 이동하여 먹는 것, 즉 케이터링Catering도 외식적 외식에 포함된다.

3. 외식산업의 기능

산업은 인간이 살아가는데 유익한 여러 가지 자원이나 물자, 용역을 만들어내는 체계적인 행위로써 인간의 생활을 경제적으로 풍요롭게 하기위해 재화나 서비스를 생산하는 활동으로 고객이 외식을 하고자 하는 목적에 따라 조금씩 다를 수 있다. 이윤을 추구하는 수익성에 대한 기능을 살펴보아도 비영리를 목적으로 하는 학교급식이나 산업체 급식 등을 운영하는 곳도 복지향상 수단으로만 볼 수 없다는 것이다. 그것은 비영리로 운영한다 하더라도 단체급식을 주관하는 기관에서 모든 비용이 지출되고, 때에 따라서는 급식장소를 회의장소나 기타 사회적 · 문화적 장소로 대여하여 최소한의 비용을 수익 창출하고 있기 때문에 비영리 수단으로 볼 수 없다는 것이다.

외식의 기능은 기본적으로 생리적 기능인 식사는 물론 서비스, 분위기, 편의시설 등을 총체화 하여 작업효율을 높이고, 수익과 안전에 대한 모든 것을 아우르며 제공하는 기능을 가졌다 할 것이다.

1) 메뉴상품

외식이나 케이터링Catering의 구성 주체는 주로 식사와 음료이다. 여기에 주체를 뒷받침해야 하는 시설, 즉 주방설비가 매우 중요한데, 주방설비 및 기구결정은 메뉴가 결정되어야 가능하다. 즉 메뉴가 한식으로 하느냐, 아니면 일식이나 중식 등으로 할 것이냐에 따라 설비나 기구가 다르기 때문이다. 그것은 편리하게 사용할 수 있는 시설이나 분위기를 위한 물리적서비스에 인적서비스를 가미하여 메뉴가 가지고 있는 상품으로서의 역할을 할 수 있게 된다. 이러한 메뉴의 결정은 영업신고를 하는 과정에서, 업종은 같으나 업종의 형태가 다르게 결정되기 때문이다. 메뉴상품은 고객과의 연결고리로서 업소의 얼굴이며 뿌리이다.

2) 인적서비스

인간관계를 잘 할 수 있는 것은 일대일 관계에서 타고난 성품이나 소질이 어떠한 쪽으로 작용하느냐에 따라 영향을 미칠 수 있다. 경쟁력에서 이길 수 있는 것은 가지고 있는 기능이나 능력을 함부로 사용하지 않고, 자제력을 키워 의지대로 할 수 있어야 한다. 또한 지식을 상대에게 어떻게 유용하게 사용할 수 있느냐 하는 구체적인 방법과 수단을 연구하여 유익하게 대처했을 때 인간관계는 긍정적으로 작용한다.

외식업에서 음식을 제공하는 인적서비스란, 고객에게 접대하는 모든 행위의 접객서비스를 의미하며 항상 고객이 중심이 되어야 한다. 업무를 수행하는 기능적인 서비스에 감정을 표현하는 상냥한 미소, 친절과 정성으로 한 종사원의 태도가 고객만족을 위해 이루어지는 서비스를 인적서비스라 한다.

3) 물적서비스

고객이 사용할 수 있는 시설, 즉 인테리어부터 집기비품 등이 얼마나 편리하고 안락함을 추구하느냐에 목적이 있다. 우선 아늑해야 한다. 조명이나 색상 등 분위기가 불안하게 여겨진다면 아늑하다고 볼 수 없다. 또한 편안해야 한다. 테이블이나 의자를 사용하는데 불편하다고 느껴진다면, 객석과 화장실의 동선이 고객의 시야에 가려져 찾는데 어려움이 있다면 물적서비스에 이상이 있는 것이다.

4) 정보서비스

현대사회는 정보화 사회라 할 수 있을 정도로 정보의 홍수 속에 살고 있다. 그러나 외식산업에서 고객이 알고 있는 정보가 미약할 수 있으므로, 다양한 정보를 수집하여 고객들에게 제공하는 서비스를 정보서비스라 할 수 있다. 정보를 제공하는 방법에는 여러 가지가 있을 수 있으나, 주로 언론매체를 이용하는 방법 외에 전단지나 구전으로 제공할 수도 있다.

TIP 정보서비스란?

- 식이섬유기능의 효능 : 혈당상승 지연, 고지혈증 예방, 변비 예방 등
- 뇌에 좋은 음식 : 블루베리, 토마토, 연어, 브로콜리, 견과류, 차, 호박씨 등
- 토마토의 영양가 : 생으로 먹으면 40%, 익혀 먹으면 70%, 견과류와 먹으면 100% 흡수한다.

5) 편리성

외식산업의 기능 중 제일 중요한 부분이 편리성이다. 우선 고객이 접근하기에 좋아야 한다. 대중교통을 이용하더라도 얼마나 편리하게 다가갈 수 있느냐는 외식산업의 성공과도 직결된다. 주차공간의 확보나 영업시간도 중요하지만, 케이터링Catering에서 할 수 있는 배달음식도 편리성을 추구하는 데에 일익을 담당하고 있다.

6) 입지의존성

외식산업은 입지의존도가 매우 높다. 메뉴와 고객성향 분포도에 따라 다르겠으나, 유동인구가 많은 곳일수록 성공 가능성이 높기 때문이다. 아무리 유동인구가 많더라도 성향에 따른 메뉴의 결정이 잘못되면 성공확률이 낮아진다. 예를 들어, 학생수가 많은 대학 주변에서 외식사업을 할 때 학생들이 선호하는 메뉴를 선택하지 않는다면 성공할 수 있는 확률은 매우 낮을 것이다.

4. 한국외식산업의 발전요인

우리나라의 외식산업이 성장할 수 있었던 요인은, 경제발전과 더불어 국민소득이 증가함에 따라 선진국으로 도약하면서 모든 분야에서 많은 변화를 가져오게 되었다. 다변화된 생산시설의 증가는 대량생산, 대량판매로 대중소비가 증가하여 삶의 질을 높여주었고 생활수준이 향상되었다. 특히 '86아시안게임, '88올림픽게임, 2002월드컵게임 등 국제행사에 해외브랜드가 도입되면서 사회적 환경이 핵가족화, 노령화되어 외식산업은 급속도로 발전하였다.

구분하여 살펴보면, 사회적 요인으로 여성의 사회진출, 맞벌이부부의 증가, 배달음식 수요의 확대를 들 수 있고, 경제적인 요인으로는 가처분소득 증가, 주 5일제로 인한 여가시간의 증대, 패스트푸드의 성장, 외식사업에 대기업들의 참여를 들 수 있다. 문화적인 요인으로는 식생활의 서구화, 전통음식 문화의 발전, 고객욕구의 다양화 등을 내세울 수 있으며, 기술적인 요인으로는 컴퓨터의 전산화로 인한 정보기술의 발전, 주방기기의 현대화, 저장·포장 기술의 발전 등을 들 수 있다.

1) 외식식당 등장

물물교환 시대를 지나 5일장에 장꾼들을 위한 음식을 판매하는 장소가 개점되면서 가정을 떠나 밖에서 음식을 사서 먹는 외식이 시작되었고, 주막, 여각 등을 거쳐 한국

최초의 호텔이 개관되면서 호텔 내에 서구식 레스토랑이 만들어졌다. 그 후 서울역에 서양식 레스토랑이라는 그릴Grill이 만들어지면서 발전하였다.

2) 개인 소유의 음식점 개점

처음에는 가족 중심으로 운영하는 조그만 식당으로 출발했으나, 외식의 발전요인은 '조선옥'이나 '한일관' 등 한국음식점이 개점하면서 한국인도 밖에서 식사하는 빈도가 높아져 한국 전통음식점이 개점하면서 외식산업의 발전을 가져오게 되었다.

3) 산업사회와 경제개발

외국 원조에 의지하던 시대에서 자급자족 하자는 경제개발 계획은 국민소득을 점차적으로 높여주는 계기가 되었고, 농경사회에서 공업사회로 변화시켜 준 산업혁명은 경제발전을 가져올 수 있는 요인이 되었으며, 더불어 생활수준을 향상시켜 외식산업이 발전할 수 있는 기초가 되었다.

4) 기업 외식산업 참여

산업사회의 발전으로 대중소비가 늘어나면서 대량생산의 필요성을 느낀 기업들이 외식산업에 과감히 설비투자를 하게 되었고, 대량판매에 대한 판매망 확보를 위해 경쟁에 참여하게 됨으로 인해 외식산업이 발전하게 된 중요한 요인으로 작용하였다.

5) 주방기기 현대화

소비자가 늘어나면서 외식산업 환경의 변화를 가져오게 된 것은 새로운 형태의 외식문화를 요구하게 되었고, 그 욕구충동을 만족시키기 위한 주방설비, 주방기기, 조리기구 등이 좀 더 편리한 쪽으로 사용되기 위해 발달한 것이 외식산업 발전의 요인으로 작용하였다.

6) 공산품의 발전

편의식품이 홍수를 이루면서 다양한 인스턴트식품이 개발되었고, 냉동·냉장시설이 발전하면서 냉동식품도 함께 발전하였다. 특히 원양어선에서 공급된 식자재가 캔 종류인 공산품으로 소비패턴이 많이 변화한 것도 외식산업이 급속도로 발전한 계기가 되었다.

7) 해외브랜드의 국내진출

'86아시안게임, '88올림픽게임을 전후하여 KFC, 맥도날드, 코코스, TGI 프라이데이스, 베니건스 등 해외브랜드의 증가는 외식시장 개방과 더불어 대기업이 참여하는 계기가 되었다. 또한 놀부보쌈, 족발 등 국내브랜드 개발도 외식시장이 발전하는 커다란 요인으로 작용하였다.

8) 핵가족화, 노령화

여성의 사회적 진출, 핵가족화, 노령화 등 사회적 요인이 변화하면서 맞벌이 부부들이 늘어나게 되었고, 이와 같은 사회적 요인은 외식소비 형태가 다양화하면서 간편식 위주의 패스트푸드를 선호하게 되어, 외식산업이 발전하는 요인으로 작용하였다.

TIP 호혜의 원칙(Reciprocity Principle) – 심리학원리

인간은 누군가가 자신에게 좋은 일을 해주면 그 호의를 상대방에게 돌려주고 싶어 한다.
–'불평하는 고객이 초일류를 만든다'에서

CATERING
케이터링

CATERING
케이터링

CHAPTER 07

케이터링과 메뉴경영

CATERING
케이터링

제1절 메뉴경영

케이터링Catering에 많이 응용되는 메뉴는 뷔페나 칵테일파티에 사용되는데, 뷔페나 칵테일파티의 음식은 단일 메뉴로는 불가능하다. 그러기에 매우 다양한 음식을 필요로 하므로 한식, 양식, 일식, 중식 등 여러 종류의 메뉴들을 필요로 한다.

출장연회Outside Catering의 메뉴는 매우 중요하다. 메뉴는 음식에 종류를 적어 놓은 것으로써, 우리말로 차림표 또는 식단 등으로 불린다. 대부분 음식, 음료, 주류 등으로 구분하여 가격을 제시하고 고객이 선택하기 편하도록 체계적이고 상세하게 기록하는 것은 물론이며, 단순히 음식을 팔기 위한 정보 제공의 차원을 넘어 고객을 연결하는 매체로서 매출에 상당한 영향을 미치며 홍보의 도구로 중요한 역할을 담당하고 있다.

우선 인원에 따라, 장소에 따라, 다양하게 제공할 수 있지만, 더욱 중요한 것은 소요예산이다. 고정된 장소에서 행사를 하는 것보다 추가비용이 많으므로, 소요예산에 따라 메뉴를 결정해야 할 수도 있고, 행사성격에 따라 메뉴를 먼저 결정하여 소요예산을 세울 수도 있다. 다만, 행사장 여건에 따라 음식을 제공할 수 있는 가능한 요리와 불가능한 요리가 있다.

메뉴의 선택은 고객 측의 요구에 따라 결정되겠지만, 현장에서 물을 사용할 수 있느냐, 불을 사용할 수 있느냐에 따라 다르고, 행사장에 약간의 주방시설이 있느냐 없느냐에 따라 많은 차이가 있다. 주최 측에서 요구한 메뉴라 할지라도 불가피하게 제공될 수 없는 경우가 있다.

따라서 예약 담당자는 모든 가능성을 체크하여 메뉴를 결정하되, 반드시 행사장을 직접 보고 확인하여 메뉴를 협의해야 한다. 특히 제공할 수 없는 메뉴를 예약하는 과정에서 소홀히 하여 행사에 누를 끼치는 일이 없도록 메뉴를 결정할 때 유의해야 한다. 더불어 출장연회는 변질이 쉽게 되는 메뉴는 가급적 제외시키는 것이 좋다. 또한 소스나 국물이 있고 향이 강한 메뉴는 피하는 것이 좋다.

메뉴에 필요한 식재료

- 농산물 : 곡식, 엽채류, 근채류, 버섯류, 산야초, 견과류, 과일류 등
- 해산물 : 해초류, 생선류, 어패류 등
- 축산물 : 육류, 가금류, 우유류, 임가공품 등

1. 메뉴의 유래

메뉴의 어원은 라틴어의 Minutus로서 영어의 Minute에 해당하며, 상세히 기록한 것, 작은 '목록표'라는 의미를 지닌다. 초기 메뉴는 서양에서 커피하우스나 간이음식점 등에서 직원이 메뉴 품목을 기억해서 고객에게 알려주었다. 그러나 1541년 프랑스의 브룬수윅 공작이 자신의 자택으로 손님을 초대하여 만찬을 할 때, 준비한 요리의 내용과 순서를 메모하여 테이블 위에 놓고, 다음에 나올 음식을 생각하며 즐기고 있는 것을 본 백작들이 무슨 메모인가를 묻자, 오늘 제공하고 있는 요리의 리스트라고 대답했다. 그때 참석했던 백작이나 후작들에게 좋은 평을 받아 귀족 간에 유행시킨 동기가 되었으며, 차츰 유럽 각국에서 사용되었다. 19세기에 들어와서 파리의 레스토랑 발생지에서 일반화되어 오늘날 대중화된 메뉴가 되었다.

2. 기능과 역할

메뉴의 기능은 식음료 영업행위의 기본이다. 고객에게 선택의 권리를 부여하여 종류, 가격 등을 검토하여 선택된 요리를 메뉴에 기록된 대로 제공해야 할 책임이 제일 큰 역할이다. 또한 주방에서는 선택된 메뉴에 근거하지 않으면 어떠한 요리도 만들 수 없으며, 홍보나 판촉에서도 메뉴에 기초하지 않은 광고는 할 수 없으므로 그 기능은 매우 중요하다고 보아야 한다. 메뉴의 기능에는 창업을 계획하고 오픈하여 고객

을 받을 때까지 메뉴와 관계하는 많은 역할들이 있는데, 이를 살펴보면 다음과 같다.

1) 내면의 기능

고객과의 관계를 제외한 모든 관계를 의미한다.

① 창업을 할 때 꼭 챙겨야 할 핵심적인 기능이다.
② 업소의 정체성과 얼굴을 알리는 기능이다.
③ 식재료 구매의 기본이 되는 기초가 된다.
④ 원가관리를 위한 식재료 구매 수량의 기초가 된다.
⑤ 새로운 메뉴개발의 레시피 연구에 기초가 된다.
⑥ 음식의 가격 결정에 기초가 된다.
⑦ 메뉴에 따라 달라질 수 있는 인테리어의 기초가 된다.
⑧ 주방 인테리어를 할 때 설비의 기초가 된다.

2) 외면의 기능

고객과의 관계에서 이루어지는 기능을 의미한다.

① 상품선택을 할 때 어떤 종류를 할 것인가 기초가 된다.
② 상품선택 후 고객에게 제공되는 가격의 기초가 된다.
③ 상품판매에 고객과의 관계에서 정보를 제공하는 기초가 된다.
④ 상품판매의 홍보기능을 한다.
⑤ 상품에 따라 다르나, 국가에서 지정한 상품의 원산지 표시기능이 있다.
⑥ 모형상품을 만들어 시각적인 맛을 제공하는 기초가 된다.
⑦ 모형상품은 식욕을 자극할 수 있는 기능이 있다.
⑧ 상품선택의 무언의 조력자 기능을 하는 기초가 된다.
⑨ 고객과 소통하는 도구의 기초적인 기능이 된다.

3. 메뉴와 주방설비

호텔이나 외식사업체에서 주방설비를 할 때에는 메뉴가 결정되어야만 설계를 할 수 있다. 주방설비는 일반설비와 많이 다르다. 주방기구에는 물과 불, 전기 등이 동시에 필요한 식기세척기에서부터 전기만 필요한 기구, 열만 필요한 기구, 물만 필요한 기구, 또는 모두 필요치 않은 기구 등 다양하지만, 공급량을 조절하여 필요한 만큼 공급되어야 하는 특수한 기구도 있기 때문에 전문지식이 없이는 설계를 할 수가 없다. 또한 요리사들이 요리를 할 수 있는 공간이 메뉴마다 다르기 때문에 기자재의 배치에 따라 주방의 면적이 달라지는 것도 감안한다면 메뉴에 따라 주방기자재의 선택이 달라지고, 자동기기를 선택할 것인가, 수동기기를 선택할 것인가의 설계 변수도 많다. 사용 용도에 따라 성능도 다르지만 가격도 차이가 많다.

메뉴의 기능은 메뉴를 올바로 선택하였을 때와 그렇지 못하였을 때를 비교하면 설비 부분에 얼마나 큰 차이가 있는가를 실감할 수 있다. 한식을 위한 설비, 양식을 위한 설비, 일식이나 중식을 위한 설비 모두가 다르며, 같은 한식이나 양식, 일식, 중식에도 메뉴 숫자나 제공하는 메뉴에 따라 설비가 전혀 다를 수 있다. 또한 설비의 기능에 따라 소요예산에 많은 차이가 있다.

하나의 예를 든다면, 주 메뉴를 탕 종류로 결정하였다면 탕 종류에 적합한 대형 가스기구가 필요하고, 기구에 필요한 배관 및 설비가 기준에 맞게 설치되어야 한다. 그런데 계획은 탕 종류를 하려고 계획을 세우고 모든 시설을 완료한 뒤나 영업을 하다가 영업이 부진하여 메뉴를 바꾼다거나 음식을 아예 한식이 아닌 일식이나 다른 업종으로 변경하고자 할 때에는 그 후유증이 매우 크다. 그렇기 때문에 메뉴와 주방설비는 따로 생각할 수 없으며, 기획에서부터 영업의 결과까지 예측하여 시설을 해야 한다.

4. 메뉴와 종사원

영업은 이윤추구에 목적이 있다. 종사원이 메뉴에 대해 얼마나 많이 알고, 메뉴에 가치를 얼마나 중요하게 인식하고 있느냐는 매출에 많은 영향을 준다. 메뉴는 단순히 고객이 원하는 음식 종류를 고르기 위한 수단으로만 생각하면 종사원은 발전이 없다. 메뉴 하나하나에 원가와 레시피, 그리고 그 음식이 가지고 있는 특성 등을 알려고 하면 그 깊이가 무한하나, 알려고 하지 않으면 배울 것이 없다. 그러므로 종사원은 자신이 근무하고 있는 업소의 메뉴를 확실하게 알려고 노력해야 한다.

메뉴는 수를 헤아릴 수 없을 만큼 많다. 업소에 따라 전문성을 지닌 한 가지 종류의 메뉴 또는 몇 가지 안 되는 메뉴로 영업을 시작한다면 그에 맞는 종사원이 필요하고, 선택에 따라 다양한 메뉴를 한 장소에서 제공하는 영업소라면 서비스 형태나 능력에 따라 종사원의 자질과 수가 달라질 수 있다.

5. 메뉴와 분위기

실내 인테리어를 하고 난 뒤 메뉴를 결정하는 것은 어리석은 일이다. 다시 말해, 시설을 모두 끝내고 난 후 식당의 종류를 결정하고 메뉴를 선택하는 것은 추후에 시설해 놓은 인테리어를 바꾸어야 할 경우가 종종 있다. 그러므로 메뉴에 따라 공간형성이 되어야 한다.

메뉴에 따라 테이블을 결정하고 테이블 크기와 업소 내에 필요한 숫자가 결정되면, 주방 면적을 제외하고 기타 공유면적을 감안하여 가상테이블 배치를 하고 그에 따라 공간이 결정되어야 한다는 뜻이다. 또한 메뉴에 따라 고객도 자신이 즐겨하는 음식을 찾아 결정되기 때문에 메뉴의 제작도 메뉴와 어울리게 기획을 해야 하며, 분위기도 메뉴에 맞게 고객이 편안한 마음으로 식사를 할 수 있도록 배려해야 한다.

6. 메뉴와 상호

식당 상호는 식당의 얼굴이며 식당 운영의 승패는 60% 정도를 감당할 정도로 비중이 높다. 식당의 승패는 음식의 맛과 서비스가 좌우한다. 그런데 상호에 의해 60%가 좌우된다고 하는 것은 맛도 중요하고 서비스도 중요하지만, 상호가 그만큼 고객을 유인할 수 있는 중요한 매체이기 때문이다.

더불어 상호와 메뉴는 반드시 연관성이 있어야 한다. 일식을 취급하려는 상호에는 생선을 주 원재료로 하는 메뉴가, 홍어를 대변하는 상호에는 홍어를 주원료로 하는 메뉴를 취급하듯이, 메뉴판만 보고도 그 식당의 특성을 파악할 수 있고 수준을 짐작할 수 있어야 한다.

예를 들어, 전문적인 메뉴 몇 가지를 가지고 영업하는 식당에서 상호가 고객의 호기심을 끌지 못해 고객을 유인하지 못하면 아무리 음식에 자신이 있다해도 고전할 수 있으며, 상호는 그럴듯하여 고객이 선뜻 식당에 들어섰으나 선택하려는 메뉴가 없어 고심을 하는 경우가 발생한다면 참으로 난감하리라 본다. 이러한 것을 비교할 때 메뉴의 기능과 상호가 얼마나 중요한지 짐작할 수 있다.

메뉴를 정할 때의 주의사항

- 발음하기 쉬어야 한다.
- 기억하기 좋아야 한다.
- 들으면 어떤 업태인지 알아야 한다.
- 들어올 때 먹고 싶은 충동을 줄 수 있어야 한다.
- 호기심을 자극하는 상호는 피해야 한다.
- 장기고객을 확보할 수 있어야 한다.

7. 메뉴와 식자재

음식의 맛을 좌우하는 것은 조리사의 손맛에 의해 좌우되기도 하지만, 우선 식자재의 재료가 좋아야 한다. 식자재는 음식을 만드는 원자재와 부자재격인 갖은 양념을 합하여 식자재라 할 수 있으며, 한식은 우리 고유의 음식이므로 식자재를 거의 알 수 있고 구입하는데 크게 어려움이 없으나, 양식의 경우 향신료(월계수, 오리가노 등), 드레싱(프렌치드레싱, 사우전드 아일랜드 드레싱, 이탈리아 드레싱 등), 소스(토마토소스, 파파소스, 오이온소스, 타르타르소스 등) 등 처음 접해보는 부자재가 너무도 많다.

그런데 메뉴에 따라 식자재 구입이 용이한 것이 있는가 하면, 식자재 구입이 매우 어려운 것도 있다. 대부분의 메뉴에 필요한 원자재가 수입에 의존하기 때문에, 메뉴를 선택할 때 그러한 요소들을 검토하여 문제가 되는 부분이 있다면, 검토단계에서 메뉴의 교체를 고려해 보아야 한다. 일식이나 중식도 예외는 아니므로, 메뉴의 선택에 따라 식자재의 상관관계가 결정지어지므로 매우 중요하다.

8. 메뉴와 입지선정

메뉴는 차별화된 고객의 욕구를 충족시키기 위해 필요하다. 양질의 정보를 제공하여 심리적 공감대를 이끌어내 고객의 선택 폭을 넓혀주려면, 식당을 운영하려고 검토할 단계부터 어디서 할 것인가가 아니라, 무엇을 팔 것인가부터 생각해야 한다.

예를 들어, 비프스테이크Beef Steak나 햄버그스테이크Hamburger Steak를 취급하려는 양식당을 하려고 할 때, 야채나 곡물 등을 판매하는 상점들이 모이는 곳과, 버스정류장이 가까워 이동고객이 대부분 버스를 이용하는 장소와, 빌딩들이 밀집해 있어 고객들이 편리하게 출입할 수 있는 입지여건이 있다면, 어느 곳이 양식당으로서 최적지라고 생각할 수 있을까. 분명 빌딩들이 밀집해 있는 곳이 타 장소보다 훨씬 유리한 조건이라 할 수 있을 것이다. 그렇다고 반대로 장소를 먼저 선택해 놓고 메뉴를 선정하는 것이 모두 잘못되었다고는 볼 수 없다. 그것은 자신이 소유한 건물에서 어떠한 장사를 하려고 결정하였다면, 입지는 변동할 수 없는 부분이기 때문에 그 지역 고정고객과 유동인구의 취향을 수집하여 메뉴를 결정할 수밖에 없다.

그만큼 메뉴와 장소는 밀접한 관계를 가지고 있다. 다만, 무엇을 팔 것인가 하는 메뉴가 결정되었을 때 입지선정을 위한 검토가 되어야 한다는 것이 올바른 선택이라고 할 수 있다.

9. 메뉴와 고객

고객은 십인십색이라고 했다. 고객은 언제든지 자신이 좋아하는 메뉴를 따라 이동할 수 있는 것이다. 아무리 고정고객이라 할지라도 조금만 틈이 있으면 고객은 업소를 바꿀 수 있다는 의미이다. 그러기에 고객은 냉정하다고 보아야 한다. 장사는 상품을 팔아 이윤을 남기려는 데에 목적이 있다. 그 목적을 달성하는데 있어 메뉴는 소리 없는 판매자이다. 업소의 보이지 않는 상품을 고객에게 연결시켜주는 매체이다. 고객과 무언의 의사소통을 위한 가장 중요한 기능을 가진 것이다. 그러므로 조그만 식당이나 규모가 큰 식당 등을 창업하려고 할 때에 메뉴 선택은 창업자금, 좋은 아이템, 훌륭한 사업장 등의 요인보다 훨씬 중요한 부분이다.

10. 메뉴와 가격

메뉴가격은 고객의 경제사정과 정비례하여 소비형태가 이루어진다. 이윤을 추구하는 기업에서 새로운 메뉴를 개발한다든가, 기존 메뉴의 질을 높인다든가 하는 것은 결국 메뉴의 가격을 높이기 위한 수단으로, 하나의 보편화된 수요와 공급의 법칙이다. 잘 팔리면 질을 더욱 좋게 할 것이고, 잘 팔리지 않으면 새로운 메뉴로 개발해서 고객으로부터 유리한 입장에서 경쟁우위를 점하려는 것은 모든 사업자의 공통된 생각이다.

메뉴가격의 기능 중 가장 중요한 부분은 유일하게 매출과 직결되어 기업에 상당한 영향을 준다는 것이다. 그러므로 실패를 하지 않으려는 창업자는 메뉴의 가격을 결정하기 이전에 주변 환경, 잠재 이용고객의 분포도, 고정고객의 확보 가능성 등을 감안하여 결정해야 한다.

11. 메뉴의 특성

(1) 부패성

음식이라는 상품은 식자재에 따라 다르나, 상품으로 된 후에는 장소, 시간, 환경,

외부의 온도 등에 따라 관리를 소홀히 하면 고객에게 제공하기 전에 부패할 수 있다. 그것은 상품의 부패성 때문에 오래 보관할 수 없는 특성이 있으므로 세심한 관심과 주의를 기울여야 한다. 특히 관리를 잘못하였을 경우 위생관리에 문제가 지적될 수 있고, 원가관리에 상당한 영향을 미쳐 업소의 손실을 가져올 수 있는 요인이 된다.

① 발효음식 : 효소작용에 의해 숙성되어 변화된 음식
② 부패음식 : 유해세균에 의해 상한 음식

(2) 시간적 제한

음식을 제공하는 업소에서는 가장 문제가 되는 것이 장소(좌석)와 비례한 시간이다. 좌석은 한정되어 있는데 고객이 밀리는 경우, 고객이 음식을 주문하고 기다리는 시간이 음식을 만들어 제공할 수 없는 경우 등의 제약을 받는다면 성공하기 어려우므로 최대의 효과를 올릴 수 있는 방법을 찾아야 한다.

(3) 장소적 제한

음식은 고정된 장소 또는 고객이 원하는 장소에서만 음식을 제공할 수 있으므로 장소의 제약을 받을 수 있다.

(4) 주문생산 제한

음식은 일반 제조업의 생산품처럼 규격화 할 수 없고 대량생산 할 수 없다. 음식은 제공하는 현장에서 주문하고 주문한 상품이 현장에서 제공되고 현장에서 소비되는 특성이 있으므로, 품질이 저하하지 않도록 세심한 배려를 해야 한다.

(5) 수요예측의 제한

고정된 장소에서 공급하는 음식은 고객의 변동이 많으므로 수요를 예측할 수 없다. 특히 지역에 따라 다르고 계절이나 일기에도 많은 변동을 가져올 수 있으므로 식자재를 구입하는 데도 제한이 따른다.

(6) 높은 인적 의존도

음식은 기계에 의존해서 만들 수 있는 부분이 매우 미약하다. 특히 음식의 특수성 때문에 사람의 손을 빌리지 않고는 생산이 불가능하므로 다른 사업에 비해 인적 의존도가 매우 높다.

(7) 메뉴계획 시 유의사항

외식사업 또는 음식업을 하면서 메뉴계획은 매우 중요하다. 자신이 개발하고자 하는 메뉴를 기획할 때 상품으로서 가치를 느끼게 하려면, 다음 사항에 유의해야 한다.

① 기획하기 전 고객의 입장에서 생각한다.
② 사업을 하려는 주변의 음식 선호도를 조사해야 한다(성별, 직업, 나이 등).
③ 예산의 범위를 세워야 한다(가격, 영양가 등).
④ 시각적으로 색깔이 식욕을 돋울 수 있어야 한다.
⑤ 비슷한 색상을 중복시켜 구성하는 것은 가급적 피해야 한다.
⑥ 계절에 따라 여름에는 차게 느낄 수 있도록, 겨울에는 따뜻하게 느낄 수 있도록 구성해야 한다.
⑦ 원재료의 원가대비 가격이 적절한가를 검토해야 한다.
⑧ 개발하고자 하는 음식에 조리설비의 검토가 있어야 한다.
⑨ 원재료의 구매에 어려움이 없도록 해야 한다.

12. 메뉴의 분류

영업 형태에서 메뉴는 고정시켜 운영을 하느냐, 아니면 여러 가지 변화에 대처하면서 주기적으로 바꾸어서 운영을 하느냐에 따라 분류할 수 있고, 요리에 가격이나 제공방법에 따라 구분할 수 있다.

(1) 고정메뉴

영업방침에 따라 메뉴를 결정하는데, 결정된 메뉴를 변경하지 않고 지속적으로 제공하는 품목을 의미한다. 업장에 따라 다변화된 품목을 메뉴판에 의해 관리하여 고객에게 제공하기도 하지만, 2~3품목의 단일메뉴로 장수하며 영업하는 형태를 주변에서 쉽게 찾아볼 수 있다. 일본에서는 대를 이어가며 영업하는 곳도 많다고 하니, 처음 메뉴를 선택하는 것이 매우 중요하다고 할 것이다. 고정메뉴는 메뉴를 관리하는데 재고관리를 용이하게 할 수 있어 불필요하게 소모되는 음식을 줄여 원가비용을 낮출 수 있다. 품질을 높일 수 있는 여건이 좋은 반면, 매일 찾는 고객은 실증을 느끼거나 고객이 음식을 선택하는데 그 폭이 줄어드는, 시장성이 제한적인 단점도 있다.

(2) 순환메뉴

고정된 영업장소에서 메뉴 품목을 계절별로 변경하면서 제공하는 형태를 의미한다. 예를 들어, 여름에는 냉면을 제공하다가, 겨울에는 탕 종류로 변경하는 경우를 뜻한다. 그러나 순환메뉴의 본뜻은 기업체의 종사원 식당이나 학교 내의 식당 등 단체급식을 하는 곳에서 주별 또는 월별로 메뉴를 설정하여 주기적으로 교체하여 제공하는 메뉴 형태를 의미한다. 고객에게 계절에 따라 신선한 메뉴 조정이 가능하나, 식자재 재고가 많이 남을 수 있는 여건 때문에 원가가 상승할 수 있는 단점이 있으며, 많은 메뉴를 관리해야 하는 조건 때문에 조리사의 능력이나 인원에 대해 검토되어야 할 사안이 있다.

(3) 가변메뉴

계절에 따라 장마가 온다든가, 가뭄이 들어 식자재 품귀 현상이 발생하면 기존메뉴를 제공하지 못하는 경우가 있고, 영업 현황이 어려워지면 기존메뉴로 유지할 수 없는 경우가 발생했을 때 불규칙적으로 품목을 바꿔주는 메뉴 형태를 의미한다.

(4) 정식메뉴

나라마다 격식을 갖춘 정식메뉴가 있다. 가장 격식을 갖춘 식사로, 테이블서비스를 받기 위해 품위를 지키고 정장 및 전통예복을 갖추는 식사메뉴이다. 한식의 경우 한정식을 의미하고, 양식의 경우 정식코스 풀코스를 의미한다.

(5) 일품요리메뉴

독립된 개별메뉴를 총괄해서 말할 수 있으며, 선택하는 대로 제공하는 형태를 의미한다. 정식메뉴 외에 별도품목을 설정하였을 때도 일품요리라 할 수 있다.

제2절 음식의 분류

1. 한식

한식세계화 사업은 2009년 민 · 관 합동으로 한식세계화 추진단이 설립되면서 시작되었다. 한식의 진흥, 한식문화의 국내 확산을 통해 한식과 관련된 산업의 발전과 국가이미지를 향상시키고 미래 성장산업으로 육성하기 위해 발족되었다. 한식의 정통성을 지키는데 앞장서서 전통 한식을 발굴해 내며 한식의 우수성을 규명하고 널리 알려 세계화에 기여하는 데에 목적이 있다.

1) 한국요리

삼면이 바다로 이루어진 지리적 여건에서 공급하게 되는 수산물, 삼한사온의 기후변화에서 오는 다양한 농산물, 가축의 사육에서 얻어지는 축산물 등은 향토성이 짙은 음식이 창출되었고, 한국음식은 발효로 만들어진 간장, 된장, 고추장과 더불어 독특한 김치는 역사와 함께 시대에 따라 발전하였다. 특히 궁궐생활에서 문화유산으로 내려오는 궁중음식, 혼례식이나 제사 때 사용했던 관혼상제음식, 종교의 영향을 받은 사찰음식은 식문화를 발전시켜왔으며 한국요리 발전의 중심이 되었다.

2) 한식의 특징

한국음식의 특징은 밥과 국물, 반찬으로 차려지며, 반찬은 간장, 된장, 고추장, 참깨, 참기름, 들기름, 고춧가루, 마늘, 파 등 갖은 양념을 이용한 채소와 나물 외에 어류, 가금류, 육류까지 저마다 특색을 살려 만드는 것이 특징이다. 한국음식의 또 하나의 특징은 자연에서 얻은 색소나 조미료를 사용했다는 것이다. 감이나 치자 등에서 색소를 얻고 멸치, 마늘, 생강, 다시마 등 자연에서 쉽게 구할 수 있는 조미료를 사용했으며 인삼, 대추, 밤 등을 이용하여 보양음식도 만들었다는 것이 특징이다.

조상들의 지혜로운 음식의 특징은 육류 섭취가 부족한 영양을 콩을 이용해 만든 두부, 비지, 콩장 등에서 보충하였다는 것을 알 수 있다. 이러한 한국음식은 사찰음식, 혼례음식, 제사음식, 대를 이어 물려받은 궁중음식이나 가사음식 등을 중심으로 발전하였다.

3) 한식의 기본세팅

한식당의 테이블세팅은 기본적으로 테이블매트나 페이퍼도일리Paper Doyley를 준비한 후 냅킨을 놓고 젓가락 받침 위에 숟가락과 젓가락을 가지런히 놓는다. 죽이 제공되는 경우는 죽 숟가락을 별도로 놓아야 하며 소금, 후추병을 정돈해서 준비한다. 재떨이와 성냥을 준비해야 하며 꽃병도 예쁘게 놓아야 한다. 최근에는 금연 지정석이 많아 재떨이와 성냥을 제외시키는 경우가 많고, 소금과 후추도 양식 캐스터Caster로 대체하고, 후식이 있는 경우 디저트 포크나 스푼을 세팅하는 경우도 있다.

4) 한식메뉴

(1) 주식

① 밥

- 쌀을 재료로 만든 주식 → 흰밥, 찰밥
- 잡곡을 재료로 만든 주식 → 보리밥, 조밥, 콩밥, 수수밥, 잡곡밥 등
- 잡곡 야채로 만든 주식 → 콩나물밥, 무밥, 김치밥 등
- 기타 재료로 만든 주식 → 고구마밥, 밤밥, 비빔밥, 볶음밥 등

② 죽

- 흰죽 : 쌀을 갈거나 불려서 끓이는 죽의 기본
- 팥죽 : 팥을 삶아 걸러낸 후 쌀을 넣어 끓이는 죽
- 미음 : 죽보다 훨씬 묽으며, 쌀 등을 끓여 체에 걸은 음식
- 녹두죽 : 녹두를 삶아 걸러낸 후 쌀을 넣어 끓인 죽
- 전복죽 : 전복을 잘게 썰어 쌀과 함께 볶다가 물을 알맞게 넣고 끓인 죽
- 잣죽 : 잣과 쌀을 아주 곱게 갈아서 쑨 죽
- 기타 : 호박죽, 콩나물죽, 콩죽, 땅콩죽, 닭죽 등

③ 면 : 국수, 냉면, 메밀국수 등(국물은 대부분 육수를 사용하지만, 육수를 사용하지 않을 때도 있다.)

④ 기타 : 만두 등

(2) 부식

① 국

밥과 함께 기본적으로 따르며, 계절에 따라 밥의 종류에 따라 선택할 수 있고 내용물보다는 국물 위주로 준비해야 한다. 국물은 찌개보다 싱거워야 한다.

② 찌개

부식 중에 유일하게 간이 짠 것이 특징이다. 모든 찌개가 다 짠 것은 아니나, 대부분 된장으로 간을 하는 된장찌개, 고추장으로 간을 맞추는 고추장찌개, 새우젓으로 간을 맞추는 젓국찌개 등이 있으며, 국보다는 내용물이 많고 넣는 재료에 따라 찌개의 이름이 다양하다. 궁중에서는 '조치'라고 불렀다.

③ 구이

생선류와 육류를 구분할 수 있으며, 소금구이와 양념구이로 나눌 수 있다. 비린내가 많은 생선에는 생강을 사용하여 비린내를 줄일 수 있으며, 양념구이에는 소금이나 간장 외에 술, 식초, 기름 등을 가미하여 양념을 만들었다.

④ 조림

조림의 재료로는 생선이나 육류가 제일 많이 사용되고 있으나, 두부나 감자 등도 좋은 부식 재료이다. 그 외에 무를 굵게 잘라 굵은 멸치를 재료로 사용하여 조림을 하면 훌륭한 부식이 된다. 다만, 조림은 양념을 잘 만들어야 하며, 조릴 때 잘못하여 태우는 실수를 하지 말아야 한다.

⑤ 전(전유 : 煎油)

'지짐개' 또는 '부침개'라고 하며, 사전적 의미는 번철에 기름을 두르고 재료를 얇게 썰어 밀가루를 묻혀서 지진 음식의 총칭이라 하였다. '전유화'라 쓰고 '전유어'로 발음

하였으며 줄여서 '전'이라 했고, 재료로는 육류, 생선, 채소 등 모두 사용할 수 있다. 산적은 꼬챙(대나무)이를 사용하여 꿰어서 굽기 때문에, 분류하여 따로 살펴볼 수 있으나 넓은 의미에서 하나로 볼 수도 있다.

⑥ 나물

볶음나물과 무침나물로 나눌 수 있으며, 우리나라 부식 중에서 가장 보편적인 부식이다. 농가에서 재배하여 공급하는 재배 채소와 자연적으로 얻어지는 들나물로 구분하여 그 특성에 따라 조리하는 방법이 다를 수 있다.

⑦ 회

회는 신선도가 중요하므로 민물고기냐 바다고기냐에 따라 사용하는 장이 다르고, 어패류를 회로 사용할 때는 이물질을 잘 제거해야 한다. 민물고기(예 : 붕어, 잉어, 모래무지, 쏘가리, 은어, 꺽지 등)를 회로 먹을 때는 사용하는 장에 생강, 산초, 겨자 등 해독할 수 있는 재료들을 가미하여 기생충 예방에 주의해야 한다.

⑧ 찜

찜은 주로 육류, 어류와 다양한 야채류(특히 무, 당근, 양파 등) 등과 함께 조리할 수 있으며, 찜의 종류로는 갈비찜, 생선찜, 닭찜 등이 있다.

⑨ 기타 부식

젓갈, 편육, 찜, 튀각, 부각 등이 있으며, 김치는 빼놓을 수 없는 중요한 부식이다.

(3) 장과 양념

우리 고유 음식은 장과 갖은 양념을 사용한다. 장은 간장, 된장, 고추장이 대표적이며 음식의 맛을 내는데 필수요소이다.

① 간장은 콩을 삶아 메주를 만들어 청정한 물에 그 메주를 띄우고, 거기에 소금을

넣고 숯을 적당량 띄운다. 울어 나온 간장을 달이는데 불 조절을 잘하여 달여야 한다.

② 된장은 원칙적으로 간장에 띄운 메주를 건져 소금을 적당히 넣어 담고 있으나, 현대에는 메주를 속성으로 띄워 만들기도 한다.

③ 고추장은 메주가루와 엿기름을 사용하여 찹쌀이나 쌀, 보리, 밀가루 같은 곡물을 가루와 고춧가루를 넣어서 발효시키거나, 곡물을 찌거나 풀에 엿기름과 메주가루, 고춧가루를 넣고 버무린 다음 소금으로 간을 하여 발효시키는 경우도 있다.

④ 양념은 조미료를 뜻하며, 간이 없는 음식에 간을 하고 맛을 살리기 위한 것이다. 음식을 맛있게 만드는 것은 양념을 얼마나 적절하게 잘 사용하느냐에 따라 좌우된다. 조미료와 함께 음식에 모양을 살리는 것이 고명이다. 음식을 눈으로 먹는다는 말이 있다. 식욕을 돋우게 하기 위해 빛깔이나 모양은 고명을 얼마나 잘 사용하느냐에 따라 많은 차이가 난다.

- 양념의 종류 : 소금, 간장, 된장, 고추장, 식초, 고춧가루, 고추, 마늘, 파, 생강, 참깨, 들깨, 참기름, 들기름, 식용유, 산초, 꿀 등을 들 수 있다.
- 고명에는 빛깔에 기준을 두고,
  - 흰색 : 잣과 참깨, 달걀흰자를 이용한 것과, 밤 등을 채 썰어 사용한다.
  - 노란색 : 달걀노른자를 이용하고, 최근에는 노란피망 등을 잘게 썰어 사용한다.
  - 붉은색 : 붉은 대추와 붉은 실고추 외에 붉은 피망 등을 사용한다.
  - 검정색 : 검정깨와 능이버섯, 석이버섯, 표고버섯 등을 사용한다.
  - 초록색 : 미나리, 부추, 깻잎, 파 등을 사용한다.

5) 한국요리의 특성

① 기물은 독특한 한국 식기(놋쇠그릇)를 사용한다.

② 맛이 우수하다.

③ 화학조미료를 사용하지 않고도 자연의 맛을 내도록 하는 특성이 있다.
④ 맵거나 짜지 않게 요리해야 한다.
⑤ 식탁에 간장(소금), 고춧가루를 놓아 간을 자유롭게 조절한다.
⑥ 계절에 따라 식단을 신선하게 바꿀 수 있다.
⑦ 요리에 따라 모양과 크기를 마음대로 다르게 할 수 있다.
⑧ 인공 색소보다는 자연색소를 사용할 수 있다.
⑨ 발효음식이 많으며 독특한 향을 느낄 수 있다.

6) 한국요리서비스 방법

① 상차림 형식은 반상, 주안상, 교자상 등이 있으며, 반상에는 3첩 반상, 5첩 반상, 7첩 반상, 9첩 반상, 12첩 반상 등이 있다.
② 반상을 제공할 때는 반드시 뚜껑을 덮어야 한다.
③ 많은 사람의 식사를 제공할 경우 간장, 고추장은 개인별로 준비한다.
④ 새우젓 같은 경우는 요리가 필요한 주위에 놓아야 한다.
⑤ 국물이 있는 요리는 오른쪽에, 국물이 없는 요리는 왼쪽에 놓는다.
⑥ 더운 음식과 찬 음식은 대각선으로 제공해야 한다.
⑦ 손이 자주 가는 음식을 앞쪽에 준비한다.

7) 한식의 식사예절

① 한식은 출입문에서 떨어진 안쪽이 상석이다.
② 상석에는 윗사람이나 초대한 손님이 앉도록 해야 한다.
③ 수저는 윗사람이 든 후 아랫사람이 든다.
④ 숟가락, 젓가락을 한 손에 잡는 것은 예의에 어긋난다.
⑤ 국을 먹을 때 그릇째 들고 마시는 것은 올바른 태도가 아니다.
⑥ 식사할 때에 웃어른과 함께 보조를 맞추는 것이 예의이다.

⑦ 맛있는 음식만 먹는 것은 자제해야 한다.
⑧ 음식을 뒤적거리다가 놓는 것은 상대에게 불쾌감을 주므로 피해야 한다.
⑨ 수저가 그릇에 부딪치는 소리가 나는 것도 예의가 아니다.
⑩ 식사가 끝났다 하더라도, 웃어른이 식사가 끝나지 않았을 때는 자리에서 일어나는 것은 예의가 아니다.

2. 양식

1) 양식이란?

요리의 역사가 시작된 것은 인간이 존재하면서 동시에 이루어졌다고 볼 수 있으나, 불을 발견한 이후부터 요리가 시작되었다고 말한다. 불의 역사와 함께 시작된 요리는 나무열매나 뿌리, 조류, 물고기 등을 익혀 먹으면서 발달하였다. 페르시아인들로부터 조리법을 계승받은 그리스인들은 보리로 음식을 만들어 식사를 하였으며, 그 후 로마인들에 의해 맛과 모양을 개발하여 발전하였다. 루이 14세 때 프랑스 문화가 유럽 전체에 파급되면서 많은 변화를 가져왔고, 20세기 초 프랑스요리가 체계화되면서 지금 요리의 기본이 되었다.

우리나라는 1900년 경 지금의 서울 정동에 세워진 손탁호텔 내에 만들어진 프랑스 식당에서 서양요리가 제공되면서 지금과 같은 양식문화가 보급되었다.

2) 양식의 특징

패스트푸드Fast Food, 테이크아웃Take-out, 카페테리아Cafeteria 등 간편하게 먹을 수 있는 음식, 오랜 역사가 없어 전통음식은 없지만 그들만의 특징을 지닌 음식, 일상생활을 편리하게 할 수 있는 실용 음식, 특히 밀가루를 주재료로 해서 발전한 음식 등이 특징이다.

미국음식은 각국의 음식문화를 받아들여 미국화한 음식이 특징이다. 개척정신에 맞게 발전한 음식, 한국과 같이 음식을 데우고 끓이면 시간이 많이 소요되기 때문에 시간을 절약할 수 있는 간편한 샌드위치, 햄버거, 핫도그 등이 발전하였다. 특히 다른 음식문화에서 볼 수 없는 특징은 검소한 절약정신이다. 버리는 음식이 없으며, 남는 음식이 있으면 포장해서 가져간다. 서양음식은 다음과 같은 특징이 있다.

① 음식에 감자를 많이 사용한다.
② 우유와 유제품을 많이 사용한다.
③ 간을 맞출 때에 동양의 간장보다는 소금을 많이 사용한다.
④ 음식에 어울리는 소스를 적절히 사용한다.
⑤ 다양한 향신료를 이용하여 색, 향, 맛을 추구한다.
⑥ 동양의 솥보다는 오븐을 이용한 요리가 많다.

3) 양식의 세팅

(1) 기본세팅

기본세팅은 식탁의 중앙을 표시하고 장식하기 위해 꽃병이나 자기류 또는 조각품 등을 이용하며, 곁들여 캐스터(소금, 후추 등)소스, 종이냅킨 등으로 세팅한다. 그리고 기물들을 차례로 놓는다. 서비스 플레이트 위에 냅킨을 놓고, 디너(고기) 포크를 서비스 플레이트 왼쪽에, 디너 나이프를 서비스 플레이트 오른쪽에 놓고, 디너 나이프 옆에 스푼을 세팅한 후 디너 포크 옆에 브레드플레이트를 놓은 다음, 버터 나이프를 브레드 플레이트 위에 반드시 놓은 후, 그 위쪽에 버터 볼을 놓는다. 다음 디너 나이프 위에 물 컵을 놓으면 기본세팅은 끝나지만, 정식세팅은 기본세팅 외에 많은 기물이 추가된다.

(2) 정식세팅

기본세팅 외에 애피타이저 포크와 나이프, 피시 포크와 나이프, 샐러드 포크, 디저트 포크, 디저트 스푼, 화이트와인 글라스, 레드와인 글라스, 샴페인 글라스 등을 추가로 세팅한다.

4) 메뉴

(1) 아침식사Breakfast

아침식사는 위에 부담을 주지 않으면서 영양가가 있어야 한다. 그래서 여러 가지 많은 양의 음식을 만드는 것이 아니라, 부드러우면서도 간단하고 신속하게 제공될 수 있는 것이 바람직한 메뉴라 하겠다. 주로 대표적인 아침식사는 다음과 같다.

① 미국식 아침식사American Breakfast

주스류(O/J, P/J, T/J), 시리얼 또는 콘플레이크와 밀크, 토스트나 롤빵, 달걀요리에 곁들여 햄이나 베이컨 중 하나를 택하고, 감자와 그날의 신선한 야채(당근이나 브로콜리 등) 중에 하나를 선택한 후 마지막으로 커피나 또는 홍차 중에서 하나를 선택하여 구성한다.

- a Choice of Juice(O/J, P/J, T/J, G/J 등)
- Roll Bread or Toast with Butter
- Cereal or Cornflakes with Milk(Hot or Cold)
- Two Eggs any Style with Ham, Potato
- Coffee or Tea

② 대륙식 아침식사Continental Breakfast

주스, 토스트, 커피나 홍차 등으로 간단하게 구성된 메뉴이다.

- a Choice of Juice(O/J, P/J, T/J, G/J 등)
- Roll Bread or Toast with Butter
- Coffee or Tea

③ 영국식 아침식사English Breakfast

미국식 아침식사보다 좀 부담이 되는 식사로써, 미국식 아침식사에 생선이나 또는 작은 스테이크가 추가로 제공되는 식사이다.

- a Choice of Juice(O/J, P/J, T/J, G/J 등)
- Roll Bread or Toast with Butter
- Cereal or Cornflakes with Milk(Hot or Cold)
- Two Eggs any Style with Ham, Potato
- Fish or Morning Steak
- Coffee or Tea

(2) 정식코스Full Course

① 식욕촉진주아페리티프 : Aperitif

식사하기 전 식욕을 돋우기 위해서 마시는 술로써, 약간 신맛과 떫은맛이 혼합되어 조금만 음미해도 입 안에 타액이 분비된다. 대표적인 것으로 셰리Sherry : 스페인산 백포도주와 버무스Vermouth : 백포도주에 약초를 가미한 것 등이 있다. 식사 전에 마시는 칵테일도 있는데, 남성은 마티니Martini, 여성은 맨해튼Manhattan 등을 즐겨 마신다.

- 제1코스 : 전채요리Appetizer는 식욕 촉진주와 같은 의미로 식욕을 돋우기 위해 먹는 요리이다. 전채요리는 양으로 먹는 요리가 아니므로 적당히 먹어야 하며, 맛

이 있다하여 더 요구하는 것은 가급적 피해야 한다. 캐비아Caviar : 철갑상어알나 새우 칵테일Shrimp Cocktail, 로브스타Lobster, 굴Oyster 등이 제공될 때에는 애피타이저 포크를 세팅해야 하며, 훈제연어Smoke Salmon나 전복Abalone 등은 애피타이저 포크, 나이프를 동시에 세팅해야 한다.

- 제2코스 : 수프Soup를 먹는 방법은 앞에서 바깥쪽으로 떠먹는 미국식과, 바깥쪽에서 앞쪽으로 떠먹는 유럽식이 있으나, 지금은 대부분 어떠한 방법을 사용하여 먹어도 실례가 되지 않는다. 그러나 수프가 뜨겁다 하여 후후 불어가며 먹는 것은 자제해야 하며, 후루룩 소리 내어 먹는 것도 좋지 않은 습관이다. 수프의 종류에는 맑은 수프Clear Soup와 진한 수프Potage Soup로 구분하며, 맑은 수프의 대표적인 콘소매 수프는 고기, 야채 등을 넣어 오래도록 끓여 만든 국물로써 고객에게 제공할 때 넣는 재료에 따라 메뉴가 달라질 수 있다. 진한 수프는 대중에게 널리 알려진 밀가루를 버터에 볶은 루Roux에 생크림과 달걀을 넣어 만든 크림수프가 있다.

② 빵Bread

빵은 자신의 왼쪽 접시에 제공한 것을 먹어야 한다. 무심코 오른쪽에 놓여진 빵을 먹으면, 오른쪽 옆 사람은 빵을 먹을 수 없는 실례를 범하게 된다. 빵은 대부분 수프를 먹고 나면 제공되는데, 한 종류가 제공될 수도 있고 2~3 종류가 제공될 수도 있다. 제공된 빵은 손을 사용하여 먹는데, 가능한 조금씩 한 입에 먹을 수 있을 만큼 뜯어먹는다. 부스러기가 바닥에 떨어지지 않도록 접시 위에서 잘라야 하며, 만약 테이블에 부스러기가 떨어졌더라도 그대로 두는 것이 예의이다.

- 제3코스 : 수프 다음에 나오는 생선요리Fish는 요즘 정식 풀코스가 아니면 생략되는 경우가 많다. 생선요리는 특히 신선도가 맛에 절대적인 영향을 미치므로 주의해야 하며, 서비스할 때 조심스럽게 다루어야 한다. 다만, 종교계 등 일부에서는 주요리Main Dish에 생선요리Fish를 제공하는 경우가 종종 있다. 생선요리에는 화이트와인이 제공되며 생선에 따라 소스를 곁들여야 하는데, 소스는 소스볼Sauce Bowl에 1인용 또는 2인용으로 준비해야 하며, 레몬은 레몬스퀴저Lemon Squeezer에

제공해야 한다. 생선은 섬유질이 연하고 소화가 잘되므로 주요리Main Dish : 육류 등 전에 먹는 것은 소화촉진에 좋기 때문이다. 생선요리로 많이 이용되는 것은 연어, 도미, 새우, 바닷가재, 대구, 참치 등 바다생선 외에 간혹 민물고기를 이용하는 경우도 있다.

- 제4코스 : 정식요리에서 주요리Main Dish or Entree로 사용되는 육류는 많으나, 가장 많이 사용되는 소고기 안심으로 만든 스테이크이다. 스테이크는 굽는 시간이 길어지면 육즙이 증발해 맛이 떨어지고 육질이 질기게 된다. 또한 고기를 먹을 때 전부 잘라놓고 먹으면 바로 식어 스테이크 맛이 없어진다. 고기를 자를 때는 먹을 만큼 왼쪽부터 자르며 결을 따라 잘라야 고기를 연하게 먹을 수 있다. A1 소스나 Hot 소스, 소금이나 후추 등은 취향에 맞게 사용하는 것이 좋다. 스테이크는 굽는 방법에 따라 레어Rare, 미디엄Medium, 웰던Welldone 등으로 구분하며, 고객의 주문에 따라 더 세분해서 구울 수도 있다. 비프스테이크Beef Steak에는 안심스테이크Tenderloin Steak와 등심스테이크Sirloin Steak, 티본스테이크T-bone Steak가 있으며 레드와인을 곁들여 제공한다. 주요리로 사용되는 육류에는 돼지고기Pork, 칠면조고기Turkey, 오리고기Duck, 닭고기Chicken 등이 있다.

  가니시Garnish는 육류 제공시에 시각적인 조화를 이루기 위해 백색인 감자나 버섯류, 적색인 당근이나 토마토, 녹색인 피망이나 브로콜리 등으로 장식을 하는데, 영양 면에서도 육류가 산성이므로 알칼리성인 야채와 균형을 이루도록 함이다.
- 제5코스 : 샐러드Salad, 생야채는 육류를 먹는데 맛의 조화를 이룬다. 특히 육류는 산성인데 반해, 샐러드는 대부분 알칼리성이기 때문에 소화에 도움을 준다고 보아야 한다. 샐러드는 육류를 다 먹고 난 다음 먹어도 되지만, 육류와 같이 먹어도 무방하다. 샐러드는 앙트레Entree가 제공되는 것과 동시에 제공되어야 하나, 육류 굽는 시간이 길어져 고객이 기다리는 시간을 효율적으로 이용하기 위해 앙트레보다 먼저 서브하여도 문제가 되지 않는다. 샐러드가 제공될 때에는 드레싱을 2~3가지 준비하였다가 함께 서브해야 한다.

  드레싱으로는 사우전드 아일랜드 드레싱Thousand Island Dressing, 프렌치드레싱French Dressing 등이 있다.

- 제6코스 : 디저트Dessert는 여러 종류의 케이크나 푸딩, 파이, 과일, 아이스크림 등 부드럽거나 수분이 많은 종류를 사용한다.
- 제7코스 : 커피나 티Coffee or Tea는 식사를 끝내면서 입 안을 개운하게 하기 위해 대부분 커피를 마시는데, 커피잔을 잡을 때 손잡이를 가볍게 잡는 것이 좋다.

(3) 일품요리

일품요리는 차례가 정식요리와 같이 구성되어 있다. 각각의 코스에 따라 메뉴를 만들어 정리해 놓고, 고객이 선호하는 음식을 택할 수 있도록 하였다.

(4) 달걀요리

① Fried Egg : Fried에는 Sunny Side와 Over EasyMedium or Hard가 있다.

② Scrambled Egg : 달걀 2개, 소금, 우유 약간, 식용유 약간을 잘 섞이도록 혼합하여 달구어진 팬에 부어 나무젓가락으로 저으면서 익히는 것이다. 골고루 익혀진 달걀을 제공할 때는 접시 위에 그냥 제공하는 것보다는 토스트를 한 쪽 놓고 그 위에 제공하는 것이 좋다.

③ Boiled Egg : 흔히 '삶은 달걀'이라고 하며, 삶는 시간에 따라 서양에서는 3분, 5분, 7분 등으로 구분하지만, 우리나라에서는 반숙Soft Boiled Egg, 완숙Hard Boiled Egg 등으로 구분한다. Boiled Egg는 반드시 전용 용기를 사용하며 차 스푼과 함께 제공한다.

④ Poached Egg : 소금과 식초를 넣어 끓인 뜨거운 물에 달걀을 깨어 넣고 익히는 것으로, 시간에 따라 2분, 3분, 5분 등으로 구분하는데, 주의할 점은 시간이 되면 바로 찬물에 옮겼다가 용기에 담아 제공한다.

⑤ Omelets : 달걀에 약간의 소금을 넣고, 넓게 부쳐서 그 위에 넣고자 하는 음식을

넣고 말든가 덮은 후 케첩으로 마무리하면 된다. 누구나 쉽게 만들 수 있는 음식으로써 어린이들에게 인기 있는 메뉴이다.

T I P 달걀상식

달걀은 영양가가 많다. 하루에 한 개나 두 개 정도는 문제가 되지 않으나, 많이 먹는 것은 피하는 것이 좋다. 달걀을 냉장고에 보관할 때는 뾰족한 부분이 밑으로 하고, 껍질을 물로 씻으면 겉의 얇은 보호막이 벗겨져 이물질로 인한 오염이 될 수 있으므로 그대로 보관하는 것이 좋다. 달걀을 물에 넣었을 때 물에 뜨는 것은 변질된 것이다.

5) 양식의 특성

(1) 영업장 준비

양식당은 대부분 인테리어가 고급으로 되어 있다. 분위기가 중후하며 영업장 준비를 하는데 기본시설(조명, 전기, 음향시설, 커튼, 청소 등)을 잘 점검해야 하고, 청소가 완료되면 테이블을 배열해야 한다. 영업장 입구에 안내 테이블을 준비하여 고객을 맞이할 수 있도록 해야 한다.

(2) 테이블 준비

고객을 맞이하기 위한 준비로써 제일 중요한 것은, 테이블을 준비한 후 잘 고정시키고 의자를 인원수에 맞게 배열한 후 식탁보Table Cloth를 펴는데 4변이 동일하도록 펴야 하며, 세탁이 불충분하여 얼룩이 있을 경우 교체해야 하고 구김이 가지 않도록 해야 한다.

6) 서비스방법

① 아침식사는 시간적 여유가 부족하므로 신속하고 정확하게 해야 한다.
② 식사 중 커피는 고객이 원하면 충분히 제공한다.
③ 시간을 요하는 달걀요리는 주문받을 때 요리시간을 받아야 한다.

예) 보일드 에그는 3분, 5분 등의 시간을 주문받아 그 시간을 지켜 제공한다.

④ 생선요리는 화이트와인과 함께 제공한다.

⑤ 육류는 레드와인과 함께 제공한다.

7) 양식의 식사예절

① 식사를 할 때는 어느 경우나 마찬가지이나, 특히 양식 식사를 할 때에는 조용하고 얌전하게 하는 것이 예의이다.

② 양식은 식사가 제공될 때 주빈석부터 제공되므로, 주빈이 식사를 시작하면 식사가 고객 모두에게 제공되지 않았더라도 자신 앞에 식사가 제공되었다면 식사를 해도 예의에 어긋나지 않는다. 다만, 소수의 인원이 식사를 할 때는 잠시 기다렸다가 해도 좋다. 그러나 많은 인원이 식사를 할 때에는 예의를 지킨다고 식사가 모두 제공되기를 기다리면 음식이 식어 제 맛을 느낄 수 없으므로 제공되었을 때에 하는 것이 좋다.

③ 초대를 받았을 경우에는, 윗사람이 나이프와 포크를 잡은 후 식사를 시작하는 것이 예의이다.

④ 음식이 제공되면 나이프와 포크는 세팅되어 있는 바깥쪽부터 사용한다. 나이프는 우측에, 포크는 좌측부터 순서에 따라 사용하면 된다.

⑤ 포크는 좌측 손에서 우측 손으로 바꿔 잡아도 무방하나, 나이프는 오른손으로 사용하는 것이 상례이다.

⑥ 손잡이가 있는 수프그릇은 수프그릇을 들고 먹어도 실례가 아니다.

⑦ 식사 도중 기물을 떨어뜨렸을 때는 웨이터에게 맡긴다.

⑧ 스테이크는 먹기 좋을 만큼 잘라서 먹는 것이 좋으나, 전부 잘라놓고 먹는 경우도 예의에 어긋나지 않는다. 그러나 음식이 빨리 식고 육즙이 흘러 스테이크의 맛이 떨어질 수 있다.

⑨ 식사를 주문할 때 옆 테이블을 가르치며 "저것 주세요."라고 하는 것은 예의에 어긋나므로 삼가야 한다.

⑩ 기물, 나이프와 포크 등을 냅킨으로 닦는 것은 예의에 어긋난다.
⑪ 냅킨 사용은 자리에 앉으면서 동시에 펼치는 것보다는, 주빈이 먼저 사용하는 것을 보고 사용하는 것이 예의이다.
⑫ 술을 마시지 못하는 사람이라 하더라도, 건배를 하기 위한 샴페인, 와인, 맥주 등은 다른 사람과 같이 받아야 한다.
⑬ 식사를 하는 도중 카스타가 필요한 경우, 옆 사람의 도움을 받아도 예의에 어긋나지 않는다.
⑭ 식사를 하는 속도는 주변 사람들과 맞추는 것이 좋다.
⑮ 식사를 하는 도중에 급한 용무가 있어 자리를 떠야 할 경우, 냅킨을 접어 의자 위에 놓고 조용히 나간다.

3. 일식

1) 일본요리

일본요리는 일본열도가 남북으로 길게 뻗어있고 열도 전체가 바다와 접하고 있으며 기후변화가 많은데다 계절에 따라 생산되는 해산물이 풍부한 관계로, 생선으로 만든 음식이 주를 이루고 있다. 그렇다고 해서 생선이 주식은 아니다. 일본도 주식은 쌀이다. 그렇지만 음식이 담백하고 향기가 있어 혀끝에 감도는 촉감이 감미로운 음식이 많다. 그러나 제2차 세계대전 이후 전후 복구 시 외국으로부터 받은 원조물자, 즉 밀가루로 인한 패스트푸드의 발전은 풍부한 해산물의 재료와 접목되어 빠르게 발전하였다.

일본요리는 형식에 따라 '본선요리', '회석요리'로 구분하고, 지역에 따라 '관동요리', '관서요리'로 구분한다.

(1) 형식에 따른 분류

① 본선요리(本膳料理)

전통적인 일본요리로, 시대의 변천에 따라 에도시대부터 상이 화려해지고 아름다워지면서 격식을 차려야 할 향연요리나 혼례 등에 사용하는 의식요리에 사용하였다.

② 회석요리(會席料理)

회석요리는 '연회요리'를 말하고 결혼식 피로연과 같은 것을 의미하며, 맛있는 요리를 먹은 후에 가벼운 식사로 마무리하는 방식이라고 해도 좋다. 시대가 변하면서 현대사회에서는 술을 마시기 위한 상차림이라고 보아야 한다. 음식을 한꺼번에 모두 제공하는 것이 아니라, 고객이 음식을 먹는 것을 지켜보며 순서에 따라 제공된다. 그것은 더운 요리는 따뜻할 때, 차가운 요리는 차가울 때 제공되어야만 가장 맛있을 때 먹을 수 있기 때문이다.

(2) 지역에 따른 분류

① 관동요리(關東料理)

관동요리(간토오요리)는 맛이 달고 짠 것이 특징이며 진하다. 대부분 무가 출신의 지위가 높은 계층에 제공되었다. 최근에는 교통문화가 발달하면서 관서요리와 구분이 되지 않을 정도로 가까워졌다.

② 관서요리(關西料理)

관서요리(간사이요리)는 설탕을 적게 사용하고 재료 자체의 맛을 살리면서 재료 자체의 색깔을 거의 유지하여 모양의 아름다움을 추구하였다. 관서요리는 교토요리와 오사카요리가 있는데, 교토요리는 말린 청어나 대구포와 두부, 야채 등과 함께 만든 요리가 발달하였고, 오사카요리는 상가(商家)의 요리로서 생선이나 조개류를 이용한 요리가 발달하였다.

2) 일본요리의 특징

일본요리는 오감(五感 : 시각, 청각, 후각, 미각, 촉각)으로 먹는다고 한다. 혀로 느끼는 맛과 함께 눈으로 보는 시각적인 맛을 중시하기 때문이다. 그러한 것은 음식을 보았을 때 '야! 먹고 싶다'는 생각과 함께 입안에 침이 고이는 것에서 알 수 있다. 일본요리의 특징은 기물에서도 엿볼 수 있다.

3) 일본요리의 기본세팅

일식당의 테이블세팅은 기본적으로 테이블 매트나 페이퍼 도일리를 준비한 후 냅킨을 놓고, 젓가락받침은 젓가락을 가로로 놓을 수 있도록 하며 그 위에 젓가락을 가로로 놓는다. 중앙에 간장병 받침 위에 간장병을 놓고 재떨이와 이쑤시개를 준비한다. 최근에는 재떨이를 제외시키는 업소가 많다.

4) 메뉴

(1) 조정식(朝定食)

아침에 간단히 먹을 수 있는 음식으로써, 시간적 여유가 없기 때문에 신속하게 제공되어야 한다. 밥을 주로 하는 조정식은 비린내가 나지 않는 생선구이, 김, 장국, 김치 등으로 구성하며 때로는 죽을 대신하기도 하는데, 그때에는 대부분 전복죽을 선호한다.

(2) 스시(壽司)

스시는 일본요리 중 일부이지만, 세계 어느 도시에서나 접할 수 있는 요리가 되었다. 경제력이 좋아진 이유도 있겠으나, 생선을 선호하는 미식가들이 늘어남과 동시에 건강에 대한 관심이 높아지면서 육류보다 생선을 건강식으로 생각하여 수요가 늘어났으며, 각 지역마다 특색을 살린 스시가 많이 발달하였다.

(3) 냄비요리

야채와 육류나 어패류 등을 재료로 하여 즉석에서 요리하여 먹을 수 있으며, 방법도 간편하다. 음식은 신선도를 살려 맛과 색깔, 향기 등을 음미할 수 있는 요리로써, 샤브샤브나 스키야키(전골요리) 등은 잘 알려져 있다.

(4) 복(河豚)

배가 불룩 나온 복은 영양과 맛이 훌륭하지만 건강에도 좋아, 미식가들이 많이 찾는 요리가 복요리이다. 그러나 복은 치명적인 강한 독성을 가지고 있어 요리할 때에는 반드시 면허소지자가 해야 한다.

복으로 할 수 있는 요리

- 진미(마른술안주)
- 튀김요리
- 맑은 국
- 초회
- 회 또는 초무침
- 된장국
- 구이요리
- 과일
- 조림
- 찜요리

5) 일본요리의 특성

일본요리는 색체가 화려하다. 한국에도 허브농장에 꽃밥이라는 것이 있어 보급되고 있지만, 일본음식은 음식을 장식하는데 갖가지 먹을 수 있는 꽃을 이용하므로 음식과 더불어 모양이 매우 아름다운 특성이 있다. 대부분 모든 음식이 눈으로 요리를 음미할 수 있을 정도로 예술성이 뛰어나다.

① 요리를 담는 그릇이 음식과 어울리도록 매우 화려하다.
② 요리를 담는 그릇이 매우 다양하고 예술적이다.
③ 음식을 담을 때 색상의 조화를 매우 중요시한다.
④ 음식을 담을 때 공간을 잘 활용하여 장식한다.
⑤ 비교적 양이 적은 편이다.
⑥ 계절에 따라 변화가 많다.
⑦ 어패류를 이용한 요리가 많다.
⑧ 양식과 중식에 비해 강한 향신료의 사용이 비교적 적다.
⑨ 생식요리(生食料理)가 발달하였다.

6) 서비스방법

① 물수건을 내고, 음식이나 음료를 주문받는다.
② 오차를 먼저 내고, 음식은 오른쪽에서 제공한다.
③ 음식을 제공할 때 무릎을 꿇고 제공한다.
④ 음식을 제공하고 나올 때 뒷모습이 보이지 않도록 한다.
⑤ 2인분 이상 나가는 요리에는 반드시 앞 접시를 제공한다.
⑥ 대기할 때는 방문은 약간 열어놓고 밖에서 대기한다.
⑦ 빈 그릇을 치울 때에 냄비 속에 작은 접시를 넣거나 포개면 예의에 어긋난다.
⑧ 빈 그릇을 치울 때는 반드시 쟁반을 사용한다.
⑨ 식후 디저트 시 새로운 물수건과 오차를 제공한다.

7) 일본요리의 식사예절

① 식사를 시작할 때와 식사가 끝날 때 반드시 인사를 하는 것이 기본이다.

② 문을 열고 닫을 때에 무릎을 꿇고 앉아 양손으로 열고 닫는다.

③ 음식이 제공될 때마다 가볍게 인사를 하는 것도 예의이다.

④ 식사가 제공될 때 중간 중간 대기 중에는 특별한 별도의 지시가 없는 한 방문을 약간 열어놓고 고객의 동태를 살핀다.

⑤ 음식과 그릇이 고객의 머리 위로 가지 않아야 한다.

⑥ 일본요리는 젓가락만으로 식사를 하기 때문에 지켜야 할 주의사항이 있다.

- 젓가락은 반드시 젓가락받침 위에 놓아야 한다.
- 젓가락 끝을 입으로 빠는 행위는 삼가야 한다.
- 젓가락으로 음식을 여기저기 꾹꾹 찔러보는 행위는 삼가야 한다.
- 젓가락으로 음식을 주고받는 행위도 삼가야 한다.
- 젓가락을 돌리거나 장난하는 해위는 삼가야 한다.
- 젓가락 끝으로 음식을 찍어서 먹는 행위는 삼가야 한다.
- 젓가락을 그릇 위에 올려놓지 않아야 한다.

⑦ 초밥을 먹을 때 손으로 먹어도 실례가 되지 않는다. 다만, 손수건 사용 시 손 전체를 닦는 것이 아니라 음식을 집듯이 손가락만 닦도록 해야 한다.

⑧ 초밥에 간장을 찍을 때 밥보다는 생선에 간장이 묻히도록 찍어야 한다.

⑨ 생선알로 만든 초밥은 젓가락으로 집어 간장을 찍을 때 알이 떨어지지 않도록 주의해야 한다.

⑩ 장국은 왼손으로 들고 마신다.

⑪ 면을 먹을 때는 면을 먼저 건져먹고, 국물은 그릇을 들고 마신다.

⑫ 음식을 제공하고 나올 때에 뒷모습이 보이지 않아야 한다.

4. 중식

1) 중국요리

대륙의 넓은 영토를 가지고 있는 중국요리는 총칭해서 일명 '청요리'라고도 한다. 영토가 넓기 때문에 풍부한 농작물과 축산물 외에 다양한 해산물을 얻을 수 있기에, 폭넓은 재료를 이용한 요리가 지리적 특성에 맞게 발달하여 세계 어느 곳에서도 중국요리는 접할 수 있다. 중국요리는 황실의 황제나 권력자는 늙지 않고 죽지 않는다는 불노불사(不老不死)의 전설적인 불로초와 같은 선채(仙菜), 원기를 돋우고 정력에 좋다는 강장강정(强壯强精)의 식재료로 만든 음식, 서민들이 살아가는데 필요한 생존(生存)을 위한 식재료로 만든 음식들을 어떻게 하면 조화를 이룰까 연구하면서 발전했다. 결과적으로, 중국음식은 주식과 부식의 구분이 어려울 정도로 큰 차이를 보이지 않는 독특한 식문화가 형성되어, 다음과 같이 크게 4가지로 분류하고 한다.

(1) 북경요리

북경은 수도로서 정치, 경제, 문화의 중심지로 요리가 고급화되었으며, 지리적으로 북방이기 때문에 육류를 이용한 요리가 발달하였고, 강한 불을 이용한 볶음요리와 튀김요리가 특징이라 할 수 있다.

(2) 남경요리

중국 중부의 대표적인 요리로 남경(南京), 상해(上海), 소주(蘇州), 양주(楊洲) 등 지역의 요리를 총칭했으며, 양자강 하류를 중심으로 풍부한 해산물과 미곡을 이용한 요리가 오랫동안 남경을 중심으로 발달하였다. 외국 무역이 발전하면서 상해는 국제적인 도시가 되었고, 중부의 중심지로서 식문화도 많이 발전하여 상해요리 하면 알 수 있을 정도까지 되었다. 상해는 따뜻한 기후와 풍부한 농산물에 다양한 해산물의 집산지로, 간장과 설탕을 이용하여 달콤한 맛을 내는 요리가 발달하였다.

(3) 광동요리

중국 남부의 요리를 대표하는 광동요리는 남쪽의 더운 지방인 광주(廣州)를 중심으로 발전하였으며, 유럽의 영향을 받아 소고기와 야채를 이용하여 자연의 맛을 그대로 살려 담백한 요리로 만들었으며, 전통 중국요리의 맛에 많은 변화를 가져왔다.

(4) 사천요리

중국 서방 양자강 상류를 중심으로 발전한 사천요리는 운남(雲南), 귀주(貴州) 지방으로 바다가 멀고 산악지대가 많은데다 추위가 심하여 향신료를 많이 사용한 요리가 발달하였다. 마늘, 파, 고추 등 매운 요리와 소금을 이용한 건어물, 신맛과 톡 쏘는 두부, 다진 고기요리가 발달하였다.

2) 중국음식의 특징

중국음식의 특징은 불을 이용하지 않은 날것으로 먹는 식문화는 찾아보기가 어렵다. 생선을 회 떠서 날 것으로 먹는다든가, 소고기나 돼지고기 등 육류를 육회로 해서 날로 먹는 경우는 특별한 경우를 제외하고는 극히 드물다. 그것은 아마도 강한 불을 사용하여 볶고, 지지고, 튀기는 문화가 형성되었기 때문이다. 특히 조리법은 다양하지만, 조리에 사용하는 기구는 매우 간단하다. 또한 요리를 사람에 따라 따로 담아서 제공하는 것이 아니라, 한 그릇에 모두 담아내서 뷔페 형식으로 덜어서 먹는 문화이다.

3) 중국요리의 기본세팅

테이블 크로스가 청결한가를 확인한 후 중앙에 꽃병을 놓고 간장, 고추기름, 식초병 외에 제공되는 음식에 따라 소스병도 준비한다. 술잔과 작은 빈 접시를 필요한 숫자만큼 놓고 물잔을 놓는다. 숟가락받침과 숟가락, 젓가락받침과 젓가락을 놓고 냅킨을 놓는다. 경우에 따라서 찻잔과 서빙스푼도 세팅할 수 있다.

4) 메뉴 구성

중국은 넓은 국토와 수많은 소수민족이 있어서 지역적인 특성과 소수민족들이 즐겨 하는 문화가 다양하여 재료도 다르고, 향신료를 사용하는 방법이나 음식을 만드는 방법도 다르다. 한 가지로 메뉴 구성을 할 수는 없으나 대부분 찬 음식, 따뜻한 음식, 수프류, 야채류, 해물, 가금류, 육류 등을 사용한 요리로 구성되어 있다. 다만, 양식에서 정식코스의 메뉴와 같이 순서를 정하여 제공되는 정탁요리(定卓料理)와, 순서 없이 기호와 식성에 양을 자유롭게 조정하며 먹는 일품요리(一品料理)로 구분할 수 있다. 일품요리에 제공될 수 있는 품목은 매우 다양하지만, 다음과 같은 종류가 있다.

① 냉채류 : 애피타이저, 식욕을 돋우기 위한 찬 요리
② 해산물 : 해삼, 전복, 바닷가재, 새우류, 생선류(광어, 도미 등) 등
③ 가금류 : 닭, 오리, 칠면조, 메추리 등
④ 육류 : 소고기, 돼지고기, 양고기 등
⑤ 야채류
⑥ 두부류
⑦ 식사류 : 면, 볶음밥, 만두류 등

⑧ 디저트류

5) 중국 음식의 특성

중국은 다양한 소수민족이 넓게 분포되어 있지만, 식재료가 풍부하여 식재료를 선택하는 데에 어려움이 없다. 또한 향신료나 조미료가 풍부하기 때문에 튀김요리, 볶음요리 등 다양한 맛을 낼 수 있는 특성이 있다. 특히 중국음식의 특성은 50도가 넘는 독한 술을 즐겨 마셔도 사회질서를 문란하게 하는 경우가 많지 않은 것은, 기름진 음식에 알코올을 분해하는 특성이 많지 않은가 여겨진다.

6) 서비스방법

① 주문은 대부분 몇 인분이 아니고 대 · 중 · 소로 한다. 대는 7~8인분, 중은 4~5인분, 소는 2~3인분으로 구분하며, 원형 테이블은 여러 종류가 있으나 8명이 앉을 수 있는 탁자가 많이 사용된다.
② 물수건을 제공하고 물(차)을 제공한다.
③ 음식이 제공될 때 모르는 음식이 나오면 질문을 해도 좋다.
④ 포트Pot의 차가 식었을 때는 수시로 교체한다.
⑤ 고객이 음식을 덜어먹기 어려운 메뉴는 종사원이 옆에서 도와준다.
⑥ 재떨이는 수시로 교체해 준다.

7) 식사예절

① 원형의 테이블이 있는 경우, 출입문 반대쪽이 상석이다.

② 상석 양 옆으로 주빈이나 초대받은 사람이 앉는다.

③ 테이블에 음식을 제공할 때 상석에 먼저 제공한다.

④ 상석에 앉은 주최자는 회전탁자를 가볍게 돌려 음식이 주빈 앞에 멈추도록 한다.

⑤ 주빈은 한 번 먹을 정도의 양만 앞 접시에 덜고 가볍게 상석 앞으로 돌려놓든가, 아니면 다음 사람을 위해 주변으로 돌려놓는다.

⑥ 새로운 음식이 나오면 새로운 앞 접시를 사용해야 한다. 그것은 전에 먹었던 음식과 맛이 섞이지 않도록 하기 위함이다.

⑦ 회전탁자 위에 있는 음식을 덜어먹기 위한 젓가락이나 수저는 공용으로 사용하기 위한 것인데, 상대를 배려하지 않고 아무런 생각 없이 공용으로 사용하는 젓가락이나 수저를 자신의 앞 접시에 갖다놓는 것은 삼가야 하며, 자신이 먹던 젓가락으로 테이블음식을 덜어가는 행동도 삼가야 한다.

TIP 만한전석(滿漢全席)

청나라시대 건륭황제는 각 지방을 순회하며 요리를 음미하였는데, 마음에 드는 요리사를 북경까지 데리고 왔다고 한다. 그 중 양주에서 온 요리사가 황제를 기쁘게 해주기 위해 만든 산해진미를 다 넣은 요리가 만한전석(滿漢全席)이라고 한다. 또 하나는 만주족과 한족의 요리를 총집결했다는 의미로 적게는 40~50가지, 많게는 150가지 이상이 제공되는 요리라고도 하는데, 청나라가 멸망한 후 세월이 흐르면서 만한전석(滿漢全席)도 사라졌다고 한다. 그러나 1980년대부터 이 요리를 재현하려는 움직임이 있었고, 지금도 연구가 활발히 진행되고 있다. 이때에 사용한 상어지느러미, 제비집, 곰발바닥, 육봉(낙타의 등) 등의 희귀한 재료들이 많았다고 한다.
– 월간 호텔레스토랑 1997.4.

제3절 케이터링과 음료문화

"물은 생명이다."라고 했다. 지구의 70%가 물이고, 우리 인체의 70%가 수분이라고 하니 물의 중요성은 애써 설명할 필요가 없다. 그 물에 알코올이 포함되어 있느냐 없느냐에 따라 구분되어지나, 행사에서는 빼놓을 수 없는 것이 음료이다. 특히 칵테일파티 행사를 하게 되면, 청량음료 외에 반드시 간단한 칵테일을 준비하여 고객의 기호에 맞게 접대를 한다. 그러므로 케이터링과 음료 문화는 행사를 하기 위해 음식과 더불어 필수요소이기 때문에 밀접한 관계가 있다.

1. 음료의 정의와 역사

1) 음료의 정의

음료는 물, 차류, 주류 등 마실 수 있는 액체류 모두를 이르는 말이다. 마실 수 있는 액체류는 알코올이 섞여 있는 음료, 즉 주류와 알코올이 들어 있지 않은 음료로 구분할 수 있다.

2) 음료의 역사

물은 생명을 유지하기 위해서 일정량 이상을 수시로 공급해야 한다. 갈증을 해소할 수 있는 물은 깨끗하고 순수해야 한다. 인간에게 필수적인 존재의 역사는 1919년 스페인 바렌시아 부근의 동굴에서 발견되었다고 한다. 동굴 속에서 1만 년 전의 것으로 추정되는 암벽이 발견되었는데, 그 암벽에 인간이 최초로 마신 음료의 흔적이 발견되었다고 전해진다. 그 흔적은 한 손에 바구니를 들고 봉밀을 채취하는 인물의 그림에서 찾을 수 있었다고 한다.

그 후 환경오염으로 인해 순수한 물을 공급할 수 없게 되자, 순수한 물에 첨가물을 넣어 마시게 되었는데 음료의 역사는 여기에서부터 출발했다고 한다.

음료에 관한 고고학적 자료가 거의 없기 때문에 정확히는 알 수 없으나, 자연에서 얻을 수 있는 꿀에 물을 타서 마시기 시작하였던 것이 시초라 한다. 기원전 6,000년경 바빌로니아Babylonia에서 레몬 과즙을 마셨다는 기록이 전해지고, 그 후 지역 사람들은 우연히 밀빵이 물에 젖어 발효된 음료인 지금의 맥주가 발견되어 마시게 되었으며, 같은 맥락으로 중앙아시아 지역에서는 야생의 포도가 떨어져 발효된 음료인 지금의 와인이 발견되어 마셨다고 한다. 또한 그리스의 기록에 의하면, 보통의 물과 다른 광천수인 지금의 자연적으로 솟아나는 천연탄산수Mineral Water가 발견되어 마시게 되었는데, 건강에 좋아 장수했다고 전해진다.

2. 음료의 분류

음료는 비 알코올성 음료와 알코올성 음료로 구분할 수 있다. 비 알코올성 음료는 청량음료, 탄산음료, 이온음료, 건강음료, 전통음료 등으로 구분할 수 있으며, 알코올성 음료는 양조주, 증류주, 혼성주, 기타 제재주 등으로 구분한다.

1) 비 알코올성 음료

음료 문화의 다양성을 감안할 때 올바른 문화를 정착시키기 위해서는 음료가 가지고 있는 특성과 색상 등에 많은 관심을 가져야 한다. 비 알코올성 음료는 순수한 물과 그 외의 것으로 구분할 수 있다. 순수한 물은 색깔, 냄새, 맛이 없다. 일반적으로 고체인 얼음과 기체인 수증기를 구별하여 액체 상태인 것을 물이라 한다. 물은 수소와 산소로 이루어진 화합물이다. 순수한 물에 첨가하여 다음과 같이 구분할 수 있다.

① 차류

차(茶)는 중국의 황제가 끓는 물에 낙엽이 떨어지는 것을 보고 마시게 되었다고 하나, 물을 끓여 마시면 인체에 해가되는 성분이 제거된다는 것을 알게 되면서 많은 발전을 하였다고 한다. 녹차, 홍차, 인삼차, 대추차, 유자차, 모과차, 생강차, 우엉차, 쑥차, 솔잎차, 결명자차, 꽃차 등으로 다양하다.

② 탄산음료(청량음료)

인류는 처음 자연에서 분출되는 탄산수가 함유된 그대로의 물을 마셨다고 한다. 17세기 이전에는 물에 다른 맛을 첨가했다는 기록이나 증거를 찾을 수가 없다. 17세기부터 탄산수에 꿀이나 레몬을 첨가해서 마셨다는 기록이 등장한다. 사이다, 콜라, 소다수 등이 대표적인 음료이다.

③ 천연과일 음료

천연과일을 이용하여 만들어진 음료이다 O/J, P/J, T/J, G/J 등이 대표적이다. 사과, 배, 자두, 귤 등 신선한 과일을 이용한 음료들이 지금도 다양하게 개발되고 있다.

④ 이온음료

심한 운동이나 노동 등으로 많은 땀이 배출되었을 때 수분과 전해질을 보충해주기 위한 음료가 이온음료이다. 전해질 성분은 수분을 조절하는 성분이 들어 있어 탈수 예방과 심장운동에 유익하다고 한다. 가장 필수적인 전해질이기도 한 나트륨은 소금으로 섭취하며, 체내 수분과 신경기능 등을 조절한다. 대표적인 이온음료는 포카리스웨트, 게토레이, 파워에이드 등이 있다.

TIP 이온음료

이온음료를 리트머스시험지로 실험하면 산성이 나타난다고 한다. 그런데 왜 알칼리성 이온음료라고 하는가? 보통 우리가 마시는 음료의 산성과 알칼리성을 구분하는 것은 마시기 전의 상태가 아니라 몸에 흡수될 때의 상태를 말하는 것이다.

⑤ 건강음료

발효 음료의 대표주자인 요구르트, 감식초 등 식초를 이용한 여러 종류의 발효 음료, 피로회복과 소화에 좋은 매실 음료, 눈에 좋은 블루베리 음료, 갈증을 해소하고 숙취에 좋은 칡뿌리 음료, 혈관에 좋은 양파 음료 등 건강을 위한 음료는 계속 발전하고 있다. 발전 가능성이 무한대인 음료가 케이터링 파티에 접목되어 더욱 각광을 받고 있다.

⑥ 전통음료

과거로부터 내려오는 고유의 마실 것을 통틀어 이르는 말로써, 지속적인 연구와 개발이 앞으로도 많이 이루어져야 한다. 곶감을 이용한 수정과, 수박 등 과일을 이용한 화채, 공복을 채워주는 미숫가루, 인삼을 이용한 인삼차, 다양한 약재를 이용한

쌍화차, 예로부터 꿀을 이용한 꿀차 등 연구해야 할 전통음료가 다양하다.

2) 알코올성 음료

사전적 의미는 알코올 성분이 들어 있어 마시면 취하는 음료를 통틀어 이르는 말이다. 알코올은 에틸알코올과 메틸알코올이 있는데, 여기서는 주정의 원료가 되는 에틸알코올을 이용한 음료, 즉 술을 의미한다. 술을 만드는 방법은 지역이나 재료에 따라 다양하므로 술의 분류에서 다루고자 한다.

TIP 메틸알코올

공업용 알코올로 마시면 실명하거나 생명이 위태로울 수 있으므로, 즉시 병원에서 위세척을 하여야 한다.

3. 술의 분류

술을 분류할 때는 재료와 제조방법, 지역에 따라 달라진다. 재료에 따라 동물에서 추출하여 발효시킨 원료와 식물에서 추출하여 발효시킨 원료로 구분할 수 있으며, 지역에 따라 추운지방과 따뜻한 지방, 우유 등 축산에 의존하는 농가와 밀이나 사탕수수 등 농산물에 의존하는 농가가 다를 수 있다. 나라마다 술의 원료가 다를 수 있는 것은 그 나라의 식문화와 밀접한 관계를 가지고 있기 때문이다. 주식(主食)을 무엇으로 하느냐에 따라, 어떤 음식을 즐겨 하느냐에 따라, 식생활의 습관 풍습에 따라, 역사나 전통에 따라 다양하게 나타나고 있다.

제조법에 따라 발효한 액을 그대로 사용하는 양조주, 발효액을 증류시켜 만드는 증류주, 향료 등 다른 재료를 혼합한 혼성주 및 기타 제재주로 구분한다.

1) 양조주

양조주는 술의 역사로 보아 가장 오래되었으며 '발효주'라고도 한다. 누룩에 곡류를 섞어 발효시키거나 과일 등 당분이 들어 있는 성분, 곰팡이를 그대로 발효시켜 만든 술을 양조주라 한다. 막걸리 · 맥주 · 청주 · 탁주 · 포도주 등이 이에 속한다.

(1) 막걸리

쌀을 쪄서 식힌 뒤에 누룩을 섞어 독에 넣어 일정 기간 숙성시켜 걸러낸 것을 막걸리라고 한다. 1964년부터 쌀을 이용하여 만드는 것이 금지되어 밀가루나 옥수수, 고구마 등을 사용하여 빚게 되었는데, 쌀을 이용하여 만든 것보다는 맛이 떨어졌다.

그 후 쌀의 생산량이 늘어나 쌀을 이용한 제조를 허가하였으나, 가격적인 면에서 소비자가 늘지 않아 명맥만 유지하다가 최근 패스트푸드의 영향으로 쌀 소비량이 급격히 줄어들고 기대 이상으로 남게 되자, 정부에서 쌀을 이용한 정책에 편승하여 지금은 수출 길도 열리고 다양한 종류의 막걸리가 생산되고 있다.

막걸리는 한국의 전통주로, 탁주(濁酒)나 농주(農酒)라고도 하며, 제사를 지낼 때는 많은 사람들이 제주(祭酒)로 사용하기도 한다.

(2) 맥주

맥주는 맥아를 발아시켜 쓴맛을 내는 홉Hop과, 물 및 효모를 섞어 저장하여 만든 탄산가스가 함유된 알코올성 음료이다. 요즈음은 주원료인 맥아를 녹말이나 당류(糖類)를 사용하는 경우도 많다.

맥주는 인류의 역사와 동행했다 해도 지나치지 않다. 맥주의 역사를 연구한다는 것은 맥주가 액체이기 때문에 그 유물이 남아 전해 줄 수 없는 관계로, 고고학자에 의해 그림이나 기록에 대한 연구로 추정할 수밖에 없다. 기원전 7,000년경 고대 메소포타미아의 고고학 발굴 장에서 석판들이 발굴되었는데, 거기에 곡주를 만드는 법이 적혀 있었다고 한다. 그러나 순수 효모를 개발해 낸 사람들은 고대 이집트인들이다. 이들은 양조기술뿐만 아니라 술을 담그는 단지를 봉하는 기술도 알고 있었다고 한다.

맥주는 처음에는 가정에서 소량으로 만들어 소비했으나, 소비가 늘어남에 따라 제조기술이 진전되고 산업사회의 기계공업은 맥주 생산시설에 많은 영향을 끼쳐 대량생산의 기반을 조성하게 되었다. 이후 생산시설이 발전함에 따라 병, 캔, 통 등 다양한 형태의 용기가 보급되어 편리하게 유통되고 있다.

① 맥주의 원료

- 보리Barley : 맥주에 있어서 보리는 맥주(麥酒 : 보리술)라고 표기하는 것을 보아도 보리가 차지하는 비중이 크다는 것을 알 수 있다.
- 홉Hop : 맥주에 쓰이는 홉은 덩굴성 식물로, 암꽃과 수꽃이 있는데 암꽃만을 사용한다고 한다. 홉의 기능은 맥주에 특이한 쓴맛을 내게 하는 독특한 향기가 있으며 오래 보관할 수 있는 성분이 포함되어 있다고 한다. 홉의 원산지는 유럽이다.
- 효모Yeast : 이스트는 우리가 빵을 만들 때 사용하는 재료로 많이 알고 있으나, 맥주에 사용되는 효모는 당분을 분해하고 알코올과 탄산가스(CO_2)를 만드는 작용을 하는 미생물로, 발효 후에 표면으로 떠오르는 상면발효 효모와 일정기간이 지나면 밑으로 가라앉는 하면발효 효모가 있다. 따라서 맥주를 양조할 때 어떤 효모를 사용하느냐에 따라 맥주의 질도 달라진다.
- 물Water : 맥주는 90%가 물이다. 그 때문에 수질은 투명해야 하며 무색, 무취, 무향이어야 한다. 좋지 않은 물을 사용하면 맥주의 품질에 많은 영향을 미치므로 생산을 위한 공장을 세울 때도 수질에 대한 것부터 검토되어야 한다.

② 맥주의 종류

- Lager Beer : 우리가 흔히 마시는 병맥주로, 저온살균 과정을 거친 맥주이다.
- Draft Beer : 생맥주를 의미하며, 발효균이 살균되지 않은 맥주이다.
- Stout Beer : 흑맥주로써 색이 진하고 단맛의 특유한 향이 있다.

(3) 포도주

포도를 원료로 하여 발효된 술로써, 인간이 지구상에 태어나기 이전에도 이미 포도나무는 존재했다고 한다. 와인은 기원전 4,000년경 무덤에서 발견된 포도씨와 기원전 2,100년경 메소포타미아의 구데아Guder라고 하는 지배자의 기록에 와인에 관한 기록이 있는 것으로 보아 그때부터 만들어졌을 것이라고 추측하는 설과, 이집트의 유적에서 술항아리가 발굴되고 포도를 따는 모양과 포도 담그는 모습이 벽화에 나타나 있어 기원전 3,000년경에 그리스인에 의해 만들어졌을 것이라는 설이 있다. 포도주를 분류하는 방법은 다음과 같다.

와인이라는 단어는 포도만을 원료로 하여 만든 술에 단일어로 사용할 수 있으며, 다른 자재 과일이나 약재를 사용해서 만든 술은 와인 앞에 만든 재료의 명칭을 병기한다.

① 맛에 의한 분류

- 달콤한 포도주Sweet Wine : 완전히 발효되지 못하고 당분이 남아 있는 상태에서 발효를 중지시킨 것과 당분을 첨가시킨 것이 있는데, 주량이 낮은 사람이 마시기에 좋다.
- 쌉쌀한 포도주Dry Wine : 완전히 발효되어 당분이 거의 없는 상태이므로 좀 씁쓸한 맛이 난다.

② 색깔에 의한 분류

- 백색 포도주White Wine : 청포도나 붉은 포도의 껍질을 벗겨낸 알맹이로만 발효시킨 술이다. 백포도주는 청포도로만 제조한다고 생각하는 것은 잘못된 오해에서 비롯된 것이다.
- 적색 포도주Red Wine : 포도의 껍질에는 진한 붉은 색소가 있어 껍질을 벗기지 않고 사용하여야 한다. 제조하는 과정에서 껍질과 같이 발효되면서 나오는 안토시아닌과 타닌성분이 붉은 색을 띠게 하는 주성분이다.
- 분홍색(로제) 포도주 : 핑크빛이라는 표현으로 핑크와인이라고도 한다. 장밋빛을 띠었다 해서 붙여진 이름이며, 발효시간이 짧아 장기간 보관할 수 없고 가능한 2~3년 사이에 소비하는 것이 좋다.

③ 용도에 의한 분류

- 식사 전의 포도주Aperitif Wine : 약한 신맛이 나고 식욕을 돋우는 효과가 있어 식사 전에 마시는 술이다.

- 식사 중의 포도주Table Wine : 테이블 와인은 도수가 낮고, 음식의 맛을 살려주는 데에 목적을 둔다. 대부분 드라이한 와인, 당분이 적은 술이어야 한다. 예를 들어, 육류에는 레드와인을, 생선에는 화이트와인을 말할 수 있다.
- 식사 후의 포도주Dessert Wine : 디저트와 함께 제공되거나 식사 후에 마실 수 있는 와인, 당분이 함유되어 식후 입 안을 깨끗하게 느낄 수 있도록 한 와인을 디저트 와인이라 한다.

④ 탄산가스 함유에 의한 분류

- 발포성 포도주Sparkling Wine : 흔히 샴페인이라 부르며, 대부분 백포도주에 탄산가스를 주입하여 발효를 시킨 와인을 말하지만, 과일로 만든 와인을 가지고 제조할 수도 있다. 병 속에서 탄산가스가 생성되어 높은 압력을 일으키기 때문에 병을 딸 때 '펑' 소리가 나며 기포가 발생한다.
- 비발포성 포도주Still Wine : 탄산가스가 함유되지 않은 포도주로서 가장 기본적인 와인이다. 발효과정이나 발효가 끝난 다음 알코올이나 향, 탄산가스 등을 주입하지 않은 와인이다.

2) 증류주

증류주(蒸溜酒)는 알코올 도수가 높다는 것이다. 양조주의 알코올 도수는 효모의 성질상 발효에 의해 높은 도수를 얻을 수 없기 때문에 양조주를 다시 증류시켜 알코올 농도를 높인 술을 '증류주'라 한다. 증류 후에는 나무통 속에 넣어 숙성시키는 것이 보통이다.

증류주의 종류로는 당질을 원료로 하는 브랜디Brandy와 럼 및 전분을 원료로 해서 만드는 위스키Whisky, 보드카Vodka, 진Gin 등이 있다.

(1) 위스키Whisky

증류주의 대표적인 술이라 할 수 있는 위스키는 처음 아일랜드에서 제조되기 시작하여, 15세기경 스코틀랜드로 전파되어 오늘날 스카치위스키Scotch Whisky의 원조가 되었으며, 스카치의 역사가 곧 위스키의 역사라 할 수 있을 만큼 세계적인 명주로 알려졌다. 그 종류로는 다음과 같다.

① 스카치 위스키Scotch Whisky

스코틀랜드에서 제조 생산되는 위스키를 총칭해서 스카치 위스키Scotch Whisky라 한다. 스카치 위스키의 종류는 다음과 같다.

- 몰트 위스키Malt Whisky : 맥아만을 원료로 사용해야 하며, 단식 증류기만을 이용하여 제조하게 되어 있다.
- 그레인 위스키Grain Whisky : 발아시키지 않은 보리 외에 곡물을 맥아로 당화시켜 발효한 후에 증류한 위스키를 말한다.
- 브렌디드 위스키Blended Whisky : 몰트위스키와 그레인위스키를 적당히 혼합하여 제조한 위스키이다.
- 유명상표 위스키 : Royal Salute, Johnnie Walker, Chivas Regal, Ballantine, Vat 69, Cuttysark 등

② 아메리칸 위스키American Whisky

미국에서 제조 생산되는 위스키의 총칭이다.

③ 제조법상의 분류

- 버번 위스키Bourbon Whisky : 버번Bourbon이란, 미국 켄터키주 동북부 지명 이름으로 이 지방에서 많이 생산되는 옥수수를 원료로 하여 제조하는 위스키이다. Jim Beam, I.W.Harper, Jack Daniel 등이 있다.
- 라이(호밀) 위스키Rye Whisky : 호밀을 주원료로 곡물을 발효시킨 후 증류하여 만든 위스키이다. 호밀을 66% 이상 사용하여 만든 유명 상표로는 Imperial 등이 있다.

④ 캐나디안 위스키Canadian Whisky

캐나다에서 생산되는 위스키를 총칭한다. 아메리칸 위스키에 비해 호밀 사용량이 많은 것이 특징이다. Seagram Whisky, Canadian Rye Whisky 등이 있다.

⑤ 아이리스 위스키Irish Whisky

아일랜드에서 제조 생산되는 위스키를 총칭한다.

(2) 브랜디Brandy

브랜디Brandy는 포도를 발효해서 얻은 포도주를 다시 증류하여 만든 술이다. 독특한 향기와 단맛이 나지만, 알코올 농도가 높은 술이다. 포괄적으로 모든 과실주의 발효액을 증류한 술의 총칭이며, 포도 이외의 과일을 원료로 한 브랜디는 브랜디 앞에 과일 이름을 붙이게 되어 있다. 대표적인 예는 체리 브랜드Cherry Brandy이다.

세계적으로 유명한 브랜디는 코냑Cognac으로, 프랑스의 코냑지역에서 생산되는 포도를 원료로 만들어 판매되며, 프랑스의 법으로 엄격히 통제되고 있다.

등급 표시는 다음과 같다.

- V.SVery Specia : 제조해서 2년 정도의 숙성기간을 거친 브랜디에 주어지는 등급이다.
- V.S.O.PVery Special Old Pale : 제조해서 약 4년 정도의 숙성기간을 거친 브랜디에 주어지는 등급이다.
- 1star~5star ★로 표시를 하며 3년에서 10년 정도의 숙성과정을 거친 브랜디에게 주어지는 등급이다.
- Cognac Napoleon : 초기에는 상당히 많은 양이 유통되었는데, 지금은 볼 수가 없다. 제조해서 약 12년 정도의 숙성기간을 거친 브랜디에 주어지는 등급이며, VSOP와 XO의 중간 정도의 등급이다.
- X.OExtra Old : 제조 후 약 25년 정도의 숙성기간을 거친 브랜디에 주어지는 등급이다.
- Extra : 제조해서 약 30년 정도의 숙성기간을 거친 브랜디에 주어지는 등급이다.

(3) 보드카Vodka

보드카Vodka는 보리, 밀 등을 원료로 하여 러시아를 중심으로 발달한 국민주라고 할 수 있을 정도로 애용되는 술이다. 무색 · 무취 · 무향이며, 칵테일을 하는데 기본주로 많이 사용한다. 러시아인들은 아주 차게 해서 스트레이트로 즐겨 마시며, 시베리아의 혹독한 추위를 견뎌 낼 수 있는 수단으로 마셨다고 한다. 보드카는 물을 뜻하는 러시아어 Voda와 적은을 뜻하는 Ka가 합쳐져서 Vodka가 되었다고 하며, 위스키의 어원과 같은 '생명의 물'이라는 의미로 기록되어 있다고 한다.

주로 보리, 밀, 옥수수, 감자, 고구마 등의 원료에 맥아를 가해 당화 발아시켜 증류한 알코올 성분이 약 40~55%인 독주이다. 밀을 원료로 사용한 보드카는 최상급으로 가장 유명하다. 상표는 스미노프Sminoff, 앱솔루트Absolut, 스톨리치나야Stolichnaya 등이 있다.

(4) 진Gin

진jin은 곡물을 발효시켜 증류한 주정에 두송나무 열매Juniper Berry의 향을 가미시켜 만든 술이다. 진은 무색, 투명한데다 주스나 다른 술과 조화를 잘 이루기 때문에 칵테일을 만들 때 기본주로 가장 많이 애용되고 있다. 진을 처음 사용했을 때는 약용으로 사용했으나, 사람들이 즐겨 마시기 시작하면서 주류로 개발되었다. 유명상표로는 비피터Beefeater, 봄베이사파이어Bombay Sapphier, 고든스 드라이진Gordon's London Dry Gin 등이 있다.

T I P 진(Gin)

꿀벌의 우화라는 책에 쓰여진 것을 보면, 네덜란드에 사람을 취하게 하는 주니퍼베리라는 술이 있는데, 이것을 줄여 진(Gin)이라고 불렀다 한다. 영국으로 건너간 진은 저렴한 가격 때문에 생각보다 많이 마셨다고 한다. 그래서 진을 말할 때 네덜란드인이 만들었고, 영국으로 건너가 꽃을 피웠으며, 미국으로 건너가 영광을 찾았다는 말이 있다.

(5) 럼Rum

서인도제도가 원산지인 럼Rum은 당밀과 사탕수수를 원료로 발효, 증류시켜 저장한 술로써, 보통 오크통에서 숙성된다. 독특하고 향이 강해 향미를 많이 풍미하는 술로 통하며, 나라마다 알코올 도수, 숙성기간 등 규정과 규칙이 다르다.

럼Rum이란 단어는 원료로 쓰이는 사탕수수의 라틴어인 사카럼Saccharum의 마지막 음을 따 럼으로 사용했을 것이라고 전해지고 있다. 스페인, 뉴질랜드, 필리핀, 호주, 멕시코 등에서 주로 생산되고 있다.

럼은 생산량이 증가하면서 중앙아메리카 경제에 많은 영향을 주었고, 항해하는 군인들에게는 꼭 필요한 술이 되었으며, 영국의 해적들에 의해 전파되면서 해적의 술로 알려지게 되었다. 럼의 종류는 생산지와 등급에 따라 다양하지만, 몇 가지만 살펴보면 다음과 같다.

TIP 럼(Rum)의 분류

- 라이트 럼(Light Rum) : 화이트 럼이라고도 하며 담색 또는 무색으로 달콤하지만 향미가 적다. 주로 칵테일 부자재로 많이 사용되며 쿠바산이 유명하다.
- 골드 럼(Gold Rum) : 미디엄 럼이라 할 수 있는 골드 럼(Gold Rum)은 어두운 색을 띠고 있으며 깊고 강한 맛을 지니고 있다. 주로 도미니카에서 많이 생산된다.
- 다크 럼(Dark Rum) : 헤비 럼이라고도 하며 짙은 갈색으로 골드 럼보다 어두운 색이다. 라이트 럼이나 골드 럼보다 더 심하게 그을린 통에서 오래 숙성되기 때문에 강한 풍미를 갖게 된다. 주로 자메이카에서 많이 생산된다.

(6) 데킬라Tequila

데킬라Tequila는 10년 정도 자란 용설란과 아가베Agave의 줄기를 사용하는데, 잎을 잘라내고 직경이 약 50cm 정도 되는 줄기를 반으로 잘라 증기솥에 넣어 가열하여 당화액을 추출해서 발효하면 원주민들이 마시는 발효주가 된다. 이 발효주를 증류해서 오크통에 넣어 약 한 달 정도 숙성시켜 만든 술이 데킬라이다. 이 데킬라의 원산지는 멕시코이고, 중앙고원지대 라다하라 근교 데킬라라는 작은 마을이 있는데 여기에서 유래되었다고 하며, 이 마을에서 생산된 것만을 데킬라라고 부른다.

용설란의 직경은 보통 80cm 전 · 후이다. 데킬라는 칵테일을 만드는데 사용하기도 하지만, 원주민은 차게 해서 스트레이트로 마시는 것이 습관으로 되어 있다.

3) 혼성주

혼성주는 당도가 있는 감미로운 술로, 과일과 곡류를 발효시켜 만든 양조주나 증류주에 약초류, 과즙, 향료 등을 넣어 부드럽고 향기로우며 아름다운 색체와 알코올이 조화를 이루게 한 술이 혼성주로 리큐르Liqueur라 부른다. 독특한 향과 다양한 색상은 아름다움을 추구하기도 하지만, 당도가 높고 알코올 도수가 낮기 때문에 여성들에게 인기가 높으며 식후 디저트주로 사용되기도 한다.

대표적인 리큐르Liqueur의 종류에는 슬로진Sloe Gin, 갈리아노Galliano, 크림 드 민트Creme de Methe, 스트로 베리Straw Berry, 깔루아Kahlua, 체리브랜디Cherry Brandy, 크림 드 카카오Creme de Cacao 등이 있다.

4) 칵테일

칵테일Cocktail은 2가지 이상의 술을 혼합하여 감미로운 맛을 내게 하고, 아름다운 색상을 연출케 하며, 독특한 향을 지니게 할 수 있는 예술이다. 기본주와 부재료를 사용하여 마시고 싶은 욕구를 충족시킬 수 있어야 하고, 분위기에 따라 똑같은 재료로도 또 다른 칵테일을 연출할 수 있어야 조화를 이룰 수 있다. 술에 다른 재료를 혼합하여 마신지는 오래 되었다고 본다.

우리나라도 아주 오래 전에 농촌에서 여인들이 막걸리에 설탕을 넣어 끓여 단술이라는 것을 만들어 마셨는데, 어쩌면 이것도 칵테일의 일종이라고 볼 수 있다. 그러나 칵테일의 기원은 오래된 맥주에 꿀을 섞기도 하고, 대추나 야자열매를 넣어 마시는데서 유래되었다고 한다.

현재 우리들이 마시고 있는 칵테일은 대부분 얼음을 사용하여 차게 해서 마시는데, 이것은 1870년대에 냉동기가 발명되면서 얼음을 사용한 칵테일의 시초가 되었다고 생각되며, 드물지만 일본 등에서는 스카치에 따뜻한 물을 타서 마시는 경우도 있기에 반드시 차게 해서 마시는 것만은 아니라 할 수 있다.

칵테일은 식욕을 돋우는 역할도 한다. 향이 너무 강하거나 혀에서 느끼는 감각이

거부반응을 일으키는 칵테일의 경우는 가치가 떨어진다고 보아야 한다. 항상 눈으로 보는 분위기가 아름다움을 추구할 수 있어야 한다.

한국에서는 광복 이후에 대중화되기 시작했고, 1970년대 명동을 중심으로 칵테일 바 업소가 성행하면서 고객들로부터 사랑받기 시작했다. 즐겨 마시는 칵테일 몇 가지를 살펴보면 다음과 같다.

① 진 토닉Gin tonic

- 진 : 1½oz, 토니워터 : 3oz
- 하이볼글라스Highball Glass에 진과 토닉을 넣어 저은 후, 얼음을 넣고 레몬 한 조각을 칵테일 핀에 꽂아 제공한다.

② 탐 카린스Tom Collins

- 진 : 1oz, 카린스 : 3oz
- 카린스글라스Collins Glass나 하이볼글라스Highball Gglass에 진과 카린스를 넣어 저은 후, 얼음을 넣고 체리를 칵테일 핀에 꽂아 제공한다.

③ 마티니Dry Martini

- 진 : 1⅔oz, 드라이 버무스 : ⅓oz
- 믹싱글라스에 얼음을 넣고 진과 드라이 버무스를 넣고 5~6회 저은 후, 칵테일글라스Cocktail Glass에 제공하는데 올리브 한 개를 칵테일 핀에 꽂아 장식한다.

* 마티니에는 드라이 마티니Dry Martini와 스위트 마티니Sweet Martini가 있는데, 드라이 버무스를 넣으면 드라이 마티니, 스위트 버무스를 넣으면 스위트 마티니가 된다.
* 이탈리아 버무스 회사의 이름을 딴 것으로, 애주가들의 많은 사랑을 받는 칵테일이다.

④ 맨해튼Manhattan

- 버번위스키 : 1½oz, 스위트 버무스 : ¾oz, 비터즈 : 1대시

- 믹싱글라스에 얼음을 넣고 버번과 버무스, 비터즈를 넣고 5~6회 저은 후 3oz 칵테일글라스Cocktail Glass에 제공하는데, 체리 한 개를 칵테일 핀에 꽂아 장식한다.

* 맨해튼에는 드라이 맨해튼Dry Manhattan과 스위트 맨해튼Sweet Manhattan이 있는데, 드라이 버무스를 넣으면 드라이 맨해튼, 스위트 버무스를 넣으면 스위트 맨해튼이 된다.

⑤ 김렛Gimlet

- 진 : 1½oz, 라임주스 : 1oz, 설탕 : 1티스푼
- 셰이커에 각 얼음을 3~4개 넣고 진, 주스, 설탕을 넣어 잘 흔들어 준 후 3oz 칵테일글라스에 넣어 제공한다.

* 진 대신 럼을 사용하면 다이쿠리Daiquiri라는 남미에서 많이 마시는 칵테일이 된다.

⑥ 핑크 레이디Pink Lady

- 진 : 1½oz, 그레나딘 시럽 : 1티스푼, 생우유 : 1티스푼, 달걀흰자 : 1개
- 셰이커에 얼음을 3~4개 넣고, 재료를 넣은 다음 15회 정도 흔들어 4oz 칵테일글라스나 샴페인글라스에 따르고 너트맥을 조금 뿌려 제공한다.

⑦ 스크루 드라이버Screw Driver

- 보드카 : 1½oz, 오렌지주스 : 3½oz
- 6oz 하이볼글라스에 보드카와 오렌지주스를 넣어 잘 섞어 제공한다.

⑧ 위스키 사워Whiskey Sour

- 위스키 : 2oz, 레몬 : ½개, 설탕 : 1티스푼
- 셰이커에 얼음을 3~4개 넣고, 레몬은 스퀴저를 사용하여 즙을 내어 위스키와 설탕을 넣은 다음 7~8회 정도 흔들어 샤워글라스에 4oz 제공하는데, 레몬 1조각과 체리로 장식한다.

* 원기를 회복하는데 도움이 된다는 칵테일이다.

⑨ 엔젤 키스Angel's Kiss

- 크림 디 카카오 : ¼oz, 스로 진 : ¼oz, 브랜디 : ¼oz, 스위트크림 : ¼oz
- 리큐르글라스에 순서대로 조심스럽게 쌓아올려 제공한다.

⑩ 블러디 메리Bloody Mary

- 보드카 : 1½oz, 토마토주스 : 3oz, 레몬주스 : ½oz
- 믹싱글라스에 얼음과 재료를 넣고 5~6회 잘 섞은 후 8oz 하이볼글라스에 제공하는데, 후춧가루를 조금 뿌려준다.

* 숙취에 한 잔 정도 마시면 좋다는 칵테일이다.

⑪ 스팅거Stinger

- 브랜디 : 1oz, 크림 디 민트 : 1oz, 설탕 : 1스푼
- 셰이커에 얼음을 3~4개 넣고 재료를 넣은 다음, 7~8회 흔들어 3oz 칵테일글라스에 제공한다.

⑫ 알렉산더 시스터Alexander Sister

- 진 : 1oz, 그림 디 민트(녹색) : 1oz, 스위트 크림 : ½oz
- 셰이커를 사용하여 7~8회 흔든 후, 4oz 칵테일글라스나 샴페인글라스에 잘게 부순 얼음을 담아 그 위에 제공한다.

(1) 칵테일에 필요한 기구

- 셰이커Shaker : 칵테일을 제조하는 대표적인 기구로써 재료와 부자재, 얼음이 잘 섞이도록 하는 기구이다. 캡Cap, 스트레이너Strainer, 보디Body 세 부분으로 되어 있다.
- 지가컵Jigger Cup : 주재료와 부재료의 용량을 재는 기구로써 1oz와 1½oz, 또는 1oz와 2oz 삼각 원형 컵이 대칭으로 맞물려 있다. 지가컵은 바에서나 칵테일을 하는 곳에서는 가장 많이 사용하는 기구이다.
- 믹싱글라스Mixing Glass : 셰이커를 사용하지 않아도 잘 섞이는 칵테일을 만들 때 사

용하는 기구로써 75ml 용량의 유리나 스테인리스 제품으로 되어 있다.

- 바 스푼Bar Spoon : 믹싱 스푼Mixing Spoon 또는 롱 스푼Long Spoon이라고도 하며, 재료를 잘 섞이도록 할 때 사용하거나 소량의 부자재를 가늠하여 넣을 때 사용한다.
- 얼음집게Ice Tong : 칵테일에 사용되는 얼음을 집는 집게로써 끝이 톱니처럼 되어 있다.
- 얼음통Ice Pail or Ice Bucket : 얼음을 담는 기구로써 플라스틱, 유리, 스테인리스 제품 등이 있다.
- 여과 채Strainer : 나선형이나 용수철 모양으로 되어 있는 여과 채는 믹싱글라스에 만들어진 칵테일을 칵테일글라스에 따를 때 얼음이 흘러나오지 않도록 하는 기구이다.
- 스퀴즈Squeezer : 레몬이나 오렌지 등 과일에 과즙을 짤 때 사용하는 기구이다.
- 마개뽑이Corkscrew : 술병에 마개가 코르크로 되어 있을 때 코르크를 뽑는 도구이다.
- 푸어러Pourer : 오픈 된 병 입구에 끼워 주류를 따르면서 양을 조절하기도 하지만, 흘리지 않고 사용하기 위해 만들어진 기구이다.
- 아이스 픽Ice Pick : 얼음을 깰 때 사용하는 송곳이다.
- 칵테일 픽Cocktail Pick : 칵테일이 제공될 때 장식으로 사용되는 올리브나 체리, 레몬 등을 꽂는데 필요하다. 재질이나 모양, 색상 등은 선택하여야 한다.

CATERING
케이터링

CATERING

케이터링

CHAPTER 08

케이터링서비스

CATERING
케이터링

케이터링Catering서비스는 첫 단추를 잘 꿰어야 마지막 단추를 잘 마무리한다고 한다. 이 서비스는 고객과 첫 만남부터 시작된다. 그 만남의 순간에 이루어진 상호작용이 고객만족을 결정하는데 중요한 역할을 한다. 케이터링은 레스토랑처럼 고정된 장소에서 오는 사람만 만나는 것이 아니다. 물론 고정된 장소에서 오는 고객을 처음으로 만날 수도 있으나, 찾아서 행사하는 장소에서 항상 새로운 고객을 만날 수 있다. 그것도 아주 짧은 시간에 대화가 이루어진다. 그런데 그 만남의 순간 시간이 15~20초 정도로 짧다고 한다.

물론 사람에 따라 시간의 기준은 다를 수 있다. 그 짧은 시간에 성공적인 서비스접점을 만들어야 케이터링서비스Catering Service를 성공시킬 수 있다. 그러나 사람과 사람이 만나는데 첫인상이 매우 중요하다고 한다. 첫 만남은 대부분 얼굴을 맞대면서 이루어지는 것이지만, 전화로도 이루어질 수 있고 경우에 따라 언론이나 유인물을 통해서도 이루어질 수 있다. 그렇지만 효과적인 만남은 대면으로 이루어진다.

얼굴을 마주하는 일대일의 만남에서 상호 만족할 수 있어야 한다. 그러나 제공자와 받는 자 사이에는 항상 결과가 존재한다. 모두가 좋은 결과를 기대하지만, 양자가 만족할 수도 있고, 어느 한쪽이 불만을 가질 수도 있다. 목적에 따라 거래가 이루어지고 그 거래 행위에 따라 발생할 수 있는 결과를 예측할 수는 없기에, 상호작용에 대한 역할이론이 매우 중요하다. 케이터링서비스는 상호작용에 따라 형성되는 첫 관계를 잘 하고자 하려면 오해와 편견 없이 매사에 임해야 한다.

제1절 케이터링서비스의 목적

모두가 적용되는 것은 아니지만, 경영상 주방만 있고 영업장소가 없는 곳에서 계획된 요리를 제공하기 위한 방법이다. 신선한 식재료 외에도 진공식품, 냉동식품, 가

공식품 등을 이용하여 고객의 욕구를 충족시키기 위한 방편으로 음식을 만들어 행사장까지 가는데 신선도가 유지되도록 해야 한다. 현장에서 신선하고 따뜻한 음식이 제공되도록 차리고, 가능한 한 행사가 끝날 때까지 음식이 흐트러지지 않도록 감시를 게을리 하지 않아야 하며, 친절하게 서빙한 후 뒷정리까지 마무리를 잘해야 하는 전문적인 서비스이다. 대부분 가든파티에 많이 이용되며 사옥 준공, 신차 발표 등의 이벤트 행사, 돌이나 생일파티, 약혼, 칠순잔치 등의 가족파티에도 선호하여 이와 같이 케이터링Catering은 사회 곳곳에서 다방면으로 이용된다.

전문서비스업체에서는 정부나 지방자치단체의 이벤트, 각종 전시회(서예전, 미술전, 사진전 등), 음악회, 리셉션, 숍 오프닝, 홈 파티(생일파티, 돌잔치, 회갑잔치, 집들이 등), 비즈니스 케이터링, 브랜드 런칭, 기업 오픈 등을 상대로 고객의 편익을 위해 부가적인 서비스를 제공하며 지속 가능한 경쟁을 하고 있다. 특히 경쟁이 가속화되면서 새로운 아이디어와 새로운 메뉴를 개발하여 환경 변화에 적응하면서 경쟁 우위를 선점하려고 노력하고 있다.

1. 차별화된 서비스

차별화된 서비스란, 행사가 끝난 후 남은 음식에 대한 서비스이다. 남은 음식에 대해 철저하게 분석하여 버려지는 음식에 대한 데이터를 다음 행사에 참고해야 한다. 사회 환경이 바뀌면서 음식물쓰레기의 처리문제, 처리비용이 점점 심각해지기 때문이다. 고객에 따라 양적인 면과 질적인 면에서 많은 차이가 있으나, 좀 더 차별화된 서비스를 한다면 버려지는 음식을 줄여 고객의 욕구를 충족시키면서 원가를 줄일 수도 있다.

① 행사 도중 제일 빨리 줄어드는 음식
② 행사가 끝난 후 모두 소비된 음식
③ 행사가 끝난 후 제일 많이 남은 음식과 남은 음식의 양
④ 제일 빨리 변질된 음식
⑤ 사용한 식자재의 원가가 제일 많은 음식과 제일 적은 음식
⑥ 식자재의 성수기와 비수기의 비교분석

2. 소비 형태의 변화

소비자는 장소를 구분하지 않고 건강식품을 요구하고 있다. 각광 받는 유기농음식 외에 유해하지 않은 음식, 기능성식품, 식품의약품안전처의 기준에 따른 음식 등 소비자의 기대에 대한 서비스, 특히 외식소비 형태와 동반 성장할 수 있도록 새로운 가치를 창출하는 서비스가 요구되고 있다.

제2절 인적서비스

케이터링Catering서비스는, 인적서비스를 제공하는 행위로써 고객의 욕구에 부응할 수 있어야 한다. 가치기준이 다른 서비스는 계층, 기호, 취향에 따라 다르므로 각 기호에 따라 고객이 원하는 수준으로 해야 하며, 따라서 종사원이 갖추어야 할 기본요건도 많다. 정보화시대에 하루가 다르게 변화하는 고객의 구매 욕구를 빠르게 파악해야 한다. 정확하고 믿을 수 있다는 개념과, 더불어 새로운 메뉴를 원하고 건강을 위한 색다른 식문화를 접하려는 고객의 기대가 환경의 변화를 요구하고 있다. 특히 업주로서는 변화된 환경에서 매출신장을 부각시

킬 수 있는 메뉴개발에 주력해야 한다. 또한 청결을 유지할 수 있는 식품위생시설에 투자를 아끼지 않아야 하며, 노후화된 시설의 지속적인 개선을 통해 고객만족을 유지하려는 노력을 기울여야 한다. 더불어 고객만족을 위한 종사원의 서비스향상, 궁극적으로는 판매 행위에 따른 교육은 필수조건이며, 교육프로그램을 개발하고 서비스의 질을 높이기 위한 투자를 아끼지 않아야 한다. 서비스에 대한 일반적인 기본요건을 살펴보면 다음과 같다.

1. 서비스의 기본

서비스의 기본은 감정서비스의 표현이다. 외형적인 모습에서 마음속에 품고 있는 바를 외부로 표출할 때 그것을 표정이라 할 수 있다. 사람의 표정은 그 사람의 심리상태를 나타내므로, 얼굴 표정에 나타나는 느낌에 따라 상대방은 호감을 갖기도 하고 불쾌감을 갖기도 한다.

그러므로 고객을 정중하게 모셔야겠다는 진실한 마음을 가지고 업무에 임하면, 그 마음이 밖으로 나타나고 그 표현은 상대가 먼저 알아차려 밝은 대화를 나눌 수 있게 된다. 반대로 정중하게 모셔야겠다는 생각은 하였지만, 마음속으로 대하는 태도에 따라 고객의 반응은 어렵게 느껴지거나 불편한 경우가 발생할 수 있다. 그러므로 접객종사자가 미워하는 마음을 가지게 되면 상대는 자신도 모르게 나타나는 표정을 읽을 수 있게 되어 대화도 어렵고 조그만 실수에도 고객은 불평을 하게 된다. 그러므로 서비스의 기본은 다음과 같은 점에 유의해야 한다.

TIP 비워야 채워진다

나쁜 습관은 버려야 한다. 버리지 않으면 버릴 때까지 자신을 해할 수밖에 없다.

1) 봉사성

봉사는 희생이 전재되어야 한다. 고객에게 제공되는 봉사란 행위 자체에서 상대를 배려하는 이해심, 상대를 존중하는 자비심, 상대방이 추구하는 바를 끝까지 받들려는 끝없는 노력이 있어야 한다. 어려움이 있다고 해서 중도에 포기하는 것은 희생이 아니다. 그러므로 봉사는 자신과의 싸움이다.

식당 업무의 생명은 봉사성이 깃든 서비스란 상품이다. 고객에게 부담을 주지 않으려는 인간미와, 고객을 최우선시 하려는 정성이 깃든 마음이 어우러져야 한다. 아무리 업무에 능하다 하더라도 형식에 치우친 수동적인 태도는 상품으로서의 가치를 상실할 뿐이다. 그것은 봉사성이 결여된 것이고, 마음에서 우러나오는 서비스라 할 수 없다.

2) 청결성

사전적 의미는 '맑고 깨끗한 것'을 청결하다고 말한다. 더불어 정리정돈이 잘된 상태에서 신선하고 쾌적함을 수반해야 하며 고객이 불편을 느끼지 않도록 유지할 수 있어야 한다. 청결은 위생과 직결되어 있으며, 위생은 법적으로 '공중위생'과 '식품위생'으로 구분되어 있다. 그러나 여기서는(식당) 법보다는 공공위생과 개인위생으로 나누어 생각할 수 있다.

'공공위생'은 대중이 이용하는 공공장소를 얼마나 깨끗이 청결을 유지하느냐이다. 파손된 집기나 비품을 방치하지는 않았는지, 모자라는 비품은 보충하지 않았는지, 제자리에 있어야 할 비품은 제자리에 있는지, 닦아야 할 부분은 잘 닦았는지 등 살펴야 할 부분 부분을 얼마나 위생적으로 잘 관리하여 고객에게 불쾌감을 주지 않느냐에 따라 청결의 척도를 가늠할 수 있다. 즉 청결과 위생은 비슷한 의미로 생각할 수 있으나 분명한 차이점이 있다. 예를 들어, 실버류의 기물 중에 주전자를 광이 반짝반짝 나도록 잘 닦았다고 위생적이라 할 수 있는가. 주전자 안에 이물질이 있어 질병을 유발시킬 수 있는 이물질이 있었다면 청결하다고 보겠는가. 그러므로 청결과 위생은 공존해야 한다.

'개인위생'은 개개인의 청결상태를 의미하며 깨끗함을 추구할 수 있는 용모, 단정한 복장상태, 근무에 지장을 주지 않을 정도의 건강상태 등은 개인청결 상태에서 엿볼 수 있다.

3) 능률성

업무를 효과적으로 처리할 수 있는 기능이 능률성이다. 똑같은 업무를 주어진 시간 내에 처리하는 종사원이 있고, 주어진 시간 내에 끝내지 못하고 허둥대는 경우가 있다. 그렇기 때문에 하려고 하는 의지가 있어야 하며, 매사에 적극적인 태도로 업무의 흐름을 빨리 파악하여 업무 능력을 높여야 한다. 능동적인 자세로 일을 처리할 때 업무에 효율을 높일 수 있으며, 전반적인 기능이 효과적으로 운용될 수 있다.

4) 경제성

경제성은 얼마나 순이익을 많이 올릴 수 있느냐이다. 서비스상품이라 해서 다를 수는 없다. 최대의 매출을 올리는 것이 경제성이 좋다 할 수 있으나, 최대의 매출보다는 최대의 영업이익이 올랐을 때 만족한 영업성과를 올렸다고 할 수 있다.

최대의 영업이익은 최대의 매출에서 최소의 경비지출을 하였을 때 가능하며, 경제성을 높이기 위해서는 종사원 모두가 주인의식을 가지고 매출을 올리는데 최선을 다해야 한다. 최선을 다해 올린 매출을 관리부서는 어떻게 하면 지출을 줄일 수 있는가에 대해 고민해야 한다. 인적서비스가 많은 업무에서는 조금만 방심해도 필요 없는 지출이 늘어나 경영에 어려움을 주고, 나아가서는 사업을 접어야 하는 경우도 발생할 수 있는 것이 현실이다. 특히 고정경비와 변동경비 등의 지출을 최대한 절감하도록 하려면 물 낭비, 전력 손실 등의 절약정신이 몸에 배어있어야 한다.

5) 정직성

매출이 대부분 현금으로 이루어지는 식당 업무에서는 신뢰라는 것이 매우 중요하다. 서비스뿐 아니라 모든 분야에서 절대적으로 필요로 하는 경우이지만, 종사원이 부정을 한다거나 남을 속이는 행위가 발생하면 서로가 서로를 불신하여 믿음이 사라지게 된다. 그러므로 올바른 정신은 근본이 바로 서있어야 한다.

정직성이란, 책임과 권한을 똑바로 이해할 수 있어야 하며 행동 하나하나에 믿음이 있을 때 신뢰할 수 있고, 신뢰를 바탕으로 한 회사는 지속적인 발전을 할 수 있다.

6) 환대성

자동화나 기계화에 의존하는 설비중심적인 서비스가 아닌 인적자원에 의한 인적중심서비스, 다시 말해 사람을 대상으로 하는 무형의 서비스라 할 수 있다. 가정에서 손님을 초대하여 접대하는 과정을 상상해 보자. 아마도 따뜻하게 접대하여 돌아갈 때 감사의 마음을 안고 돌아갈 것이다.

예의바른 접객 태도는 고객으로부터 많은 칭찬을 받을 것이고, 고객은 다시 찾고 싶은 업소로 기억될 것이다. 고객이 다시 찾고 싶다고 느끼는 순간 그 고객은 광고비가 지출되지 않은 홍보요원이 되어 보이지 않은 이익을 가져다 줄 것이므로 종사원은 부단한 노력을 기울여야 한다.

7) 기본자세

대화 시 항상 상대방의 눈을 보면서 사랑스런 마음으로 이야기를 해야 하며, 조심하고 공경하는 태도로 목소리가 너무 높거나 낮아서도 안 된다. 아무리 급하더라도 고객을 앞질러가거나 뛰어서도 안 되며, 대기 중에는 가슴을 반듯이 펴고 바른 자세를 취해야 한다. 특히 고객의 안내를 할 때(안내, 설명서 등)는 항상 감사하고 넉넉한 마음과 공손한 자세를 취해야 하며, 무엇인가 안내할 때에 손가락을 사용하지 말고 손바닥 전체를 사용해야 하며 서비스를 할 수 있는 기회를 놓쳐서는 안 된다. 순간적으로 선택한 서비스라 할지라도 목적한 바를 이끌어 낼 수 있는 기지가 필요하며, 이 서비스에 대한 효과를 거두기 위해서는 본인의 숨은 노력이 가장 필요하다. 고객을 대하는 태도의 덕목은 다음과 같다.

① 침착해야 한다.
② 겸손해야 한다.
③ 감정표현을 유지해야 한다.
④ 조금은 당당해야 한다(만용은 당당한 것이 아니다).
⑤ 고객의 말에 귀를 기울여야 한다.
⑥ 고객의 불평에 대해서는 먼저 인정해야 한다.
⑦ 고객의 불평에 관심을 가져야 한다.

2. 서비스의 종류

케이터링서비스는 외부에서 하는 행사가 많으므로 폭넓은 시야를 갖도록 해야 한다. 폭넓은 시야를 갖는 것이란, 자신보다 상대를 위해 도움을 주거나 배려하는 행위로서 인간관계를 어떻게 형성해 가느냐가 중요하다. 상대의 부족함을 채워주기 위해서는 어떠한 자세로 접근하느냐에 무게를 둘 수 있다. 접근하는 자세가 상대의 환심을 사기 위해서는 그만한 매력이 있어야 하며 긍정적이어야 한다. 그러기 위해서는 최소한 상대의 눈높이에서 생각해야 한다. 행동하는 과정에서 현실적이지 못한 서비스는 실효성을 거두지 못한다. 그러기에 고객은 사회적 영향을 받으면서 계층별, 연령별, 직업별, 소득별 등에 따라 요구조건이 달라진다. 서비스도 그 요구를 충족시키기 위해 적용되어야 하며, 종류도 다양화 할 수 있다.

서비스업 시장도 상상할 수 없을 정도로 확대되면서 업자끼리 인적 네트워크의 상호작용을 통한 이해관계가 충돌하지 않도록 노력해야 한다. 서비스로서 좋은 배경보다는 스스로의 한계를 뛰어넘을 수 있는 노력이 필요하고, 그러기 위해서는 다음과 같은 서비스에 관심을 기울여야 한다.

1) 육체적 서비스

'서비스정신' 하면 우선 봉사를 생각한다. 봉사(奉仕)의 사전적 의미는 "남의 뜻을 받들어 섬김, 남을 위하여 자기를 돌보지 아니하고 노력함"이다. 다시 말해, 남을 위해 대가를 받지 않고 헌신적으로 일을 해 주는 것을 의미한다. 식당서비스는 사람을 많이 필요로 하는 업종이다. 그러기에 인적서비스라고 하는데, 대부분 육체적인 서비스가 뒷받침하고 있다.

육체적인 서비스란, 육체적인 노동을 의미하고 노동은 일하는 여건에 따라 다르겠지만, 일정한 한계가 있기 때문에 그 한계를 벗어나면 지치고, 지치면 피로감에 휩싸여 제 기능을 발휘할 수 없다. 그렇게 되면 서비스정신에서 벗어나 봉사라는 개념은 뒷전으로 물러나고, 자칫 형식에 치우친 사무적이고 수동적인 서비스로 전락하기가 쉽다. 상대를 받들어 모신다는 것은 배려이고 쉬운 일은 아니다. 배려를 하기 위해서는 참을 수 없는 상황이 주어지더라도 그 한계를 넘어설 수 있는 인내가 필요하다.

한계를 넘어서지 못하면 고객에게 만족을 주지 못하고 불평불만의 원인이 된다. 예를 들어, 장시간 근무로 피로를 느낀다든가, 상사에게 꾸중을 들어 심기가 불편했을 때 고객에게 올바른 서비스가 되겠는가. 그러기에 고객만족을 위해서는 종사원의 만족이 우선해야 한다고 한다. 종사원의 근무시간 또는 후생복리 등 일할 수 있는 여건이 만족되었을 때 육체적인 서비스는 항상 미소로서 답례할 수 있다.

2) 정신적 서비스

훌륭한 직업인이 되기 위해서는 올바른 정신으로 업무를 성실히 수행할 때 행동이 항상 일치할 수 있다. 올바른 정신으로 생각하는 바를 모두 행동으로 옮긴다는 것은 쉬운 일이 아니다. 그러나 얼마만큼 따라가기 위해 노력하느냐에 따라 정신적 서비

스가 고객에게 기쁨을 줄 수 있느냐로 가늠할 수 있다.

정신적 서비스는 지식과 지혜를 잘 활용하여 고객만족을 넘어 고객을 감동시켜야 한다. 고객을 감동시킨다는 것은 서비스가 프로가 되어야 한다는 것이다. 프로의 세계는 대가를 받고 받은 만큼 결과가 좋아야 한다. 현대사회는 봉사는 대가를 받지 않고 헌신적으로 더 일한다는 개념으로부터 탈피해야 한다. 충분한 대가를 받고 받은 대가에 비해 훨씬 이익을 줄 수 있어야 한다.

식당서비스는 이윤을 추구해야 하기 때문에, 대가에 비해 이익창출이 저하된다면 서비스에 문제가 있다고 보아야 한다. 다시 말해, 헌신적인 희생만을 정신적 서비스로 한정한다는 것은 문제가 있을 수 있다. 문제가 될 수 있는 부분은 봉사정신을 앞세워 이기주의에 편승하여 돈벌이를 하려는 경우이다.

예를 들어, 불우이웃을 돕는다는 명분아래 바자회를 하면서 자원봉사자의 도움으로 개인의 호주머니를 채우려는 경우는 봉사차원이 아니라 얄팍한 상술에 불과하다.

식당의 경우, 진정한 마음에서 표출되는 친절하고 정신적인 서비스가 가미된 종사원의 태도는 다음과 같은 사항에 유의해야 한다.

① 서비스를 상품으로 한다면 고객에게 부담을 주지 않으면서 인간미가 있어야 한다.
② 고객에게 불쾌감을 주지 않는 깨끗함을 유지해야 한다.
③ 사람의 근본바탕이 되는 정신으로서 올바른 행동에서 표출될 수 있는 책임감이 있어야 한다.

3) 교육적인 서비스

육체적인 서비스와 정신적인 서비스가 결합되었다 하더라도 교육적인 서비스가 부족하면 서비스의 질이 저하될 수밖에 없다. 교육은 단점을 보완하고 장점을 살려 어떠한 기능이라도 능숙하게 처리할 수 있도록 반복하여 연습하는 과정이다.

고객에게 만족을 요구하는 서비스교육이란, 하루아침에 능수능란하게 이루어지는 것이 아니다. 이론으로나 입으로 아무리 강조해도 정신적 서비스의 지식과 지혜가 금방 익혀지지 않으며, 그 지식을 육체적 행동으로 옮기는 데는 한계가 있으므로 많은 경험이 필요하고, 그 경험을 쌓아가는 데에는 현장업무에서 많이 배워야 한다. 예를 들어, 양식당에서는 양식당 메뉴를 정확히 알아야 고객에게 자신이 알고 있는 상품의 지혜를 빌려줄 수 있다. 자신이 알지 못하면 아무리 매출을 많이 올릴 수 있는 좋은 메뉴가 있더라도 활용할 수 없고 무능한 사원으로 치부될 수밖에 없다. 레시피를 다 알지 못하더라도 간단한 조리방법이나 주재료와 함께 제공되어야 하는 부자재 등 교육이 담당해야 할 부분이 많으므로, 피교육자는 스스로 배울 수 있도록 노력해야 한다.

그 밖에 기물이나 집기비품 등 종사원이 터득해야 할 부분은 교육적인 서비스가 담당해야 할 서비스의 본질이라 할 수 있다.

4) 용모서비스

육체적인 서비스가 노동의 대가라면, 용모서비스는 언어관리, 표정관리, 의상관리, 신체관리 등이라 하겠다. 흔히 첫인상이 좋아야 한다고 한다. 고객을 처음 만나는 순간부터 풍기는 느낌이 떠날 때까지 영향을 미치는 경우가 많기 때문이다. 서비스에 종사하는 경우가 아니더라도 사회생활에서 가끔 경험할 수 있는 부분인데, 서비스에 종사하는 사람들로서는 고객에게 접근하기 위해 제일 중요한 부분이 용모서비스라 말할 수 있다.

종사원의 자세에서도 유니폼을 착용했을 때와 사복을 입었을 때 고객에게 대하는 태도가 다른 것은 심리적이라 하겠다. 그러므로 용모서비스는 정신적인 서비스의 존재를 뒷받침하는 것으로, 지속적인 훈련과 끊임없는 자신의 노력으로 항상 바른 자세와 올바른 마음가짐으로 올바른 자세를 유지할 수 있는 자신감을 가질 수 있어야 한다. 용모서비스는 하나의 기술로 다음과 같은 사항을 유의해야 한다.

① 언어 관리에 있어 너무 높다든가, 너무 낮은 목소리는 가급적 피해야 한다.
② 상대에게 기분을 상하게 하는 언어는 피해야 한다.
③ 바른 자세를 취해야 한다.
④ 얼굴 표정이 온화하고 밝아야 한다.
⑤ 항상 웃는 표정을 유지할 수 있어야 한다.
⑥ 유니폼은 항상 청결해야 하며, 구김이 가서는 안 된다.
⑦ 아무리 급한 일이 있더라도 유니폼을 벗은 채로 서비스를 하면 안 된다.
⑧ 머리상태는 단정해야 한다.
⑨ 뒷짐을 지거나 벽에 기대어서지 않아야 한다.
⑩ 보행 중에 뛰어서는 안 된다.
⑪ 구두는 검정색을 신어야 하며, 항상 윤기가 있어야 한다.
⑫ 귀금속을 착용하여 고객에게 위화감을 주는 행위는 금해야 한다.
⑬ 짙은 화장으로 고객이 눈살을 찌푸리게 해서는 안 된다.
⑭ 안경 착용(콘텐트렌즈 제외)은 가능한 한 금해야 한다.

5) 감정서비스

감정서비스는 용모서비스에서 유형재를 제외한 무형의 서비스를 말한다. 그러나 용모서비스가 잘되어 있는 상태에서 나온 감정서비스와, 용모서비스가 불량인 상태에서 느끼는 감정서비스는 언뜻 생각하면 같을 것 같으나 잘 관찰해 보면 다르다.

즉 웃는 표정을 하더라도 감정이 좋을 때와 좋지 않을 때 고객이 느끼는 상태는 현저하게 다르다. 웃는 표정뿐만 아니라 서비스하는 동작 하나하나에서 표현 능력도 감정에 따라 격할 수도 있고 부드러울 수도 있으므로, 고객의 입장에서 보면 무형의 부가가치인 상품으로 보아야 한다. 그러나 감정서비스의 결과는 대중의 욕구가 높아져 가는 현대사회의 다양한 변화에 대단한 영향을 미칠 수 있으므로 적극적인 대책이 모색되어야 한다. 특히 대중을 많이 접하는 식당에서 감정서비스는 종사원이 자신을 조절할 수 있는 절제력을 길러야 하며 고객을 왕처럼 모시려는 세심한 배려가 있어야 한다. 그렇지 않을 때는 아주 작은 실수 하나가 큰 화로 다가올 수 있다.

T I P 식당의 경쟁상대는 동종업종이 아니라 고객이다

'장사는 장사 속에서 하라'는 말이 있다. 식당도 많이 모여 있는 곳이 장사가 잘된다고 한다. 메뉴가 다른 업종들이 많이 모여 있으면 좋을 것이지만, 그렇지 않을 경우가 있다. 예를 들어, 똑같은 음식을 파는 곳이 많이 모여 있다고 하자. 그랬을 때 음식점을 경영하는 경영인들이 아무리 맛이 좋고 서비스가 좋다 하더라도 고객이 외면하면 성공할 수 없다. 많이 모여 있는 경영인들이 서로 음식점이 너무 많아서 다 쓰러질 수밖에 없다고 자책한다면, 결과는 실패가 기다릴 뿐이다. 그러나 반대로, 고객을 위한 유행을 따르고 고객을 위한 사회적 흐름을 따르며 고객을 위한 공감대를 형성해가면서 고객의 마음을 잡으려는 노력이 있을 때 길은 있으리라 생각한다. 그러므로 동종업종이라 해서 경쟁하려는 의식은 버리고, 고객의 마음을 움직이려는 마음을 가져야 한다.

제3절 서비스와 고객

서비스라는 언어가 우리 주변에 처음 접했을 때는 다방, 식당, 주점, 여관 등을 떠올리고, 누구나 그런 곳에서만 서비스가 오가는 것으로 느끼게 했다. 음식을 팔고 음

료나 주류를 취급하는 곳에서만 서비스가 존재하는 것으로 인식되어, 고객을 생각하더라도 그 범주를 벗어나지 못했던 것이 사실이다.

사회가 발달하면서 삶의 질도 높아지고 경제적인 여건이 풍요로워지면서 호텔이나 백화점 등 서비스업종이 고급화되면서 고객의 눈높이가 높아지게 되었다. 고객의 눈높이가 높아지면서 고객의 구매욕구도 다양해져 전문성을 지니지 않은 서비스는 서비스로서의 기능을 상실하여 경제적인 가치를 잃었다고 해야 옳을 것이다. 더불어 제조업만이 수출산업으로 분류되는 시대를 벗어나 관광산업도 수출산업으로 분류되고 부가가치산업으로 자리를 잡아가고 있는 시점이다. 서비스는 우리가 살아가고 있는 생활 속에 언제나 존재하고 있으므로, 고객과의 관계도 항상 고객의 심리에 따라 변화하고 또한 구매동기도 다양하다.

1. 고객의 입장에서 생각하라

서비스는 상대성이 있으므로 고객의 입장에서 생각하고 고객의 욕구를 파악하여 능동적으로 대처하고 고객의 기대에 최대한 부응해야 한다. 고객의 입장에서 사소한 불만이라도 확인하여 잘못을 인정하고 즉시 시정하려는 의지를 가지고 신속하고 정확하게 처리하는 서비스가 이루어졌을 때 고객은 만족할 수 있다.

지극히 상식적인 이야기지만, 고객이 불만을 가지고 있었지만 어떠한 불평도 없이 돌아갔다면 그 고객은 언제, 어디서나 장소를 가리지 않고 상대에 대한 나쁜 이야기, 즉 불만스러운 불평을 하고 다닐 때 그를 제재할 방법이 없다. 그 불평은 발 없는 말이 되어 소문으로 번져가고, 결과적으로 고객과 기업 간에 부정적인 관계가 성립될 수밖에 없다. 나쁜 소문은 좋은 소문보다 빨리 퍼지는 속성이 있으므로, 고객이 만족할 수 있는 서비스에 대해서는 다음과 같은 사항에 유의해야 한다.

(1) 고객을 위한 마음

고객이 생각하고 있는 것을 읽을 수 있다면 서비스를 편하게 할 수 있다. 고객의 마음을 안다는 것은 그렇게 쉬운 일은 아니지만, 교육과 훈련을 통해 반복적으로 고객을 관찰하다보면 고객의 생각이 무엇인지 이끌어 낼 수 있다. 고객은 사소한 것에도 감동할 수 있고, 기대하지 않은 서비스가 이루어지면 조그만 불편은 스스로 참아가며 무척 관대해진다. 예를 들어, 아주 사소한 것이지만 고객이 종사원을 부르기 위해 약간에 손짓을 했을 때 놓치지 않고 고객의 뜻을 받아준다면 질 좋은 서비스로 인식될 것이다. 서비스의 질은 행동이 수반되어야 한다.

(2) 고객에 대한 배려

고객을 불편하지 않도록 해야 한다. 고객이 편하다고 느낄 수 있는 것은 분위기이다. 분위기는 유형상품에 무형상품이 가미되어야 한다. 고객이 상품으로 느끼는 주어진 공간에서 불안해한다는 것은 무엇인가 고객에 대한 배려가 잘못되었다는 것이다. 예를 들어, 좋은 분위기에 초대되어 유형상품인 고급스런 의자에 앉았는데, 어딘지 모르게 불편해 하였다면 고객에 대한 배려가 잘못되었다 할 것이다. 또한 의자가 편하다 하더라도 무형상품인 종사원의 태도에서 불안한 감정을 가졌다면 고객에 대한 배려가 잘못되었다고 할 것이다.

(3) 감사할 줄 아는 마음

감사하다는 말을 들으면 기분이 좋아진다. 고객이 있어야 서비스는 존재한다. 봉사를 해야 할 대상에게 질 좋은 서비스를 제공하려면 기본적으로 감사할 줄 아는 마음이 있어야 한다. 예를 들어, 레스토랑 영업을 시작하였는데, 어떠한 이유로든 고객이 한 사람도 들어오지 않는다면 아무리 좋은 분위기에 최고의 유형상품을 준비하여 최상의 무형상품인 서비스가 좋다 하더라도 쓸모없는 행위일 뿐이다. 그러므로 한 사람의 고객이라도 감사할 줄 알아야 하는 마음은 속상하는 일이 있더라도 꾹 참을 수 있는 능력을 키워야 하며, 싫고 귀찮아도 자제할 줄 알아야 감사하는 마음이 들 수 있다.

2. 고객과 대화하라

고객과 대화하기 위해서는 고객과 접촉해야 한다. 고객접촉 없이는 대화가 이루어지지 않는다. 아무리 좋은 서비스를 구상하고 있더라도 고객접촉 없이는 상호작용이 이루어지지 않는다는 뜻이다. 고객의 불평이나 불만을 해소할 수 있는 방안도 고객과 자주 접촉할 수 있을 때만이 가능하다.

(1) 대화는 서비스의 질을 높일 수 있다.

고객의 입장에서 보면 서비스를 받는 쪽이다. 그런데 서비스를 받는 쪽에서 서비스를 제공하려는 쪽의 의중을 알지 못한다면, 고객으로서 느낄 수 있는 것은 아무것도 없다. 상대를 존경하고 예의바르게 행동한다 하더라도 대접받고 있다고 느끼게끔 하기 위해서는 반드시 대화가 필요하다. 대화는 일방적인 대화가 되어서는 서비스 효과를 기대할 수 없다. 고객의 말할 권리를 침해하지 않으면서 자신의 의견이 전달될 수 있도록 하는 기술이 필요하다. 불필요한 참견을 자제하면서 고객의 욕구에 부응할 수 있는 대화가 되었을 때, 서비스의 질은 향상될 수 있다.

(2) 고운 말로 대화하라.

화법은 서비스에서만 중요한 것이 아니라, 일상생활에서도 대단히 중요하다. 그래서 옛말에 "말 한마디로 천 냥 빚을 갚는다."고 하지 않았던가. 우선 고운 말을 쓰기 위해서는 서비스를 수행하는 사람으로서의 직업의식이 투철해야 한다. 그것은 자신이 하는 말 한마디에 고객의 기분이 좋을 수도 있고, 기분이 나쁠 수도 있다. 그러나 고객이 기분이 나쁘다는 것은 서비스의 역할이 매우 부족해서 오는 원인이고, 직업에 대해 부정적인 입장을 가지고 있다고 보아야 한다.

우리가 살아가는 삶 중에서도 꾸중보다는 달래는 말로, 벌보다는 칭찬하는 말로,

단점을 지적하기보다는 장점을 살려주는 말을 사용하려고 노력했을 때 고운 말이 오가는 대화가 이루어질 것이고 아름다운 사회가 될 것이다.

3. 서비스는 가치가 있어야 한다

서비스가 상품으로서의 가치를 인정받으려면 제값을 받아야 한다. 무형의 상품에 무슨 값이 있느냐고 할 수 있으나, 훌륭한 서비스는 그 값을 평가하기가 어려울 정도로 높다. 평소에 우리는 서비스 하면 공짜라는 생각이 든다. 무형의 상품이기에 실질적으로 현금지출이 없으니 그리 생각할 수밖에 없다.

하나의 예를 들어보면, 상점에서 과일 하나를 살 때에 같은 과일이라도 상점마다 가격이 다르고, 고객도 똑같은 과일이라도 싸게 사는 고객과 비싸게 사는 고객이 있는 것은 보이지 않는 서비스의 가치 때문이다. 특히 식당서비스는 서비스 가치가 음식 값에 포함되어 있다고 보아야 하므로, 제값을 받기 위해서는 서비스의 가치가 높아야 한다.

4. 서비스도 경쟁력이 있어야 한다

고객에게 좋은 인상을 심어주기 위해서는 지속적인 서비스 관리가 필요하고, 그에 따른 경쟁력은 고객만족을 위해 반드시 필요하다. 지속적인 관리를 위해서는 긴장을 늦추지 않는 정신무장이 중요하다. 그렇지 않으면 경쟁력에서 뒤질 수밖에 없고, 고객에게 효율적인 서비스 적응력이 저하되어 고객만족을 기대할 수가 없다.

5. 시각서비스와 고객

눈으로 볼 수 있는 서비스와 고객과는 어떠한 상관관계가 있을까. 시각서비스는 고객이 원하는 것이 무엇인지, 고객이 필요로 하는 것이 무엇인지를 살펴야 한다. 백화점에서 똑같은 상품을 진열하는 방법과 배치 형태에 따라 구매욕구가 다를 수 있다. 특히 식당에서 자신 있게 할 수 있는 음식을 메뉴만 준비해 놓은 것과 모형음식을 만들어 진열해 놓은 것과는 고객의 입장에서 보면 구매욕구가 다를 수 있는데, 이것이 시각서비스가 아닐까 한다. 갖가지 특성을 청결하고 위생성인 관점에서 장소에 따라, 환경에 따라, 시간에 따라 현상으로 볼 수 있게 표현하는 형태가 시각적인 가치관으로 서비스에서 빼놓을 수 없는 중요한 부분이라 할 수 있다.

6. 청각서비스와 고객

듣는다는 것은 소리이다. 소리 중에서도 제일 많이 접할 수 있는 것이 사람의 목소리다. 고객이 원하는 소리는 어떤 것일까. 예를 들어, 음악감상 시간에 듣는 소리가 고객에게 주는 영향을 생각해 본다면 청중이 경청하면서 듣는 소리의 서비스는 어떠한 것일까. 식당에서 종사원이 고객에게 주문하는 목소리가 너무 커서 깜짝 놀라거나 너무 작아 알아들을 수 없다면 고객이 불편할 수밖에 없다. 고객에게 불편을 주는 서비스는 올바른 서비스가 아니다. 그래서 청각서비스도 매우 중요한데, 조심해야 할 사항은 음성관리를 잘해야 한다는 것이다. 발음이 정확하고, 적당한 음량에, 또렷한 목소리로서 고객이 한 번에 알아들을 수 있어야 만족스런 서비스가 될 수 있다.

7. 내부고객과 외부고객

고객이라 함은 돈을 주고 물건을 구매하는 구매자, 공공기관의 민원실을 찾아 민원서류를 발급받기 위한 민원인, 병원의 의사를 찾는 환자 등 이해관계라는 궁극적인 목적을 가지고 필요에 의해서 찾아가는 고객 외에 칭찬을 하기 위해서, 격려를 하기 위해서, 항의를 하기 위해서 등 이권이 개입되지 않는 방문고객 등을 포함하여 넓은 의미에서 모두 고객이라 할 수 있다.

여기에서는 상행위에 있어 상품을 만들어 판매하는 판매자와, 소비자인 구매자와의 관계에서 소비자인 구매자를 고객이라 하고 정상적인 소비자가 정상적인 상행위로 상품을 구매할 때 그 구매자를 외부고객이라 한다. 그러나 판매자나 상품을 만들어내는 관계자가 정상적인 가격 또는 내규상에 할인된 가격에 소비를 목적으로 대금을 지불하고 구매하였을 때 그들을 내부고객이라 할 수 있다. 더불어 직접적인 구매는 하지 않더라도 언젠가는 구매할 수 있는 가능성을 지닌 방문고객 외에, 상품이 현재는 필요하지 않더라도 미래에 소비를 할 수 있는 가능성이 있는 모두를 잠재고객이라 보아야 한다.

(1) 내부고객

일반적으로 상식적인 고객은 외부고객을 의미한다. 그러나 넓은 의미에서 보면, 상품을 구매하는 사람은 모두 고객으로 보아야 하는데, 자사제품을 구매하는 구매자 또는 자사제품을 판매하는 판매자가 필요에 의해서 구매를 할 때 그들은 분명히 외부고객과 행위가 동일하지만 생산제품과 관계가 있으므로 그 구매자들을 내부고객이라고 한다.

기업의 승패는 매출에 있고 매출을 올리는데 외부고객이 대단히 중요하지만, 기업에 따라 내부고객의 의견을 매우 중요시하는 곳이 많다. 어느 모 기업은 제품이 생산되면 제일 먼저 사원에게 고객의 입장이 되어 구매하게 하고, 그 제품을 사용한 후 제품에 대한 평가서를 제출하라고 한 후, 그 평가서를 취합하여 보완한 후 상품을 출하하여 고객에게 호평을 받는 경우가 있다고 한다. 이러한 내부고객은 어쩌면 외부고객보다 훨씬 더 중요할 수 있다. 단, 무상으로 받은 상품을 사용한 사원은 잠재고객은 될 수 있으나 내부고객으로는 볼 수 없다.

(2) 외부고객

기업이 제공하는 제품을 사용하는 최종 소비자로서 품질의 질에 따라 재구매를 하느냐 하지 않느냐에 기업이 평가되고, 서비스의 내용이나 품질에 대해 차이는 있겠으나 만족을 하느냐 안 하느냐에 따라 제품의 수명에 커다란 영향을 미칠 수 있다. 매출을 올리는 것은 내부고객이 아니라 대부분 외부고객이다. 그러므로 어떻게 하면 고객의 욕구에 부응할 수 있을까에 대해 많은 시간을 할애해야 한다. 제품에 표시된 내용이 조금이라도 고객을 속이는 부정적인 틈을 보여 사소한 단점이라도 지적되면 믿음을 잃게 되고 제품을 신뢰하지 않아 구매동기를 부여하지 못한다.

고객은 서비스를 받은 만큼 기대에 부응하며 공감대를 형성한다. 그러기 때문에 고객을 향한 부정적인 표현이나 비판적인 태도는 미래를 약속할 수 없으며, 조금이라도 유익하다고 생각되면 다시 찾을 수 있는 가능성을 내포하고 있다.

(3) 잠재고객

기업에서 상품을 단 한 가지라도 구매할 수 있는, 호텔을 단 한 번이라도 이용할 수 있는 가능성이 있는 고객은 모두 잠재고객으로 보아야 한다. 성장을 위한 무한한 가능성을 전재로 하였을 때 광고를 보았건 주변의 소개를 받아서 이용하든 필요에 의해서 영업과 연관지어 매출을 기대할 수 있는 경우는 모두 잠재고객이다. 이들을 어떻게 소비행위를 할 수 있도록 하여 기업에 경제적 이익을 가져올 수 있게 하느냐에 따라 기업의 성패가 갈릴 수 있기에, 잠재고객은 시장경제에 판촉대상으로서 대단히 중요하다.

(4) 평생고객

단골고객을 의미하며, 기업을 성공적으로 이끌기 위해서는 평생고객을 어떻게 얻느냐가 중요하다. 평생고객은 업소의 홍보요원이며 대변인이다. 고객을 유치하는 판촉을 하려 했을 때 고객의 편에서 업소를 대변하는 칭찬과 장점을 어필해 주면 훨씬 수월하다. 고객의 어려운 문제를 만족스럽게 해결할 수 있는 부분도 평생고객의 입장에서 처리하면 문제해결에 믿음을 준다. 일반고객은 쉽게 변할 수 있으나, 평생고객은 쉽게 변하지 않는다.

(5) 위장고객

고객 행위를 하나 매출과 상관없는 고객은 고객만족도를 수집하는 방법으로 고객을 가장하여 식사를 하거나 필요한 물품에 대해 구매를 하면서 종사원의 서비스에 대해 점검한다. 점검하는 과정에서 실수를 한다거나 잘못이 있을 때 본인이 모르게 체크하며, 때로는 고의로 불평을 만들어내어 종사원이 처리하는 과정을 면밀히 관찰하고 그 정보를 수집하여 종사원의 고가점수에 반영한다. 그 고가점수는 반드시 인사에 영향을 미치므로 항상 주의해야 한다.

이와는 반대로, 주로 호객행위를 하기 위해서 판매자와 계약을 맺고 구매자인 것처럼 위장하여 구매행위를 함으로써 외부고객의 심리를 움직여 매출을 올리는 행위는 올바른 행위는 아니나, 군중심리를 이용하여 상품을 판매하기 위한 상행위로서 순수한 고객을 유도하여 제품을 구매하게 하는 좋지 않은 방법이다.

8. 불평하는 고객

항의Complaint라는 언어는 긍정적인 의미로 해석될 수 없다. 고객은 불쾌감이 느껴졌을 때, 기분이 상했을 때, 잔소리에 짜증이 나거나 마음이 상했을 때 항의를 한다. 다시 말해, 고객의 심리상태를 잘 파악하지 못하고 기대하는 바를 충족시키지 못했을 때 취해지는 행동으로 보아야 한다. 그러나 불만스러운 상황이 벌어졌을 때 대부분의 고객은 분위기를 깨지 않기 위해서나 항의할 정도의 상황만큼 나쁘지 않기 때문에, 항의해도 소용없을 것이라는 생각 때문에 등등으로 참아 넘기고 소수의 고객만이 항의를 하는데, 그들의 항의가 어떻게 받아들이느냐에 따라 기업의 승패가 판가름 난다.

일부를 제외한 모든 사람들은 불평하는 자체를 좋아하지 않는다. 어쩌면 항의하는 문제가 발생하지 않기를 바랄 것이다. 그러나 원인이 어디에 있느냐는 중요해하지 않는다. 고객이 있는 곳이면 항상 불만이나 항의가 존재하기 때문이다. 그러므로 고객의 불평에는 적극적으로 대처하여 해결하려는 자세가 필요하다. 고객의 불만을 효과적으로 처리하면 그 고객은 충성고객이 될 수 있다. 서비스는 고객이 잘못을 하여 틀렸다는 사실을 알고 있더라도 고객은 언제나 옳다고 생각해야 한다. 그렇기 때문에 고객의 불평을 해소하기 위해서는 다음 사항에 유의해야 한다.

(1) 고객을 무시하는 행동

① 고객이 불평을 할 때에 고객의 말을 가로채지 말고 끝까지 경청하려는 자세가 되어있어야 한다. 고객의 의도를 정확히 파악하기 위해서는 불평의 전 · 후 사정을 모두 들어보아야 하는데, 다 들어보지도 않고 미리 속단하는 자세는 고객을 더욱 분노하게 만들어 쉽게 해결할 수 있는 불만도 어렵게 만드는 경우가 발생한다.

② 고객의 불평에 무관심하거나 상대를 비웃는 표정으로 불필요한 불평을 한다는 식의 행동을 하였을 때는, 고객은 매우 당황하게 되며 자신을 무시한다는 인식에 자신의 자존심에 상처가 입었다는 느낌을 받게 된다. 그러한 행동은 고의가 아니더라도 문제해결에 어려움을 줄 수 있으므로 평소 행동에 조심해야 한다.

(2) 불평에 변명하는 행동

① 고객의 불평에 공감할 줄 알아야 한다. 고객으로부터 들은 불평이 이치에 닫지 않는다 하더라도 그 자리에서 “아닙니다, 모릅니다.” 하는 표현은 고객을 더욱 당황하게 한다. 그러므로 “예, 그렇습니까? 예, 맞습니다.” 등등 고객의 생각에 동의한 다음 자신의 의견을 개진해야 한다.

② 고객의 불평에 대해 자신은 아무 잘못도 없으므로, 자신의 결백을 입증하려는 행동을 하면서 잘못은 다른 사람에게 있다는 식으로 변명하며 책임을 전가시키려는 행위는 근본적으로 잘못된 생각이다.

(3) 불평에 책임지지 않으려는 행동

① 불평은 고객이 무엇인가 불만이 있을 때 표출되는 것이다. 그 불만의 문제가

무엇인지 책임을 지겠다는 의지가 중요하다. 그 책임의 한계는 모호한 경우가 있겠으나, 종사원은 우선 책임이 있다는 것을 고객이 믿을 수 있게 행동해야 한다. 그런 후에 문제 해결방안도 나올 수 있고, 고객으로부터 용서도 구할 수 있다.

② 책임을 감수해야 할 자리에서 자리를 피하는 행동은 고객의 감정을 더욱 악화시킬 수 있다. 대부분 소나기는 피하고 보자며 잠시 자리를 피했을 때, 고객의 감정을 누그러트리는 경우도 있겠으나 절대로 옳은 방법이 아니다.

(4) 즉시 해결하지 않으려는 행동

① 불만이 표출되었을 때 문제를 즉시 해결하면 그 고객은 단골고객이 될 수 있는 확률이 매우 높다. 그러나 반대로 문제해결이 즉시 되지 않고 미루어지면, 고객은 짜증을 내게 되고 그 고객을 영원히 잃고 만다. 그러므로 문제 해결방안을 다각도로 제시하여, 고객이 원하는 방향으로 문제해결을 하려고 노력하면 문제도 쉽게 해결될 수 있고, 그 고객은 평생고객이 될 수 있다.

② 문제를 해결하려는 과정에서 지킬 수 없는 방안은 제시하지 말아야 한다.

③ 문제해결을 하려는 과정에서 전화 상담을 할 경우, 고객을 오래 기다리게 하지 않아야 한다. 전화는 상대의 표정이나 감정을 인지할 수 없으므로, 평소에는 오해하지 않을 수 있는 언어에도 오해하는 경우가 발생하므로 각별히 조심해야 한다.

④ 문제를 해결하려는 과정에서 합당하지 않은 고객의 무리한 요구가 있더라도 그 자리에서 그 요구를 거절하지 않아야 한다. 반드시 상사와 상의하여 최대한의 요구가 받아들여지도록 하겠다는 의사를 표시한 뒤, 다시 문제해결을 위한 시도를 해야 한다.

(5) 불평하는 고객의 수습을 위한 방법

① 고객의 불평을 편견 없이 듣는다.

② 고객의 입장에서 긍정적인 자세를 취한다.

③ 불평을 청취하면서 중요한 원인이 무엇인가 파악한다.
④ 불평사항을 기록한다.
⑤ 고객의 불평에 대해 변명하지 않는다.
⑥ 긍정적으로 받아들이고 정중하게 사과한다.
⑦ 신입사원은 피하고, 경력사원이 처리하도록 한다.
⑧ 해결책을 신속하게 처리하고, 본인이 해결하지 못한 사안에 대해서는 즉시 상사에게 보고하여 처리한다.

(6) 수습 시 주의사항

① 즉시 답해서 해결할 수 있는 문제점이라면 모르지만, 즉답을 피하는 것이 좋다.
② 해결할 냉각시간을 갖는 것은 필요하나, 오래 끄는 것은 해가 된다.
③ 많은 시간이 소요될 경우 중간 중간 고객에게 통보해야 한다.
④ 불평하는 고객을 상대로 수습하는 종사원의 직급을 낮추는 것은 피해야 한다.
⑤ 대화할 때 가급적 영업장이나 사람이 많은 곳은 피하고, 사무실이나 조용한 곳에서 처리하며 고객 혼자 있도록 하는 것은 금해야 한다.

제4절 서비스의 성격

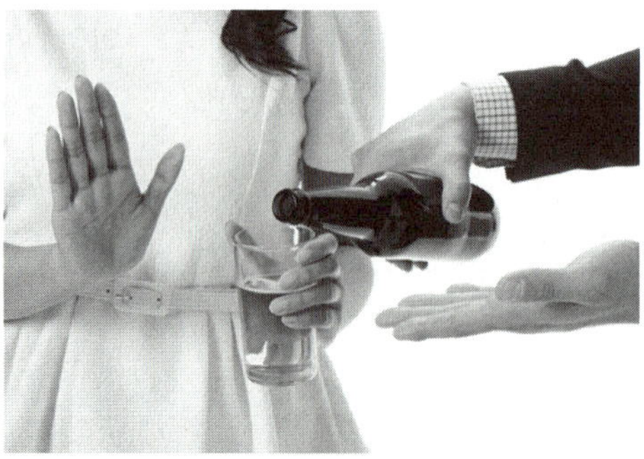

서비스는 혼자 자립할 수 없다. 반드시 서비스 제공자와 동반하는 인적, 물적, 정보 등이 함께 해야 한다. 서비스의 특성에는 무형성, 소멸성, 이질성, 동시성 등이 있으며, 영업효과의 극대화를 위해 이용 가능한 서비스를 소비관점에서 유용하게 찾아야 한다.

1. 무형성

서비스는 하나, 둘 셀 수 있는 물건이 아니다. 고객에게 "여기 있습니다." 하고 내놓을 수도 없다. 손으로 만질 수 있는 형체가 있는 것도 아니다. 일반적인 상품은 구입하기 전에 보고, 느끼고, 성능을 시험해 볼 수 있다. 그러나 서비스라는 상품은 업소에서 판매하는 상품의 인지도에 의존할 수밖에 없다. 하지만 경제활동의 재화로 인정을 하며 현대생활에 서비스가 차지하는 비중이 점점 높아가고 있는 현실이다. 그러나 그 가치를 평가한다는 것은 매우 어렵다.

예를 들어, 관광호텔 등급평점 기준에 보면 서비스 상태 항목이 있다. 식음료부분만 살펴보면 식당부분, 주방부분, 국제회의 시설부분으로 구분하여 식당부분에서 식당의 종류가 5종 이상일 때 40(수)점을 주고, 2종 미만이면 16(가)점을 준다. 식당의 품위에 대해서도 집기비품의 질이 좋고 공간 활용상태, 내부장식이 좋으면 40(수)점을 주고, 그렇지 않으면 16점(가)을 준다. 그리고 서비스 상태에서 40(수)점을 평점한다. 종업원의 복장, 접객태도를 보는 항목인데, 심사하는 심사원이 보는 기준에 따라 서비스가 좋으면 최고점수인 40점을 주는데, 서비스 상태가 나쁘다고 생각되면 제일 점수가 낮은 16점을 평점한다. 객실부분의 프런트 근무자 능력평가에서 수(7), 가(2.8)인 것을 감안하고, 객실 300실 이상 수(30), 150실 이하 양(16.5)과 비교할 때 식음료서비스에 두는 비중을 엿볼 수 있다.

다시 말해, 서비스를 평가하기 어렵다는 것은 근본적으로 형태가 없기 때문이며, 서비스를 받아보기 전까지는 질이 좋고 나쁨을 감지할 수 없다는 것이다. 또한 서비스 그 자체는 물건 마냥 소유권을 이전할 수도 없으며, 한 번 사용한 서비스를 재생해서 사용할 수도 없다. 다만, 무형이기 때문에 모방은 용이하여 현대사회에서 기업간 경쟁의 원인으로 작용하기도 한다.

2. 소멸성

한 번 사용한 서비스는 다시 사용할 수 없다. 즉 사용 후에는 소멸된다는 것이다.

사용되는 시간과 장소에서 벗어나면 본래의 성질은 이미 변형되어 있어 원래의 서비스로 환원될 수가 없다. 또한 재생할 수 없으므로 재고가 없을 것이고, 재고가 없기 때문에 저장할 필요도 없다.

다시 말해, 재고가 불가능하다는 것으로 주문생산 할 수 있는 것이 아니며, 생산량을 조절한다든가 계획을 세워 생산할 수 있는 상품이 아니다. 생산과 함께 소비되어 소멸되는 것이다. 다만, 시간에 의해 소멸되는 상품이 있으니 비행기나 고속버스의 빈 좌석, 좌석이 있는 열차에 유료 고객을 채우지 못하는 좌석, 예약되지 않은 상태에서 당일 고객을 받지 못하는 호텔 객실이나 병원의 병실, 또한 진료시간에 고객이 없어 기다리는 의사나 생산현장에서 주문량이 없어 시간을 허비하는 경우 등이 시간에 의한 소멸성을 가진 상품들이다.

3. 이질성

동일한 서비스를 제공하는데 제공받는 고객의 입장에서 보면 시간이나 공간, 주위 환경, 서비스를 제공하고 있는 사람에 따라 다르게 느낄 수 있는 부분이 있다. 같은 음식을 제공했는데 어떤 고객은 맛이 있다하고 어느 고객은 맛이 없다하고, 또 음식이 짜다고 하는가 하면 싱겁다고 하고, 또 다른 고객은 맵다고 하는데 고춧가루를 더 요구하는 고객이 있듯이, 고객의 판단에 따라 이질성이 다르다고 해야 할 것이다.

백화점에 진열되어 있는 야채나 과일 등을 보면서 어느 고객은 신선도가 좋아 보인다하고 어느 고객은 신선도가 떨어진다고 보았을 때, 보는 입장에 따라 소비자의 요구 수준은 다를 수 있다. 그렇기 때문에 아무리 좋은 제품이라도 제품이 출하되는 시기, 보관하여 저장된 기간, 고객이 소비했을 때 느끼는 감촉 등 서비스의 질을 일관성 있게 유지하기가 어려운 것은 바로 서비스의 이질성 때문이다.

서비스의 이질성은 서비스를 제공하는 측보다는 제공받는 측의 판단과 결정으로 결정되어지기 때문에, 서비스를 제공할 때에 고객욕구에 충족할 수 있도록 교육하고, 교육받은 대로 반복된 훈련을 하여 전문적인 서비스요원을 양성하는 것이 절실하다. 그것은 아무리 좋은 서비스를 제공했다 하더라도 고객이 좋다고 해야지 고객이 나쁘다면 나쁘게 취급되어진다.

4. 동시성

일반적인 상품은 생산, 유통, 소비의 3단계로 이루어지지만, 서비스라는 상품은 만들어서 이동하여 소비시킬 수 있는 상품이 아니라는 것이다. 생산, 유통, 소비가 한 장소에서 시차 없이 이루어지므로 고객이 없는 곳에서는 생산도 있을 수 없다. 시간과 공간의 제약 속에서 배달이라든가 대리구매도 불가능하기 때문에, 반드시 고객의 입회하에 생산이 되고 생산이 됨과 동시에 소비가 이루어지므로 동시성이라 한다. 서비스의 동시성은 제조업과는 달리 고객에게 전달되기 전에 사전검수를 할 수 있다든가, 서비스의 질을 검사할 수 있는 조치를 취할 수 없다.

5. 요금의 변동성

서비스라는 상품도 성수기와 비수기가 있다. 계절, 장소, 고객 수요에 따라 효과적인 관리를 해야 한다. 고객의 공급이 많으면 서비스 공급자의 인원관리를 위해 임시직이나 시간제를 수요에 맞게 고용해야 하며, 공급이 줄면 임시직이나 시간제 고용은 피하고, 대신 요금할인이라든가 서비스상품의 개발 등으로 비수기를 타개할 수 있는 서비스가 필요하다. 특히 효과적인 관리를 위해 차등요금제를 실시한다든가, 주말요금의 할인 등으로 필요에 따라 가격정책을 변동하여 상품으로서의 가치를 높여야 한다.

TIP 신혼여행(메리어트 고객상담원의 지혜)

상담원은 어느 날 카브리해에 있는 메리어트 휴양지에 신혼여행을 가고 싶다는 한 신부의 전화를 받는다. 그 신부는 약혼자가 불치의 뇌종양으로 몇 달밖에 살지 못하지만, 남편 될 사람이 결혼식을 하고 꼭 신혼여행을 메리어트 휴양지로 가고 싶다는 애절한 사연을 듣게 된다. 그런데 그때는 성수기라 호텔도, 항공사도 좌석이 없었는데, 상담사의 노력으로 1등석에 특실을 무료로 사용할 수 있도록 노력하여 그들은 결혼식을 올리고 휴양지에 다녀올 수 있었고, 그 후 남편은 세상을 떠났다. 후에 상담원에게 보낸 편지에서 그녀는 "우리에게 어떤 일을 해주었는지 당신은 아마 절대로 모를 겁니다."라고 하였다고 한다. 그 의미는?

CATERING
케이터링

CATERING

케이터링

CHAPTER 09

홍보와 마케팅

CATERING
케이터링

홍보와 마케팅은 기업이 자사의 상품이나 업적·실적 등을 많은 일반인에게 널리 알리는 것을 뜻한다. 마케팅의 사전적인 뜻은 "제품을 생산자로부터 소비자에게 합리적으로 이전하기 위한 기획 활동으로 시장조사, 상품계획, 선전, 판매 등"으로 되어 있다. 홍보와 마케팅은 밀접한 관계를 가지고 있으나, 원활한 마케팅이 이루어지기 위해서는 사전에 홍보가 잘되어 있어야 한다.

1. 홍보

홍보는 신문이나 라디오·텔레비전 등을 이용한 방법으로, 넓은 지역은 많은 다수에게 알릴 수 있는 의미를 부여하고, 명함·스티커·전단지·현수막 등은 좁은 지역의 소수인원에게 알릴 수 있는 수단이다. 홍보는 전달자로서 다양성이 내포되어 있으며, 어느 특정인이 아니라 모든 대중에게 일방적이라는 것이다. 도로에 비치된 광고탑을 보면, 케이터링Catering 분야의 출장연회 홍보용 플레카드가 많이 걸려 있는 것에서 알 수 있다.

2. 마케팅

마케팅은 기업 또는 생산자가 자사의 상품을 소비자에게 어떻게 하면 잘 전달될 수 있을까를 고민하는 경영활동이다. 경영은 이윤추구가 목적이다. 이윤창출을 위해 유형의 상품과 무형의 서비스를 결합시켜 소비자가 상품을 원하는 시기에, 원하는 방법과 판매조건에 의해 유통시키는 서비스 과정을 의미한다. 서비스 과정에서 보기 좋게 진열하고, 시각적으로 음미할 수 있는 메뉴에 맛을 돋울 수 있는 설명, 보너스상품, 가격할인, 24시간 무료배달 등을 하여 날로 늘어나는 경쟁사회 속에서 고객만족에 부응하려는 과정이다. 차별화된 마케팅 전략을 살펴보면 다음과 같다.

① 케이터링Catering은 음식 외의 부분도 영향을 미치지만, 특히 음식이 고객과의 연결매체라는 것을 인식하고 음식에 대한 평가가 좋지 않으면 다시 찾지 않는다는 것을 알아서, 보기도 좋아야 하지만 맛에 대한 품질을 높여 마케팅에 응해야 한다.

② 고객이 원하는 것이 무엇인가를 찾아서 고객의 눈높이에 맞는 상품으로 마케팅을 해야 한다.

③ 케이터링Catering은 상품을 만들어놓고 판매하는 것이 아니다. 그러므로 고객이 스스로 찾을 수 있는 상품이라는 것을 알려야 한다.

④ 변화하는 환경에 대처할 수 있는 상품을 만들어 고객이 체험하고 직접 참여할 수 있는 마케팅 활동이 되어야 한다.

⑤ 다변화된 시장에서는 새로운 대응보다는 수요가 많은 곳을 비교 분석하여 마케팅 활동을 해야 한다.

3. 마케팅믹스

일반적으로 마케팅 목표를 달성하기 위한 수단, 즉 마케팅 기능을 수행하기 위한 도구로서 제품Product, 가격Price, 유통Place, 촉진Promotion 등 4가지 요소로서 마케팅 전략을 세우는데 필수조건이라 할 수 있다.

(1) 제품Product

원재료를 효율적으로 사용하여 상품을 만들고, 그 상품이 소비자들에게 차별적 우위를 점하여 경쟁에서 앞설 수 있는 것을 의미한다. 시장에서 요구하는 흐름이 무엇인가 파악하여 분석하고, 기존 상품과 차별화를 할 수 있는 부분, 이미 상품화되어 있는 제품에 대한 소비자의 불만 등을 참고하여 새로운 이미지를 부각시킬 수 있는 상품으로 상호 연계성을 가지고 있어야 한다.

(2) 가격Price

상품이 가지고 있는 효용에 대해 소비자가 부여한 가치로서 마케팅믹스 중 가장 경쟁에 민감한 요소이며 매출, 순이익에 절대적인 역할을 하는 유일한 요소이다. 상품을 소유하는 대가로 지불하는 금전적인 가치판단을 할 수 있는 화폐단위이며, 경쟁상대에 대하여 경쟁우위를 결정할 수 있는(싸다, 비싸다) 원천 중의 하나이다.

(3) 유통Place

상품을 생산하여 소비자에게 효과적으로 도달하는 과정을 의미한다. 식자재의 경우 산지에서 직접 소비자에게 도달하는 경우는 극히 드물다. 대부분 중간상이 있어 소비자가 용이하게 식자재를 구입할 수 있도록 도움을 준다. 그러나 중간상의 단계가 많아지면 많아질수록 원가의 상승요인으로 작용한다. 유통시장의 개방, 특히 외국 유통업체의 국내진출이 많아지면서 유통이 가격파괴 현상을 불러오고, 가격결정에 중요한 요인으로 작용하고 있다.

(4) 촉진Promotion

효율적인 상품판매를 위하여 표적시장의 소비자들과 커뮤니케이션 도구를 효과적으로 구성하는 것이다. 언론매체를 통한 광범위한 정보전달은 전체시장에 호감을 얻을 수 있는 방법은 될 수 있으나, 표적시장의 직접 판매수단은 아니다. 직접 판매수단으로 판매량 증가를 위한 할인판매, 쿠폰발행, 샘플제공(시음 등), 경품, 이벤트 등이 고객에게 쉽게 접근할 수 있는 활동이 될 수 있다.

4. 생산자

생산자는 고객이 필요로 하는 좋은 상품을 많은 사람에게 공급할 수 있는 대량생산을 추구하고, 어떻게 하면 저렴한 가격에, 고객이 원하는 빠른 시간에, 공급할 수 있는가를 체계적으로 연구하여 상품화 계획을 세우고 고객이 원하는 메뉴를 만들어 다변화된 시장에서 경쟁력을 높일 수 있도록 해야 한다.

5. 소비자

케이터링Catering의 소비자는 구매동기가 일반인과는 다르다. 정해진 여건 하에서 행사 성격에 따라 구매상품이 달라지기 때문이다. 일반적인 소비와 다른 유형의 상품은 고를 수 있는 것이 아니라 주문에 의해서 이루어지며, 서비스라는 무형의 상품이 동시에 소비되는 의미를 함축하고 있다.

6. 마케팅에 성공할 수 있는 사람

① 항상 자신이 가지고 있는 능력과 소신을 토대로 일할 수 있는 사람

② 틀림이 없다고 생각하면 실패하더라도 믿음으로 일할 수 있는 사람

③ 자신이 맡고 있는 업무의 흐름, 일에 대한 전체의 흐름을 읽고 경쟁상대보다 멀리 앞을 내다볼 수 있는 통찰력을 가지고 있는 사람

④ 고객이 요구하는 트렌드를 잘 읽어서 그 욕구를 충족시켜 줄 수 있는 능력을 발휘할 수 있는 사람

⑤ 본인만이 가지고 있는 노하우를 키워갈 수 있는 사람

TIP 성공한 지식!

지식이나 두뇌는 남의 것을 빌릴 수 있어도 건강은 남의 것을 빌릴 수 없다. 살아가는 과정에서 무엇을 좋아하고, 무엇을 원하였는지, 무엇을 하였을 때 실증을 느끼지 않았는지, 무엇을 하였을 때 시간 가는 줄 모르고 몰입하였던 일은 없었는지 냉정하게 생각하고 판단하여 그 근본을 찾을 수 있다면 훌륭한 지식을 가지고 있다 할 것이다.

CATERING
케이터링

CHAPTER 10

주방관리

CATERING
케이터링

제1절 주 방

1. 주방의 개념

주방의 사전적 뜻은 "주택이나 요식업소 따위에서 음식을 만들거나 차리는 방"이라고 되어 있다. 그 방이란 제한된 공간에서 일정한 시설(기구, 집기비품 포함)을 갖추고 고객의 주문에 의해 제공될 음식을 필요한 인적자원과 물적자원인 원부자재를 가장 효율적으로 결합하여, 생산할 수 있도록 하는 일련의 과정을 의미한다.

2. 조리사

조리사는 고객 다수에게 제공할 음식을 만드는 것이다. 그 음식을 만드는데 고객의 요구를 어떻게 충족시킬 수 있느냐가 조리사의 최대 목표이다. 맛이란 10인 10색이라 했는데, 어느 정도 충족시켜야 그 기능을 다했다 할 수 있을까?

조리사는 식자재 고유의 맛을 살리기 위해 갖가지 양념이나 향신료를 조화롭게 배합하여 음식을 만들고, 고객은 그 음식을 시식한 후 맛있다는 감정이 느껴져야 한다. 또한 맛과 함께 영양적으로도 몸에 좋고 건강에 이롭다는 인식을 갖도록 노력하는 것이 조리사의 기본자세일 것이다.

조리책임자는 조리과를 총괄하며, 현재는 이사급 임원 책임자도 많이 있다. 자격증은 한식, 양식, 일식, 제과 등 전문지식을 충분히 습득한 자가 소정의 시험을 거쳐 취득하며, 조리과에 근무하기 위해서는 해당 자격증을 필요로 한다. 조리사는 해당 주방시설(주방기기,

기물, 비품 등)을 이용하여 고객에게 제공할 상품을 생산하는 것이 주 임무이다. 그 외에 책임자는 긴밀한 회의를 거쳐 고객의 정보에 따라 음식의 질을 중시할 것인가, 양을 중시할 것인가, 아니면 특별메뉴를 요구할 것은 없는가를 충분히 의견교환 하여 행사가 원만히 이루어지도록 협조해야 한다.

3. 주방의 기능

주방의 기능은 조리사들이 음식을 만드는데 불편을 주지 않도록 시설을 갖추는 것이 매우 중요하다. 물과 불을 사용하는데 어려움이 없어야 하며, 기물의 위치와 냉동, 냉장시설은 입 · 출고가 편리하게 자리를 잡아야 한다.

주방의 기능 중 간과해서 안 되는 것은 청소하기가 쉽도록 해야 한다. 주방 바닥을 처리할 때 배수가 잘되도록 해야 하며, 바닥 마감재는 미끄럽지 않은 마감재를 사용해야 한다. 무심코 보기에 좋다는 감각만으로 마감재를 선택하여 근무 중 조리사가 넘어지는 사고가 종종 발생하기 때문에 모든 설비는 신중을 기해야 한다. 특히 가스 사용에 대한 설비는 안전에 대한 대비를 철저히 하여, 음식을 만드는데 압력이 낮아 불편을 주는 일이 없도록 설치하여 주방 기능을 높여주어야 한다. 주방 기능을 높일 수 있는 몇 가지를 살펴본다.

1) 전기

주방의 전기는 밝히는 전기와 기기에 필요한 전기로 구분할 수 있다. 주방을 밝히는 전기는 요리사가 조리를 하는데 어둡지 않도록 하여야 하며 가능한 백열전구를 사용하는 것은 피해야 한다. 그것은 전구가 열에 견디지 못하고 터져 유리조각이 음식으로 들어갈 수 있기 때문이다. 기기에 필요한 전기는 기구마다 다를 수 있으나, 시설을 할 때 전선이 바닥으로 시공되는 것을 피해야 하며, 콘센트는 바닥에서 최소한 1미터 이상의 장소에 설치하도록 하여야 한다. 바닥에 가깝게 설치하면 바닥 물청소를 할 때 누전의 위험성이 있으므로 사고를 미리 예방하기 위해서 참고해야 하며,

기구나 기기는 가능한 한 콘센트에 한 기구를 사용할 수 있도록 시설을 하여야 한다.

2) 가스

주방의 가스시설은 메뉴의 선택에 따라 설비가 많이 좌우될 수 있으나, 가스배관은 바닥배관보다는 천정배관을 하여야 하며 차단기 이후의 배관에 밸브는 이중으로 하는 것이 안전하다. 특히 도시가스를 사용하는 경우에는 설비업자와 상의하여 발열량이 낮지 않도록 하여야 한다. 기기는 반드시 발열량에 맞는 기기를 선택해야 불편이 없다. 가스를 사용하는 직원은 정기적으로 교육을 하여야 하며 안전수칙을 지키도록 훈련시켜야 한다.

3) 물

주방은 물 사용이 많은 곳이다. 주방요원들이 물을 사용하는데 요리하는 곳과 설거지 하는 곳을 분리하는 것이 좋으며, 설거지 하는 곳이 세척기가 설치된 곳과 분리되는 것은 옳지 않다. 물 사용이 많은 수도 가랑은 2중으로 설치하는 것이 편리하며 설비를 할 때 배관과 가랑 사이에 중간밸브를 설치하여 고장이 나더라도 쉽게 교체할 수 있도록 해야 한다.

4) 배수

물 사용이 많은 주방에서 배수기능은 매우 중요하다. 설치 후에 잘못이 발생하면 그냥 보수할 수 있는 것이 아니라 영업을 중단해야 한다. 그렇기 때문에 설치 시에 어느 기능보다 철저히 확인하고 또 확인하여야 한다. 트렌치를 매립할 때 물이 잘 흐르도록 하는 것은 기본이고, 청소하는 불편이 없도록 설치를 하여야 한다. 또한 트랩을 설치할 때는 이중으로 하여 집수정에 물이 고이지 않도록 하여야 한다.

5) 세척기

주방의 기능을 높이기 위해 빼놓을 수 없는 것이 식기세척기이다. 케이터링 사업이 대형화되면서 많은 양의 기물을 사람의 힘으로 처리하기에는 효율성이 떨어져, 효과적으로 일의 능률을 올릴 수 있는 세척기를 선호하고 있다. 또한 세척기를 사용하면 위생관리에도 도움이 되므로 많은 호응을 하고 있다.

6) 냉동시설

식자재를 넣어 둘 냉동시설은 주방 규모와 메뉴에 따라 다를 수 있으나, 식자재가 충분히 들어갈 수 있도록 계획하여 설치해야 한다. 설치 후에 식자재를 너무 많이 넣다보면 냉동기능이 떨어져 식자재가 부패하여 원가상승을 가져올 수 있다. 특히 냉동고는 선입 선출해야 하는 식자재는 입구에서 편리하게 출고할 수 있도록 이중으로 설치하는 것도 바람직하다. 냉동고는 조금만 관리를 게을리 하면 식자재가 상할 수 있으므로 다음과 같은 사항에 유의하여야 한다.

① 냉동고에 장기간 보관해도 식자재가 부패하지 않는다고 맹신해서는 안 된다.
② 냉동고 외부에 냉동고 안의 온도를 측정할 수 있도록 온도계를 설치하여 수시로 점검하여야 한다.
③ 검수가 끝난 식자재는 이미 보관된 식자재와 자리를 바꿔 항상 먼저 들어온 식자재를 먼저 사용할 수 있도록 해야 한다.
④ 검수가 끝난 식자재는 유효기간에 따라, 주방에서 식자재를 소비할 수 있는 기간에 따라, 자주 사용하는 식자재에 따라, 선입 · 선출이 편리하도록 관리해야 한다.
⑤ 가열된 음식은 반드시 식혀서 넣어야 한다.
⑥ 냉동고의 문을 열고 닫는 것은 신속하게 해야 한다.

7) 냉장시설

냉장시설은 메뉴에 따라, 주방시설에 따라 설치하되, 식자재를 편리하게 꺼내 쓸 수 있도록 하여야 한다. 냉장고를 자주 열고 닫는 것은 좋지 않으므로 자주 사용하는 식자재는 별도보관 하는 것이 좋으며, 가열된 식자재나 음식은 반드시 식혀서 넣어야 한다. 신선한 식자재나 조리된 식자재는 분리하여 넣어둘 수 있도록 하는 것이 좋고, 냄새가 나는 식자재는 밀폐용기에 넣어 보관하는 것이 옳다.

① 냉장고의 온도는 식자재가 얼지 않도록 온도를 유지해야 한다.
② 조리된 음식과 조리할 음식은 반드시 구분하여 보관한다.
③ 음식물을 보관할 때는 보관기물에 담아서 보관한다.
④ 남은 음식을 보관할 때는 상하지 않도록 위생관리를 철저히 해야 하며, 당일 처리하지 못할 것은 폐기하는 것이 좋다.
⑤ 냄새가 나는 식자재는 비닐 등으로 포장하여 주변 식자재가 냄새에 흡수되지 않도록 각별한 주의를 해야 한다.
⑥ 가열된 음식은 반드시 식혀서 넣어야 한다.
⑦ 냉장고의 문을 열고 닫는 것은 신속하게 해야 한다.

8) 제빙기

규모가 작은 곳에서는 얼음을 매입하여 사용하는 것이 좋으나, 규모가 크면 제빙기를 설치하여 사용하는 것이 편리하다. 규모나 사용량에 따라 크기를 결정해야겠지만, 주의할 점은 설치 전에 전기, 급수, 배수공사는 검토가 이루어져 문제가 없어야 한다. 특히 급수는 식수로 사용할 수 있는 배관에 연결을 해야 하며, 식수는 음용수로서 결격사유가 없어야 한다.

T I P 덤웨이터

음식 엘리베이터이다. 단층구조에서는 필요치 않으나, 주방과 객석이 층으로 분리된 곳에서는 반드시 필요한 설비이다. 그러나 사용 시에 금해야 할 사항이 많으므로 꼭 지키면서 사용해야 한다.

- 사람이 타고 운행하는 것을 절대로 금한다.
- 덤웨이터 시공 전에 사용할 수 있는 용량에 대해 충분한 협의를 끝내야 하고, 협의가 끝나면 원칙에 맞게 시공하여 사용할 때 중량을 초과하여 사용하는 것을 금한다.
- 식자재를 운반하려고 할 때 어느 한쪽이 무겁도록 하는 것은 위험성이 있으므로 금한다.
- 이물질이 끼지 않도록 조심해야 하며, 청소할 때 물을 사용하면 누전이 될 수 있으므로 금한다.
- 문을 열고 닫을 때 매우 조심해야 한다. 사용한 후에 키 관리를 실수하지 않도록 유의한다.
- 담당자 이외에는 사용을 금한다.

4. 주방기구

주방기구의 선택은 메뉴에 따라 다르지만, 주방을 새로 시설하는 경우에는 다방면으로 면밀한 검토가 이루어져야 한다. 주방기구는 고가의 제품이 많기 때문에 조금만 방심해도 시설비 투자가 상상 외로 많아진다. 그렇기 때문에 처음 시설할 때에 계획을 잘 세워 설계를 해야 한다. 꼭 필요한 기구가 어떤 것인가를 파악하여, 시설 후에 불필요한 기구가 없도록 해야 한다. 조심할 것은 조리할 때에 작업 공간 동선이 여유가 없으면 효율성이 떨어지므로, 기구 설치를 배치할 때 유의해야 한다.

(1) 주방기구를 배치할 때 작업 동선을 편리하게 만들어 주어야 한다.

렌지(가스, 전기)를 설치할 때 오븐과 튀김기(가스, 전기), 구이기(가스, 전기), 찜기 등의 동선이 분리되지 않아야 하며, 밥솥과 국솥, 온장고 등도 같은 라인에 있어야 한다. 반찬 냉장고나 반찬용기, 배식대는 작업대와 동선이 같아야 한다. 냉장고도 작업대와 가까이 배치하고, 살균소독기는 싱크대와 세척기 라인에 배치해야 편리하다.

(2) 가스 스팀설비는 배기구의 가까운 곳에 설치해야 한다.

스팀설비는 가능한 배기구를 단독으로 사용할 수 있도록 설치를 하여야 하며, 반드시 출입구 반대방향에 설치해야 한다. 출입구와 가까이 있으면 무심코 출입하는 사람들에게 피해를 줄 수 있다. 또한 찬 음식을 만드는 곳과도 동선을 멀리해야 한다.

(3) 작업대는 음식에 따라 다르겠으나 방법에 따라 분리시켜야 한다.

작업대는 조리사들이 움직이는데 불편이 없도록 하여야 하며, 선반 사용을 용이하게 하여야 한다. 반찬을 만들어 보존용기에 이동하는데 동선이 길면 위험성이 있으므로 보존용기, 배식세트 등은 같은 라인에 두어야 한다.

(4) 식자재 관리(반입, 반출)가 편리하도록 하여야 한다.

주방기구 설치를 할 때 간과하기 쉬운 것이 출입구이다. 식자재가 출입구를 통하여 반입 · 반출이 되던, 덤웨이터를 이용하여 반입 · 반출이 되던 간에 식자재가 들어오고 나가는 동선이 잘못되어 있으면, 조리를 하는 과정에서 서로 엇갈려 서로가 매우 불편하기 때문에 각별히 주의해야 한다.

(5) 냉장 쇼 케이스는 고객이 잘 보이는 곳에 설치해야 한다.

제과에서 사용하는 쇼 케이스는 고객의 출입이 잦은 곳에 설치하여야 하며, 특히 일식 카운터에 설치하는 쇼 케이스는 고객이 보는 것으로도 식욕을 돋울 수 있도록 잘 보이는 곳에 시설하여야 한다.

5. 조리기구

주방에서 사용하는 조리기구는 정해진 시간 내에 음식을 생산하기 위해 기본적으로 필요한 것이다. 양질의 음식을 제공하기 위한 조리기구는 기계의 발전과 함께 많은 부분이 향상되어 조리사가 편리하게 사용할 수 있도록 품질이 개선되었다. 이 기구는 용도에 맞게 잘 사용해야 하며, 사용 이외의 목적으로 잘못 사용하면 인체에

해를 입을 수도 있으므로 조심하여야 한다.

조리기구를 사용하다가 기구에 이상이 있을 때에는 사용을 중단하고 적절한 조치를 취하여 안전에 이상이 없도록 하여야 한다. 또한 위생적인 관리를 잘못하였을 때는 음식에 문제가 발생할 수 있으므로 항상 조심해야 한다. 기구들은 메뉴에 따라 다르겠으나, 공용으로 사용할 수 있는 기구들을 살펴보면 밥솥, 국솥, 프라이팬, 칼, 도마, 대 포크, 해머드 집게, 대 젓가락 등이 있다.

6. 조리기구의 관리

칼, 도마, 행주는 항상 살균과정을 거쳐 사용해야 하며, 식기류를 세척하는 세척기는 세제가 적정량 투입되어 세척이 잘되도록 관리를 해야 한다. 특히 행구는 과정에서 수온이 낮아지지 않도록 주의해야 한다.

① 칼은 사용 후 항상 제자리에 놓아야 한다. 방심하여 아무 곳에나 방치하면 사고를 부를 수 있는 위험성이 있다.
② 행주나 도마 등은 사용 후 세제와 뜨거운 물로 깨끗하게 하여 이물질(대장균 외)로부터 보호해야 한다.
③ 믹서기는 사용 후 잘 닦아야 하지만, 특히 고기를 가는 대형 믹서기는 사용 후 깨끗이 잘 닦아야 한다. 게으름을 피워 방치했다가 그곳에 곰팡이가 발생하는 것을 볼 수 있으므로 관리를 철저히 해야 한다.
④ 기구는 용도에 맞게 사용해야 한다.

TIP 프라이팬을 오래 사용하려면?

프라이팬을 렌지에 올려놓고 물을 적당히 넣은 다음, 소금 또는 식초를 약간 넣고 끓인다. 충분히 끓여졌다고 생각했을 때 물을 버리고 부드러운 타월이나 키친타월로 깨끗이 닦아준다. 그리고 약한 불에 1분 정도 달군 후 식용유로 전체를 바른다는 자세로 반복하여 해 주면 오래도록 사용할 수 있다.

7. 조리기구의 위험성

조리하는 기구는 위험성이 많으므로 조리 시에 다치지 않도록 해야 한다. 실수로 조리할 수 없는 상태의 상처를 입게 되면 본인도 문제가 있지만, 행사에도 큰 지장을 줄 수 있기 때문에 다음과 같은 사항에 주의한다.

① 칼을 사용 후 반드시 칼 보관함에 꽂아야 한다.
② 믹서기를 사용할 때 위험성이 있으므로 조심하여 다루어야 한다.
③ 튀김 종류의 음식을 조리할 때 기름이 과열되지 않도록 주의해야 한다.
④ 가스를 사용한 후 밸브조작을 확실히 해야 한다.
⑤ 전기를 사용하는 기구는 용량에 맞게 사용하여야 하며, 코드에 물을 가까이 하지 않도록 항상 주의해야 한다.
⑥ 자주 발생하는 경우는 아니지만 오븐을 취급하거나 냉면기계, 베이커리기계 등을 다루면서 상처를 입거나 다치는 경우가 있으므로 조심해야 한다.

8. 기물

기물은 종류가 다양하여 케이터링Catering 사업을 하기 위해 계획을 세울 때에 면밀한 검토를 하여 예산에 맞게 실버 기물을 할 것인가, 스테인리스를 할 것인가, 플라스틱 외 기타 제품으로 할 것인가를 주방 기능에 맞춰 세워야 한다. 중요한 기물의 종류 중 테이블 기물을 살펴보면 다음과 같다.

① 스푼Spoon : Soup Spoon, Tea Spoon, Korea Spoon, Ice-cream Spoon, Dessert Spoon 등이 있으며, 용도에 따라 Long Spoon, Serving Spoon 등도 있다.
② 나이프Knife : Dinner(Meat) Knife, Fish Knife, Appetizer Knife, Butter Knife 등이 있다.
③ 포크Fork : Dinner(Meat) Fork, Fish Fork, Appetizer Fork, Dessert Fork, Salad Fork 등이 있다.

④ 카스터Caster : Butter Bowl, Salt, Pepper 등이 있다

⑤ 기타 Sauce Bowl, Finger Bowl, Bread Basket 등이 있다.

9. 주방환경

주방은 청결을 요하는 장소이므로 특별히 환경에 대해 신경을 써야 한다.

① 1일 1회 이상 청소를 해야 한다.

② 월 1회 이상 벽과 천정을 청소해야 한다.

③ 월 1회 또는 2개월에 1회는 환기구를 깨끗이 청소하여, 음식을 만들 때 이물질이 떨어지지 않도록 해야 한다.

④ 주방 내 조명은 어둡지 않도록 해야 한다.

⑤ 폐유는 반드시 폐유수거업자를 통해 반출하여야 하며, 하수구에 버리는 일이 없도록 해야 한다.

⑥ 소독은 정기적으로 하되 빠트리지 않고 하여야 한다.

⑦ 여름철 해충이 들어오지 않도록 관리를 하여야 한다.

⑧ 환기가 잘되어 작업환경이 쾌적해야 한다.

제2절 주방위생과 안전

1. 주방위생

주방위생의 가장 기본적인 사항은 고객의 건강에 있다. 아무리 안전한 상품을 제공했다 하더라도 고객의 건강에 이상이 발생하여 불평이 들어온다면 위생상 책임을 피할 수 없다. 설령 업소에 책임이 없더라도 도의적인 책임에서 벗어날 수는 없다. 문제가 발생하면 냉장고, 냉동고 등의 기기부터 식재료 반입, 식자재 유효기간 관리,

청결상태를 비롯하여 개인위생, 특히 보건증 등에서부터 청소상태까지 다양한 검열을 받게 된다. 그러기에 주방에서는 음식을 만들기 전에 재료를 점검하여 조금이라도 변질된 식자재가 있으면 폐기한다. 특히 냉동된 식자재라 하더라도 냉동고를 맹신해서는 안 된다. 장기 보관된 식자재는 냉동고에서도 변질될 수 있기 때문이다.

2. 상품의 부패성

음식은 만들어 오래 놓아둘 수 없다. 만들어 바로 판매하거나 소비하지 않으면 부패할 수 있기 때문이다. 식재료에 따라 다르겠으나, 음식은 짧은 시간 내에서도 상할 수 있다는 것을 명심하고 항상 주의해야 한다. 또한 냉장고에 보관하면 안전하다는 일반적인 상식 때문에 음식을 만들어 냉장고에 넣어두었다가 시간이 흐르면 버리게 되는 경우가 종종 있다. 그것은 냉장고를 맹신하는데서 오는 잘못이다. 냉장고에 넣어두면 굳어버리는 음식도 있고, 냉장고에 넣으면 음식의 맛을 떨어뜨리는 재료도 있으므로 세심한 주의가 필요하다. 특히 다음 사항에 주의해야 한다.

① 생굴이나 어패류
② 냉동되지 않은 생선
③ 부패하기 쉬운 나물류(숙주, 고사리 등)
④ 유통기간이 짧은 햄 또는 소시지
⑤ 두부나 유제품

3. 해동식품

육류나 생선류를 해동할 때 유해요소가 식자재에 침범하지 않도록 각별히 주의해야 한다. 유해요소가 침범하지 않도록 하는 제일 좋은 방법은 식품을 냉동실에서 냉장실로 옮겨 시간을 여유 있게 가지고 해동하는 것이 안전하다. 냉동했던 식품을 해동할 때는 한 번에 먹을 수 있는 분량만 하는 것이 옳은 방법이고, 한 번 해동한 식품은 다시 냉동하는 것을 금해야 한다.

4. 조리할 때의 안전성

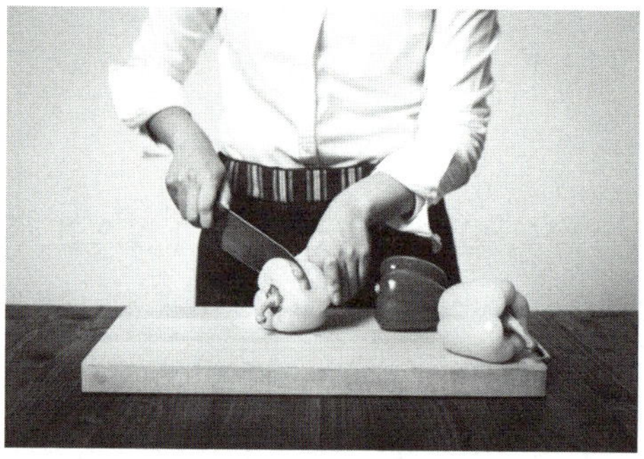

케이터링Catering 음식은 대부분 전날 만들거나 당일 만들어서 냉동차에 옮겨 이동한다. 그런데 이동하는 시간이 적게는 30분에서 길게는 2~3시간이 될 수도 있다. 그러기에 음식을 만들기 전에 식재료에 대해 잘 살펴야 한다. 조그만 부주의로 행사장에서 음식이 변질되어 제공된다면 큰 문제가 발생될 수 있기 때문에, 안전에 문제가 없도록 세심한 주의를 해야 한다.

(1) 유통기간이 넘은 식재료는 금해야 한다.

음식을 만들기 전에 식재료의 유통기간을 확인하는 것은 조리사의 기본이다. 유통기간을 넘긴 재료를 사용하여 고객의 안전에 이상이 발생한다면, 조리사 한 사람의 문제가 아니라 업소 전체의 문제가 된다.

(2) 변질되기 쉬운 식재료는 가급적 피해야 한다.

식재료에는 시간에 따라 변질되기 쉬운 재료가 있다. 상대적으로 다른 재료보다 쉽게 부패되는 것은 숙주, 고사리, 그리고 유부초밥 등으로 여름에는 사용을 자재하는 것이 좋다.

(3) 따뜻한 음식은 반드시 당일 준비해야 한다.

케이터링은 찬 음식과 따뜻한 음식이 구분되는데, 식어서 굳어지는 음식은 전날 준비해 놓는 것을 피해야 한다. 반드시 당일 준비하여야 하며, 따듯하게 제공되어야 할 음식은 알코올을 준비하여 항상 음식이 식지 않도록 주의하여야 한다.

(4) 뜨거운 물체에 의한 상해를 조심한다.

조리과에서는 뜨거운 물을 많이 사용하고 튀김 등을 위한 기름을 많이 사용하는데, 뜨거운 물체로 인한 안전사고가 많이 발생한다. 손을 데이거나 상처를 입는 경우도 종종 발생하지만, 때에 따라 드물게는 식용유기름이 자연 발화되어 화재가 발생하는 경우가 있기 때문에 정신을 집중하여 관리하여야 한다. 자칫 소홀하여 방심하면 취급부주의로 인한 대형화재로 변할 수 있다.

(5) 찬 음식이라도 생선회, 김밥 등은 당일 준비해야 한다.

생선회, 육회, 김밥 등은 찬 음식이라도 반드시 당일 준비하여야 하며, 음식을 만들면서 이물질이 들어가지 않도록 주의해야 한다.

(6) 유통기간이 지나지 않았더라도 남은 기간이 짧은 자재에 대해서는, 기한 내에 조리하여 소비할 수 있도록 관리해야 한다.

(7) 유통기간이 지나지 않았더라도 캔 제품 등 공산품은 조리할 때 다시 한 번 확인하고 사용해야 한다.

(8) 기물을 항상 청결히 관리하는 습관을 들여야 한다.

(9) 조리할 때 바닥이 미끄러우면 넘어져 사고가 발생할 수 있으므로 자주 닦아야 한다.

(10) 칼을 사용하는 안전수칙

① 조리하는 과정에서 칼을 사용목적 외의 사용을 금해야 한다.

② 주방에서 이동 중 칼을 소지하고 다니는 것은 금해야 한다.
③ 칼은 반드시 사용 후 지정장소에 보관하여야 한다.
④ 칼을 가지고 장난하는 것은 사고로 이어질 수 있다.
⑤ 칼끝으로 캔의 뚜껑을 따는 것은 피해야 한다.

5. 케이터링 시 냉동차 위생관리

① 외부에서 행사를 하므로 음식을 탑재하기 전에 청소를 깨끗이 해야 하며, 행사 후 기물을 다 내린 후에도 청소를 해야 한다.
② 차 안의 온도는 음식이 탑재해 있을 때는 항상 4~5℃ 이하를 유지할 수 있도록 해야 한다. 자칫 관리를 잘못하여 0℃ 이하로 떨어져 음식을 얼리는 경우도 종종 있으므로, 차가 출발하기 전에 온도를 꼭 확인해야 한다.
③ 음식을 탑재한 후에는 문 개방을 자재해야 한다. 문을 자주 열고 닫을 경우, 외부온도에 민감하게 반응하여 음식이 상할 수 있으므로, 매우 조심하여 꼭 열어야 할 경우에만 열고, 용무가 끝나면 바로 닫아야 한다.
④ 음식을 탑재한 후 흔들리지 않도록 고정하는 것을 잊지 않아야 한다.
⑤ 왜건과 같이 탑재할 때는 왜건이 흔들리지 않도록 고정하는 것은 물론이고, 왜건 위의 음식이 흔들리지 않도록 각별히 유의해야 한다.

TIP 봄날의 꽃전

차(茶)의 유래는 어느 날 물을 끓이던 중 바람이 불어 나뭇잎 한 장이 끓는 물에 떨어졌고, 그때부터 마시기 시작했다는 이야기가 있다. 그렇다면 이 꽃전은 혹시 앞마당에서 부녀자들이 전을 부치고 있을 때 마침 거기에 꽃잎 한 장이 떨어져 생긴 음식은 아닐까?
– 원재훈 저, 내 인생의 밥상

CATERING

케이터링

CHAPTER 11

식자재관리

CATERING
케이터링

식자재 관리에서의 매출은 영업 능력에 따라 많은 차이가 있다. 또한 영업장을 몇 개나 가지고 있느냐, 몇 명이나 수용할 수 있느냐에 따라 많은 편차가 난다. 궁극적인 목적은 이윤추구이지만 어떻게든 매출만 많이 올린다고 영업을 잘하는 것은 아니다. 아무리 많은 매출을 올렸더라도 관리를 잘못하여 지출이 많으면 순이익은 그만큼 줄어든다. 특히 계절에 따라, 기후에 따라 변동이 심한 식자재는 조그만 방심에도 눈에 보이지 않는 지출이 늘어난다. 더불어 식자재를 어떻게 잘 관리하느냐에 따라 원가관리에 큰 영향을 미친다.

제1절 원가절감

1. 적정한 원재료

조리하는 사람은 만들고자 하는 음식에 어떤 식자재가 어디에 어느 정도 필요한지 정확하게 파악하고 있어야 한다. 그렇지 못하면 필요한 양보다 많은 재료를 사용하여 음식을 만들고 나면 반드시 남는 음식이 있게 되고, 그만큼의 원가상승을 가져오게 된다. 반대로, 원가를 줄인다고 재료를 적게 사용하여 음식을 두 번 만들게 되면 그에 따른 원재료가 많이 사용된다.

2. 원재료의 신선도

조리과에 들어온 식자재는 어떻게 하면 신선도가 떨어지기 전에 고객에게 제공될 것인가에 대해 연구하고, 또한 연구한 데이터를 분석하여 적정한 예상고객을 유추해야 재료의 손실을 막고 순이익에 기여하여 원가상승을 억제할 수 있다.

3. 원재료와 주방기구

원재료가 기기관리의 잘못으로 쉽게 상하여 버려지게 되는 상황을 만들지 않아야 하며, 그러한 경우를 대비하여 기기마다 관리자를 지정하여 항상 비상 상황에 대처하는 훈련을 지속적으로 해야 한다. 특히 냉동시설과 냉장시설의 경우, 관리를 소홀히 하여 원재료를 폐기처분하는 경우가 종종 발생하는데, 그로인한 원가상승은 순이익에 많은 영향을 끼친다.

제2절 식자재관리의 목적

식자재를 관리하는 목적은 불필요한 원재료의 손실을 막기 위함이다. 관리소홀로 원재료의 신선도를 떨어지게 한다거나, 적정량보다 많은 재료를 사용하여 음식이 버려지게 한다거나, 적기에 사용하지 않은 원재료를 폐기한다거나 하는 것 등을 사전에 예방하자는 것이 관리의 목적이다. 특히 다양한 유통체계 속에서 어떻게 하면 물류비용을 절감할 수 있는가를 연구하여 비용 상승을 줄일 수 있도록 끊임없이 노력해야 한다.

예를 들어, 육류나 생선 등을 계획보다 많이 구매하여 사용 시기를 놓쳐 사용할 수 없게 된다면, 그 금액은 자연히 원가의 손실로 이어지게 되어 원가상승의 요인을 유발시키게 된다. 그러므로 지출을 줄일 때는 식자재의 관리가 매우 중요하다. 우선 좋은 품질의 상품을, 필요한 시간에, 저렴하게 구입해야 하는 구매관리와, 구매한 상품이 필요한 부서에서 요구한 규격과 수량 등에 하자가 없는지를 확인하는 검수관리, 검수한 상품을 저장해야 할 상품과 즉시 사용해야 할 상품을 필요한 부서에 이동시키면서 먼저 들어온 상품을 먼저 출고하는 창고관리 등은 식자재 원가관리의 축이 된다.

식자재관리는 원가가 매출액에 35% 정도(계절에 따라, 반입량에 따라, 기후 등에 따라 편차가 많음)를 차지하므로, 알맞게 구매하여 신선도를 유지하며 재고가 남지 않도록 사용하여 이윤추구에 최선을 다하는 것이 잘한다고 할 수 있다.

제3절 구매관리

1. 구매관리

식자재 구매는 캔 종류와 햄, 어묵 등 가공식품과 육류, 해류, 야채 등의 비 가공식품을 구분하고 조리를 요하는 자재인가, 완제품으로 사용하는 자재인가를 분리 구매하여 창고에 입고시켜야 한다. 당일 사용분의 일정량을 제외하고는 단기 저장해야 할 식자재와 장기 저장해야 할 식자재를 선별한 다음 육류, 해류, 야채, 유지 등을 필요한 시기에 편리하게 사용할 수 있도록 구매해야 하며, 가장 저렴한 가격에 구입해야 하는 까다로운 관리이다. 특히 구매자는 시장의 물동량 이동에 대해 수시로 점검하면서 가격변동과 구매품목의 품귀현상 등의 변화에 신속히 대처할 수 있는 능력이 있어야 한다.

또한 구매하려는 식자재가 없을 때 대처하는 능력이 있어야 하며, 구매하려는 식자재의 단가가 너무 높을 때 단가가 낮은 대체 품목을 선택하여 공급할 수 있도록 해야 한다. 다만, 미리 구매하기 전에 식자재를 사용하려는 부서와 협의하여 관철시킬 수 있도록 조치해야 한다. 더불어 구매를 담당한 구매자의 인격은 도덕적으로 책임을 질 수 있어야 하며, 숫자에 부정이 없는 사람이어야 한다.

① 구매자는 좋은 식자재를 구매했을 때 사용하는 부서에서 보기에도 좋고 맛도 좋은 음식을 만들어 고객에게 제공된다는 것을 인식해야 한다.

② 구매자는 자재를 잘못 구매했을 때, 오래 보관을 하지 못하거나 사용하려는 부분보다 버리는 부분이 많으면 조리사들의 손이 많이 필요하다는 것도 염두에 두어야 하며, 그랬을 때 자재손실이 매우 높다는 것을 인식해야 한다.

③ 구매자는 항상 시장조사를 하고, 시장을 조사한 데이터를 가지고 사전에 구매 가능한 품목별로 일주일 단위, 월 단위 물가변동의 추이를 분석하여 구매요청이 없더라도 미리 구매를 하여 필요한 부서에서 자재 때문에 고객에게 음식을 제공하지 못하는 문제가 발생하지 않도록 항상 유의해야 한다. 또한 구매 책임자와 담당자는 격주로 시장조사를 하여 물품이나 가격변화에 대한 데이터를 분석하여 통계자료를 만들어 참고할 수 있는 지혜가 있어야 한다.

④ 구매자는 구매업무를 원만하게 수행하기 위해서는 육류면 육류, 해류면 해류, 가금류면 가금류, 야채면 야채 등 자재가 생산되는 생산지, 어느 상회에서 어느 자재를 많이 보유하고 있는지, 어느 시기에 식자재를 구매해야 하는지, 어느 자재가 어디에 사용되는지 등의 많은 노하우를 가지고 있어야 한다. 그러기 위해서는 구매물품이 생산지에서 어떠한 경로를 거쳐 시장으로 반입되는가를 살펴볼 필요가 있다. 또한 구매자는 생산지를 직접 방문하여 필요한 정보를 수집하여 구매하는데 활용할 수 있어야 한다.

⑤ 구매자는 식자재에 따라 다르지만 농수산물, 특히 야채나 생선 종류는 연중 가격이 최고와 최저가 약 20배 이상 차이가 날 때도 있으므로, 가격 변동사항에 끊임없는 관심을 가져야 한다.

⑥ 구매자는 유효기간이 지난 식자재를 구입하면 업소가 망한다는 사고를 가지고 있어야 할 정도로 중요하며, 유효기간의 표시방법도 식자재마다 다르므로 잘

살펴야 한다. 예를 들어, 몇 년 몇 월 몇 일까지로 표시되는 경우와, 제조일자를 표시하고 제조일로부터 몇 년 또는 몇 개월까지로 표시하는 경우 등이 있다.

⑦ 구매자는 캔류를 구매할 때 유효기간이 지나지 않았더라도 캔 밑과 윗부분이 볼록 나와 있으면 내용물이 부패되어 있다는 의미가 있으므로, 한 번 확인하고 구매해야 한다.

⑧ 냉동 식자재를 구매할 때 냉동이 되었다하여 무조건 믿는다는 것은 위험한 일이다. 간혹 겉과 속이 다른 식자재가 있어 행여 변질된 식자재를 구입할 수도 있으므로 반드시 확인해야 하고, 만일에 대비하여 반품했을 때 교환조건을 제시해 두어야 한다.

⑨ 구매자는 보다나은 식자재를 찾기 위해 생산지, 중간도매상, 소매상 등 긴밀한 유대관계를 가져야 하며, 어떻게 하면 좋은 자재를 저렴하게 구매해야 할까에 대해 끊임없이 노력해야 한다.

⑩ 구매자는 평소에 납품업자의 선물공세에 현혹되지 않아야 하며, 직접 구매를 할 때에도 판매인의 조그만 유혹에도 현혹되어서는 안 된다. 특히 명절에 받은 선물이 뇌물이 되지 않도록 주의해야 한다.

⑪ 구매는 구매물량의 확보가 어려웠을 때 그 물품의 구매를 포기하는 것은 옳은 태도가 아니다. 어떻게 하면 시장에 있는 물품 중에서 대안으로 사용할 수 있는 원재료가 있는가를 찾아서 활용할 수 있는 능력도 키워야 한다.

2. 구매방법

식자재는 일반 공산품과 달리 구매방법에 따라 좋고, 신선한 자재를 구입하면서도 여건에 따라 원가를 줄일 수도 있으나, 너무 원가에 치우치다보면 필요한 식자재를 필요한 시간에 구매를 하지 못하여 행사를 하는데 어려움이 발생하는 경우도 있으며, 때로는 시세보다 훨씬 비싼 가격으로 구매하여 원가관리에 손해를 보아야 하는 경우도 발생한다. 그러므로 구매방법은 순이익을 창출하는데 일익을 담당할 수 있으므로 대단히 중요하다. 업소 규모에 따라 구매방법이 많이 다르겠으나, 대규모의 업소에서는 공개입찰 방식과 수의계약 방식, 기타 구매방식을 택할 수 있고, 소규모 업소에서는 수의계약 또는 전화구매, 직접구매 방식을 택할 수 있다.

1) 공개경쟁 방식

식자재의 구입량이 많을 때 납품업자를 선정하여 공개적으로 경쟁시키는 방식으로 양, 규격, 납품방법 등 동일한 조건 하에서 제일 낮은 가격을 제시한 납품업자를 선정하여 공급자로 결정하는데, 경쟁 참가자는 대부분 3명 이상이 경쟁하도록 하는 방식을 말한다. 좋은 식자재를 저렴하게 공급받을 수 있는 장점이 있는 반면에, 절차가 까다롭고 시간이 많이 소요되는 단점이 있다. 더불어 너무 낮은 업자를 선정하였다가 업자가 약속이행을 하지 못한 상태에서 부도로 잘못되는 경우는 선의의 피해를 볼 수도 있다.

2) 수의계약 방식

공급업자를 임의로 선정하여 식자재를 납품받는 형식으로, 대부분 특정품목을 정하여 쌍방 간에 계약서를 작성하고 계약단가에 의해 공급받는 형식으로 계약만 끝내고 나면 구매절차도 간단하고 구매시간이 적게 걸리지만, 구매자와 납품업자 간에 담합에 의해 불미스러운 일이 발생하는 우려가 있고, 잘못 관리하면 그에 따른 비용이 높아질 수 있다.

3) 전화구매 방식

구매자가 각 부서의 구매의뢰서를 취합하여 전화로 주문을 하는 방식으로 매우 편리하기는 하나, 구매자는 수시로 시장조사를 잘해야 하고 물동량 추이의 변화에 대한 정보를 정확하게 알아야 하는데, 자칫 소홀했다가는 구매처의 농간으로 구매하고 나서 납품업자와 의견 차이를 좁히려는 것은 어리석은 행동이다. 또한 배달하는 비용이 식자재의 가격에 포함되므로 여러 곳에 분산되어 주문한 식자재를 한 곳에 집합

시켜 공급받아야 편리하다. 그러나 자재를 직접 눈으로 보고 구매하는 것이 아니라 질이 떨어진 자재를 공급받을 수도 있고, 당일에 저렴한 자재를 대체할 수 있는 여건도 부족하다.

4) 직접구매 방식

구매자가 좋은 자재를 찾아 직접 구매하는 방식으로, 매일 시장에 직접 가서 자재를 눈으로 보고 싱싱하고 질이 좋은 물건을 구매하는 데는 좋으나, 자재가 품귀되었을 때 대체능력이 부족하다. 또한 가격변동이 많은 자재를 어느 특정 구매처가 단독으로 매입하여 계약고객에게만 공급하려고 할 때 어려움이 있고, 구매자와 구매처 간에 약간의 부정이 있어도 쉽게 발견할 수가 없다.

5) 단가계약의 구매 방식

연간이나 분기별로 특정 품목을 정하거나, 가격변동이 많은 품목 또는 연간 품귀 현상이 자주 일어나는 품목을 정해 특정업체를 선정하여 단가를 계약하여 납품받는 형식으로, 연 중 좋은 물건을 동일한 가격(단가계약 가격)으로 공급받기 때문에 원가를 계산하기에 편리하고, 품귀현상이 자주 일어나는 품목이라도 자재가 없어 곤란을 겪는 일은 발생하지 않는다. 그러나 기후변화가 없고 연 중 식자재가 변동할 수 있는 원인이 발생하지 않는데다, 시장에 연 간 자재공급도 원활하고 가격변동이 많지 않을 때는 타 업소에 비해 원가비용이 많이 들어 경쟁에서 밀릴 수도 있는 단점이 있다.

제4절 검수관리

검수자(檢受者)는 구매자가 구매한 식자재에 대해 하자가 없는가를 확인하는 과정인데, 매우 어렵고 중요한 자리이다. 구매자보다 다방면에 많이 알아야 하고 식자재

를 보는 눈이 밝아야 한다. 예를 들어, 과일을 구입할 때 상식적인 구입방법은 겉이 매끄럽고 깨끗하며 흠집이 없는 것이 맛이 좋다고 하였는데, 경우에 따라 겉은 매끄럽고 깨끗해도 맛이 없는 경우가 있다. 구매는 좋다고 사왔으나, 검수에서까지 발견을 못했을 때 고객에게 불평을 들을 수도 있다. 불평이 나왔을 때 책임 소재를 따진다면 구매가 잘못했다고 할 수는 있겠으나, 검수도 책임을 면할 수는 없다. 그러므로 검수하는 사람은 상식적인 것 외에 전문지식이 많아야 하며, 구매자가 잘못 구매를 했을 경우 그 잘못을 발견할 수 있는 안목이 있어야 한다. 또한 검수과정에서 구매의 잘못을 발견하지 못하면 자재를 사용하는 부서에서는 불량 자재를 사용하여 고객의 항의를 들을 수 있다는 가능성을 항상 염두에 두어야 한다.

① 검수자는 구매의뢰서에 요구한 식자재와 납품업자의 계산서를 받아 대조한 뒤, 이상이 없을 경우 표시된 자재를 확인하고 계산서에 의해 구입된 식자재의 품목과 규격, 수량 등에 하자가 없는가를 배달하는 납품업자의 입회하에 검수한다.

② 검수자는 식자재가 구매부서의 요구사항에 대해 일반적인 사항 외에 특이사항이 있을 시에 특이사항에 대해 자세하게 점검하여 검수한 후, 잘못이 발견되면 반품해야 한다. 특이사항이란 부서마다 다를 수 있으나, 예를 들어 조리부서에서 새우의 크기에 20cm를 명기했을 경우, 반드시 그 크기의 새우가 납품되었는가를 확인해야 한다.

③ 검수자는 구매부서의 요구사항에 견본품이 있다면, 견본품과 동일한가를 반드시 확인하여 납품받아야 한다.

④ 검수자는 식자재를 검수할 때 반드시 유효기간을 살펴야 하고, 유효기간이 지난 식자재가 있을 시에는 즉시 반품한다. 특히 유효기간의 사용기간이 짧은 식자재에 대해서는 사용량을 조절하여 검수를 할 수 있는 노하우가 있어야 한다.

⑤ 검수자는 캔 종류를 검수할 때 유효기간 외에 캔의 불량은 없는지 캔의 상·하를 잘 살펴 검수하고 받아야 한다.

⑥ 육류를 검수할 때 신선도가 좋은지 색깔은 좋은지 살펴야 하며, 구매에서 요구한 등급을 잘 확인하고 요구한 등급보다 낮은 등급에 육류나 부위가 다른 부분으로 바뀌어 납품되는 실수는 없었는지 잘 살펴 검수해야 한다.

⑦ 검수가 완료된 식자재를 냉동실이나 냉장실, 창고로 이동하면서 부주의로 자재가 분실되거나, 급히 필요하다고 출고전표 없이 이동 도중 자재를 가져가는 경우가 종종 있으므로 입고가 완료될 때까지 항상 주의해야 한다.

⑧ 자주 발생하는 경우는 아니지만, 납품업자들이 간혹 자신이 보유한 식자재가 많을 때 협의도 없이 주문한 양보다 많게 배달하는 경우가 있는데, 이러한 경우 초과분은 즉시 반품해야 한다.

⑨ 검수자는 배달원이 모르게 납품하는 식자재와 함께 선물 등을 넣어 납품한 뒤, 전화로 선물이 있음을 알려 선물공세를 하는 경우가 있는데, 이러한 것은 사전에 차단해야 한다.

⑩ 검수는 검수하는 과정에서 얻은 정보를 분석하여, 구매에 필요한 정보가 있다면 그 정보를 구매에 활용하여 정당한 구매를 할 수 있도록 협조해야 한다.

TIP

유통기한

기업이 제품을 만들어 소비자에게 판매할 수 있는 기한을 의미한다. 보건복지부에서는 2013년도부터 유통기한은 지났으나 섭취해도 문제가 없는 식품에 대해 일부이긴 하지만 소비기간을 표시하는 방법을 정하였다.

표기방법

- 0000년 00월 00일까지
- 0000년 00월 00일부터 0000년 00월 00일까지
- 제조일로부터 00일 또는 00개월까지
- 개봉일로부터 00일 또는 00개월까지
- 유통기간이 없는 제품은 표기하지 않는다.

제5절 창고관리

창고관리는 검수된 식자재를 어떻게 잘 관리하고 어떠한 방법으로 잘 출고하느냐에 따라 누수현상을 막고 신선도를 유지할 수 있으며, 부서에서 필요할 때 즉시 공급할 수 있는 능률을 올릴 수 있다. 또한 재고관리를 함께 해야 하는데, 식자재를 어떻게 효율적으로 관리하느냐에 따라 자금회전을 원활하게 운영할 수 있는가와 연관되어 있다. 창고관리를 잘못하여 많은 자금이 창고에 사장되어 눈에 보이지 않는 원가 상승요인을 유발시켜 회사로서는 커다란 손실을 가져올 수 있다. 창고관리를 하는 사원으로서는 자재를 필요로 하는 부서에서 필요한 시간에 공급을 하려면 쉬운 일은 아니지만 구매와 긴밀한 유대관계를 유지해야 하며, 창고에 반드시 있어야할 재고가 바닥이 나는 일이 발생하지 않도록 항상 주의해야 한다.

창고관리란, 재고물품을 적정하게 유지하려는 계획 아래, 장기보관 할 수 있는 품목과 단기보관 해야 할 품목을 선별하여 먼저 들어온 자재를 먼저 사용할 수 있게 제도적으로 운용해야 한다. 관리를 잘못하여 필요한 재고가 바닥이 난다거나 너무 많은 자재가 입고되어 과잉상태에서 변질이 되면 위생상도 문제가 발생하지만, 기업에 금융 부담을 가져와 자금운용에 지장을 초래할 수 있다. 특히 변질이 되었거나 부패하기 쉬운 제품의 관리를 잘못하여 재고로 남았다가 재고조사 시 발견되어 폐기처분되면 원가관리에 큰 문제가 생길 수 있다.

① 식자재를 입고시킬 때 반드시 수량을 확인하고 전 재고와 합산하여 잔고를 확인한 후 재고대장에 기입해야 하며, 당일이나 다음날 사용할 수 있는 식자재에 대해서는 가능한 한 잘 보이는 곳에 보관해야 한다.

② 식자재를 입고시킨 후 재고대장을 확인하여 잔고에 이상이 없는지 확인하고, 계획된 예상 잔고보다 많지 않은지 꼭 검토해야 한다.

③ 식자재 창고관리는 냉동식품, 냉장식품, 비 냉장식품 등으로 구분하여 입고시키고, 먼저 입고된 자재가 있으면 먼저 출고할 수 있도록 위치를 바꿔 저장해야 한다. 또한 냉동이나 냉장고의 온도는 올바로 유지되고 있는가를 항상 점검해야 한다. 입고시킬 때 잘못하여 냉장실에 저장해야 할 식자재를 냉동실에 입고시켰을 경우 식자재가 얼어 폐기해야 할 경우도 발생하며, 반대로 냉동실에 보관해야 할 식자재를 냉장실에 보관하여 식자재가 변질되는 경우도 있으므로 세심한 주의가 필요하다.

④ 창고관리자는 매일 유효기간이 남은 상태를 점검하여 일지에 기록하고, 남아있는 유효기간이 짧은 식자재에 대해서는 사용하는 부서에 통보하여 유효기간 전에 사용할 수 있도록 유도해야 한다. 사용하는 부서에서 유효기간 전에 사용할 수 없는 경우에는 타부서에 협조를 구해 사용할 수 있도록 권유해서 유효기간이 지난 식자재를 사용하지 않도록 배려해야 한다.

⑤ 식자재에 따라 유효기간이 모두 다르므로, 창고에서 보관할 수 있는 재고기간을 설정하여 구매부서에서 구매할 때에 참고하도록 협조가 잘 이루어져야 하며, 재고대장을 수시로 점검하여 재고사항에 대해 보고하고 그 결과에 대해 구매부서와 상의해야 한다. 만약 입고가 되어야 할 시점에 사용하는 부서에서 구매요청이 없을 때에는 회의를 하여 필요한 식자재가 입고될 수 있도록 조치를 취해야 한다.

⑥ 출고를 할 때는 출고전표에 의해 해야 하지만, 출고전표는 식자재를 사용하는 부서의 소속 책임자의 결재 확인이 있어야 하며, 인수대장에는 반드시 인수하는 사원의 인적사항을 명기해야 한다.

⑦ 식자재 창고관리자는 검수가 끝난 자재를 창고에 입고시켜야 할 자재와, 검수와 동시에 구매부서로 이동시켜야 할 자재(저장이 곤란한 자재나 즉시 사용해야 할 자재)를 분리하여 사용부서로 이동시켜야 할 자재는 신선도, 수량, 물품의 상태를 확인시켜 즉시 인도해야 한다.

⑧ 재고조사는 품목별로 저장기간을 설정하여 월 단위, 주 단위, 일 단위로 구분하여 재고조사를 하고, 장부상 잔고기록과 실제 재고수량이 틀림없는가를 확인해야 한다.

⑨ 창고관리자는 최소한의 재고량을 유지하여 자재 회전률을 높일 수 있어야 하며, 원자재에 자금이 묶여 있지 않도록 노력해야 한다.

⑩ 물품 출고는 1일 몇 회로 정하여 출고하고, 가능한 시간을 정하여 출고하면 관리에 도움이 되며 인력낭비도 막을 수 있다.

CATERING

케이터링

CHAPTER 12

위생관리

CATERING
케이터링

위생관리는 공중위생, 식품위생, 개인위생 등으로 구분할 수 있으나, 법적으로는 공중의 질병을 예방하고 건강을 유지 · 증진시키기 위해 실시하는 공중위생과 식품으로 인해 발생하는 위해요소를 방지하고 국민보건증진에 이바지하기 위한다는 사전적 의미가 담겨 있다.

케이터링Catering 위생관리는 일반적인 레스토랑이나 외식사업의 위생관리보다 더 철저히 하여야 한다. 그것은 음식이란 상품이 생산과 소비가 동시에 이루어져야 하는 것이 원칙이지만, 케이터링은 생산과 소비가 동시에 이루어질 수 없는 특성이 있기 때문이다. 생산하여 소비하는 과정까지 이동하는 시간이 소요되는데, 그 시간만큼 위험성이 크기 때문에 조리사나 이동을 책임지고 있는 관계자들은 위생관리에 대한 인식이 더욱 높아야 한다. 특히 음식이 만들어져 이동할 때 냉동 탑차나 기타 이동수단을 동원하여 행사장까지 옮길 때에 상황에 따라 대처할 수 있는 위생관리가 필요하다. 그것은 일반적인 식품위생뿐 아니라 공중위생, 개인위생 등 모든 부분이 접촉되기 때문에 한시도 소홀히 할 수 없다.

케이터링Catering이란, 음식을 이동하는데 소요시간이 길면 길수록 위험성이 많이 노출되므로, 그에 대한 대비를 세심하게 살펴 불미스러운 일이 발생하지 않도록 위생관리를 잘하여야 한다.

제1절 공중위생

법은 공중이 이용하는 영업과 시설의 위생관리 등에 관한 사항을 규정함으로써 위생수준을 향상시켜 국민의 건강증진에 기여함을 목적으로 한다. 청결한 환경을 추구하는 현대사회에서 인테리어의 고급화, 상쾌한 분위기를 요구하는 깨끗함, 질병을 예방하고 건강을 지켜줄 수 있는 고객의 욕구에 부응할 수 있어야 하는 것이 공중위생이다.

1. 오염방지

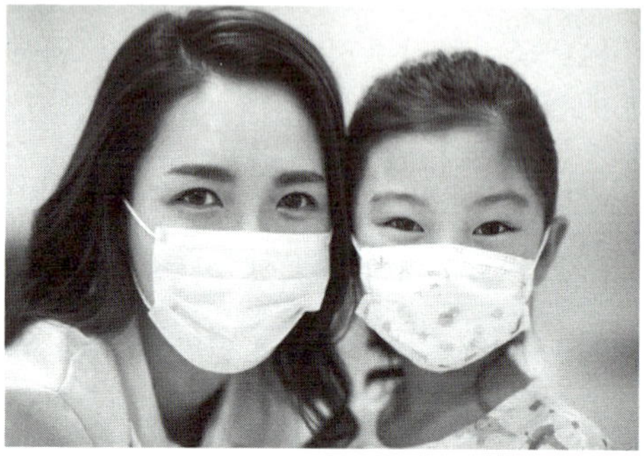

음식을 만드는데 반드시 물과 불이 필요하다. 물과 불을 사용하기 위한 시설을 할 때 얼마나 적법하게 잘 하느냐, 적법한 시설을 통제할 수 있는 기능이 설치되어있는가도 중요하지만, 최적에 조건보다 더 중요한 것은 그것을 사용하는 사람이 관리를 어떤 조건 하에서 어떤 방법으로 하느냐에 따라 수질오염이나 대기오염으로부터 유해물질을 효율적으로 줄일 수 있다.

1) 수질오염

수질오염에서 보면, 음식업을 하고 있는 업소에서는 물의 사용량이 많다. 그런데 지각이 없는 사람은 물에 대한 소중함을 잊고 함부로 행동하는 경우가 종종 있다. 하나의 예이지만, 조리사가 기름을 사용하다가 남은 폐유를 처리업자에게 의존하지 않고 하수구에 버리게 되면 그 폐유로부터 수질이 오염되어 물의 기능을 할 수가 없다. 물이 원래의 용도인 음용수로 사용할 수 없거나, 생태계에 악영향을 줄 수 있을 만큼 악화된다면 더불어 환경도 파괴되는 것이다. 그러므로 음식을 만들면서 사용하는 사람이 주의해야 할 몇 가지를 살펴본다.

① 식용유를 사용하고 버려야 할 폐유는 반드시 폐기물 처리업자에게 의뢰해야 한다.
② 식기세척기에 사용하는 세제는 용도에 맞는 것을 사용한다.
③ 청소할 때 사용하는 락스 등은 용도 외에 사용을 금해야 한다.

2) 대기오염

대기오염이란, 맑은 공기에 유해물질이 혼합되어 인체에 해가되는 것을 의미하며,

특히 호흡기계통의 질환을 일으켜 건강에 피해를 준다. 인간 활동에서 인위적으로 발생한 대기오염 물질, 즉 자동차나 공장 등에서 나오는 매연이나 배출가스 등에 의해 공기가 나빠져 일상생활에 미치는 영향이 매우 크다.

3) 토양오염

토양오염의 근본적인 원인은 농약 사용이나 화학비료의 사용 등이 있으나, 음식점이나 가정에서 배출하는 음식물쓰레기 매립 등으로 인한 오염도 심각하다. 그러한 환경오염으로 인해 토질이 나빠져 생태계에 악영향을 미쳐, 이제는 작물이 잘 자라지 않기 때문에 농작물 재배를 위해 다시 화학비료나 농약을 사용하는 악순환이 되풀이 되고 있다.

제2절 식품위생

음식물을 고객에게 제공하는 과정에서 발생할 수 있는 위해사항을 예방하기 위함이다. 「식품위생법」은 "식품으로 인하여 생기는 위생상의 위해(危害)를 방지하고 식품영양의 질적 향상을 도모하며 식품에 관한 올바른 정보를 제공하여 국민보건 증진에 이바지함을 목적으로 한다."로 되어 있다. 이것은 변질되지 않은 신선하고 좋은 재료로 안전한 먹거리문화를 만들기 위해서다. 그러기 위해서는 다음 사항을 유의해야 한다.

① 음식을 만드는 장소가 쾌적해야 한다.
② 식재료의 보관상태가 좋아야 한다.
③ 냉장 · 냉동실이 청결해야 한다.
④ 조리기구의 소독을 철저히 해야 한다.
⑤ 해충들이 음식물에 침입되지 않도록 주의해야 한다.

⑥ 음식물을 취급하는 종사원은 건강진단을 받아야 한다.

1. 식품안전관리인증제도HACCP

경제발전에 따라 케이터링 산업도 발전하게 되었으며, 케이터링 산업에 가장 영향을 미치는 음식에 대해, 위생적으로 불신을 갖지 않도록 하기 위한 소비자들의 관심은 '믿을 수 있고 위생적인 식품'이 공급되기를 바라는 데에 있다.

정부는 전 세계적으로 인정받고 있는 식품안전관리인증제도인 해썹HACCP을 모든 식품에 적용할 것을 적극 권고하고 있다. 업소 스스로 필요성을 느끼고 자진해서 위생관리를 함으로써 소비자에게 인정받을 수 있어야 성공할 수 있다는 것을 인식해야 한다. 다만, 섭취함으로써 위해가 가해질 위험성이 있는 배추김치, 어묵류, 피자류, 만두류, 면류, 어류, 빙과류, 레토르트 식품 등은 권고가 아닌 의무적으로 식품안전관리를 받도록 되어 있다. 케이터링 시설에서도 많은 사람이 이용하는 기내식 등 위생적으로 취급하지 않으면 집단식중독 가능성이 있기 때문에, 위해요인을 사전에 파악하여 예방하기 위해 식품안전관리인증제도 시스템을 도입하여 적용하고 있다. 식품안전관리인증HACCP을 받으면 유익한 점들은 다음과 같다.

① 소비자에게 위생적이라는 이미지를 줄 수 있다.
② 소비자가 믿고 상품을 구매할 수 있다.
③ 소비자의 불만을 줄일 수 있는 계기가 될 수 있다.
④ 법으로부터 보호를 받을 수 있는 가능성이 있다.
⑤ 홍보 효과를 얻을 수 있다.

2. 식중독예방

음식물의 부패변질 등으로 인해 음식물이 매개체가 되어 일으키는 질환이다. 어패류, 복어, 독버섯 등에서 발생하는 독에 의한 질환이나, 세균에 의해 감염되는 대표적인 살모넬라균, 비브리오균, 포도산균 등 모두가 소화기에 감염되어 복통을 일으키거나 설사를 하게 되는 질환이다. 이는 관리만 철저히 하면 충분히 예방할 수 있으므로 항상 개인위생을 철저히 해야 한다. 또한 조리에 사용하는 기물은 깨끗하게 청결을 유지하도록 습관화해야 한다. 예방을 위한 몇 가지를 살펴본다.

① 유통기한이 지난 식품은 사용하지 않는다.
② 신선하고 질 좋은 식자재를 사용한다.
③ 가금류나 해산물 등은 가급적 익혀 먹는다.
④ 음식은 적정온도에 보관한다.
⑤ 면역력이 약한 사람은 날음식을 피한다.
⑥ 식중독에 감염된 사람은 충분한 수분섭취를 해야 한다.
⑦ 곰팡이가 번진 음식은 과감하게 버려야 한다.
⑧ 손을 깨끗이 씻는 것이 매우 중요하다.
⑨ 병원균이 증식할 수 있는 환경을 만들지 않는다.
⑩ 질병에 노출되어 있는 종사자는 조리하는 것을 피해야 한다.
⑪ 조리하는 곳에 쥐나 바퀴벌레 등이 서식하지 않도록 하여야 한다.
⑫ 조리기구는 정기적으로 열을 이용하거나 소독을 철저히 하여야 한다.
⑬ 쓰레기는 오염물질이 남지 않도록 깨끗이 치워야 한다.
⑭ 폐기물(폐유) 등은 반드시 처리업자에게 의뢰하여야 한다.

3. 위생교육

「식품위생법」의 총칙은 "식품으로 인하여 생기는 위생상의 위해(危害)를 방지하고 식품영양의 질적 향상을 도모하며 식품에 관한 올바른 정보를 제공하여 국민보건의 증진에 이바지함을 목적으로 한다."로 되어 있고, 위생교육에 대해서는 "식음료 영업을 하고자 하는 자는 미리 위생에 관한 교육을 받아야 한다."로 규정하고 있다(「식품위생법」 제27조 2항). 신규로 음식업의 영업을 하고자 하는 자는 영업신고서를 관계 기관에 제출할 때 반드시 교육을 받고, 그 교육필증을 신고서에 첨부하여 제출해야 한다. 또한 기존영업자의 위생교육도 매년 실시하여야 한다는 점을 고객의 안전관리 예방에 규정하고 있다.

제3절 개인위생

1. 조리종사자

조리를 하는 종사자는 자신이 만든 음식이 제공되었을 때, 맛도 중요하지만 안전에 대한 자부심을 가져야 한다. 그러기 위해서는 칼이나 도마, 식기 등의 기물관리와 식자재 관리도 잘해야 하나, 특히 자신의 건강관리를 철저히 해야 한다. 만약 전염성 질병에 감염된 사람이 음식에 손을 대면 그만큼 위험이 높으므로 자제해야 하며, 다음 사항을 주의해야 한다.

① 반드시 손을 깨끗이 씻어야 한다.
② 머리카락이나 이물질이 떨어지지 않도록 조리 시에는 항상 위생모를 쓴다.
③ 앞치마나 위생복을 항상 깨끗하게 관리해야 한다.
④ 신발은 미끄럼을 방지하는 것을 신어야 한다.
⑤ 음식물 쓰레기는 당일 정리하여 청소해야 한다.
⑥ 조리 시 화상이나 상처를 입지 않도록 주의해야 한다.

2. 서비스 종사자

서비스업의 종사자는 고객과 대면하므로 용모와 복장이 단정해야 한다. 고객이 불결하다고 느끼는 순간 음식이 아무리 맛이 있더라도 시각적인 맛을 잃게 된다. 그러므로 다음 사항을 유의해야 한다.

① 반드시 손을 깨끗이 씻어야 한다.
② 화장은 가볍게 해야 하며, 가능한 한 향수는 사용하지 않아야 한다.
③ 고객 앞에서 기침이나 재채기 등 비위생적인 행동은 하지 않아야 한다.
④ 유니폼은 항상 깨끗하게 관리해야 한다.
⑤ 고가(高價)의 장신구는 착용하지 않아야 한다.

제4절 음식업 법적 분류

1. 식품위생법상 분류

1) 음식점업

(1) 일반음식점

음식류를 조리하여 판매하는 업으로서 주류를 같이 취급할 수 있으나, 반드시 주류 판매신고를 해야 하며 지정한 주류를 판매해야 한다.

(2) 휴게음식점

주로 다과류, 분식류, 아이스크림류 등 간단한 음식을 조리하여 판매하는 업으로서 주류 일체를 판매할 수 없다.

2) 주점업

(1) 단란주점

주류를 판매하며, 노래를 부를 수 있는 영업으로서 춤은 출 수 없다.

(2) 유흥주점

주류를 판매하며 노래를 부를 수 있고, 유흥시설을 하여 유흥종사자를 두고 영업을 할 수 있으며 춤을 출 수 있다.

3) 관광진흥법상의 분류

(1) 한국 음식점업

건물 연면적이 특별시의 경우 330m^2, 기타 지역 200m^2 이상으로, 한국적 분위기를 풍기는 아름답고 우아한 건물이어야 한다. 관광객의 수용에 적합한 다양한 규모의 방을 만들어 한국적 고유의 분위기를 연출하고, 서화 · 문갑 · 병풍 등으로 장식한다. 또한 방음장치를 완전히 갖추어야 한다.

(2) 관광극장 음식점업

건물 연면적 1,000m^2 이상이어야 한다. 홀 면적 500m^2 이상으로 관광객에게 민속과 가무를 감상할 수 있도록 특수조명장치 및 배경을 설치하고 100m^2 이상의 무대가 있어야 한다. 또한 방음장치를 완전히 갖추어야 한다.

(3) 외국인 전용 유흥음식점업

「식품위생법」상 유흥주점의 허가를 받아 외국인의 이용에 적합한 시설을 갖추고 주류와 음식을 제공하며 춤과 노래를 감상할 수 있도록 한 음식점이다.

TIP 이롭게 하는 삶이란?

세상을 살아가는 데에는 한 걸음 양보하는 것을 높이 여기니, 물러나는 것은 곧 나아갈 밑천이요, 사람을 대접하는 데에는 일 분 너그럽게 하는 것이 복이 되니 남을 이롭게 하는 것이 실로 저를 이롭게 하는 바탕이다.

2. 식품접객업의 영업 형태

업 종	영업 형태	참고사항
일반음식점	음식조리, 판매	모든 음식 조리, 주류판매 허용, 공연 가능
휴게음식점	음식조리, 판매	간단음식(분식) 조리, 주류판매 금지, 공연 가능
위탁급식	음식조리, 판매	단체(집단)급식 조리, 주류판매 금지
제과점	음식조리, 판매	제과류(아이스크림류 포함) 조리, 주류 금지
유흥주점	주류조리, 판매	유흥시설 설치 허용, 접객종사원 고용, 공연 허용, 가무 허용, 주류 허용
단란주점	주류조리, 판매	공연 가능, 고객 노래 허용, 주류 허용, 춤 불가, 접객종사원 불가

- 공연행위 : 고객과 직접적인 유흥관계가 없는 공연자(예 : 가수, 연예인, 악사, 무용, 곡예 등)가 공연을 할 때는 공연 목적을 위한 무대장치, 조명시설, 음향시설, 반주시설 등을 설치하여 공연할 수 있다. 다만, 칸막이가 된 객실구조에서는 이러한 공연행위를 할 수 없다.
- 유흥주점 : 가무의 경우, 춤을 출 수 있는 면적에 춤을 출 수 있도록 시설을 해야 한다.

3. 영업신고 제출서류

(1) 신규 신고(휴게음식점, 일반음식점, 유흥주점, 단란주점 공통)

- 신청서
- 가스사용 시설 완성 검사필증 1부
- 교육필증 1부(신고자 : 대표)
- 수질검사 1부(지하수를 사용하는 경우에 한함)
- 소방 · 방화시설 완비증명서 1부(해당되는 경우에 한함)
- 수수료
- 학교정화구역 내 유흥 · 단란주점은 승인을 받아야 함(해당하는 경우)

(2) 영업자 지위승계 신고(휴게음식점, 일반음식점, 유흥주점, 단란주점 공통)

- 신고서
- 영업신고증 원본
- 전업주(양도인) 인감증명서 1통
- 교육필증

- 수수료

(3) 신고사항 변경(상호변경) 신고(일반음식점, 휴게음식점, 유흥주점, 단란주점 공통)

- 신청서
- 영업신고증
- 수수료

(4) 신고사항 변경(장소이전) 신고(휴게음식점, 일반음식점, 유흥주점, 단란주점 공통)

- 신청서
- 영업허가(신고)증 원본
- 가스사용 시설 완성 검사필증 1부(해당되는 경우에 한함)
- 수질검사 1부(지하수를 사용하는 경우에 한함)
- 소방 · 방화시설 완비증명서 1부(해당되는 경우에 한함)
- 수수료
- 학교정화구역 내 유흥 · 단란주점은 승인을 받아야 함(해당하는 경우)

(5) 폐업(휴게음식점, 일반음식점, 유흥주점, 단란주점 공통)

- 신청서
- 영업허가(신고)증
- 수수료 없음

TIP 이미지를 바꾸자

실망시키는 사람이 아니라, 신망을 얻는 사람으로 바꾸자.
박사보다는, 밥 사는 사람
공짜보다는, 공자에 관심을 갖는 사람
명예만 탐하는 사람이 아니라, 멍에를 지는 사람
거짓으로 사느니, 거지로 사는 사람
안주하는 사람보다, 완주하는 사람

CATERING

케이터링

CHAPTER 13

안전관리

CATERING
케이터링

과거에는 사회 모든 분야에서 안전을 제일로 생각하기보다는 생산성을 중요시했던 것이 사실이었다. 그러나 산업사회로 접어들어 고도성장을 하면서 안전에 대한 문제는 개인의 문제를 넘어 사회 전체가 안고 갈 숙제로 대두되었다. 어떠한 상황에서도 안전문제에 대응할 수 있는 능력을 높이도록 요구하는 시대로 탈바꿈하였다.

근무자들의 보호를 위한 안전수칙은 꼭 필요하다. 국가에서 법으로 정한 안전수칙이 아니더라도 케이터링은 실내보다 실외에서 하는 행사가 많으므로 예상치 못한 사고가 발생할 수 있다. 안전은 예방이 중요하다. 사고가 발생한 후에 아무리 좋은 방법으로 수습했다 하더라도 미연에 방지하지 못한 것은 직무상 상해로부터 자유롭지 못하다. 케이터링Catering은 음식을 만들어서 이동하여 행사를 마칠 때까지 위해요소가 많기에 세심한 주의가 필요하다.

제1절 작업 중 안전관리

현대를 살아가는 사람들은 안전의 중요성에 대해 많은 의식을 가지고 있지만, 실제 현장에서는 철저한 관리를 해야 한다는 것을 잊고 행동한다. 안전관리의 사전적 의미는 「근로기준법」에 의해 재해나 사고를 미연에 방지하여 인명의 안전을 꾀하려는 조치나 대책이라고 되어 있다. 작업장의 화재는 인적 · 물적 피해가 많으므로 철저히 관리해야 하며, 사고의 위험으로부터 예방할 수 있는 안전관리를 살펴보면 다음과 같다.

1. 화재 안전관리

화재가 발생할 수 있는 요인은 많다. 음식을 만들기 위해 가열하는 기름에서 적정 온도가 넘으면 자연 발화되어 화재가 발생할 수 있다. 케이터링Catering은 참석인원이 많으므로 재산피해는 물론 인명피해를 피할 수 없다. 그러므로 화재예방에 대한 직원들의 교육을 정기적으로 시켜야 하며, 화재가 발생하면 소화기나 소화전을 사용하여 초기에 진압할 수 있는 훈련을 잘 시켜야 한다. 화재가 발생할 수 있는 요인을 살펴보면 다음과 같다.

1) 가스 안전수칙

① 냄새에 의해 가스가 누출되었다고 느끼면 즉시 환기를 해야 한다.
② 튀김요리를 할 때 기름이 가열되면 자연발화 될 수 있으므로, 작업 중에는 자리를 뜨면 위험하다.
③ 요리가 끝난 후에는 밸브를 정확히 닫아야 한다.
④ 코크와 연결된 고무호스는 수시로 가스누출을 점검해야 한다.
⑤ 연소기 부근에 인화물질을 두고 작업해서는 위험하다.
⑥ 영업이 끝나면 반드시 메인밸브를 닫아야 한다.
⑦ 배관은 수시로 비눗물을 이용하여 가스 누출 여부를 점검한다.

2) 전기 안전수칙

① 작업하다가 물 묻은 손으로 전기기기를 만지면 위험하다.
② 콘센트에 플러그를 잘 꽂아야 열이 발생하지 않는다.
③ 하나의 콘센트에 여러 개의 기구를 꽂아 사용하면 위험하다.
④ 전열기기를 사용할 때 용량을 초과하여 사용하면 위험하다.
⑤ 스위치나 콘센트가 흔들리면 즉시 고정하여 사용해야 한다.
⑥ 주방의 콘센트는 바닥 가까이 설치하는 것은 매우 위험하다.

3) 소화기 · 소화전의 안전수칙

① 소화기는 잘 보이는 지정한 장소에 두어야 한다.

② 소화기는 자주 흔들어 주어야 하며, 오래된 소화기는 분말을 교체해야 한다.
③ 소화기는 담당자를 지정하여 매월 점검하고, 점검자는 확인날인을 해야 한다.
④ 소화전은 호스를 자주 점검하여 누수가 되는 곳이 있는지 점검한다.
⑤ 소화전의 호스는 보관할 때 꼬이지 않도록 주의해야 한다.

2. 기구 안전관리

기구를 다루면서 기구의 상태도 온전한가가 중요하지만, 사용을 하면서 조금만 부주의를 하면 물건이 쏟아져 상해를 입을 수도 있고 물건이 상할 수도 있다. 그러나 대부분 음식물을 취급하면서 위험성이 없는 것 같이 느껴진다. 반면 원탁 테이블, 세미나 테이블, 세미나 의자 등과 같이 무게가 나가는 비품들이 의외로 많다. 특히 맥주나 음료박스, 고기박스 등도 매우 무거우므로 주의하지 않으면 허리를 다치거나 몸에 부상을 입는 경우가 종종 발생하므로 조심해야 한다.

1) 카트Cart, 왜건Wagon 안전수칙

① 많은 물건을 이동하는 것은 피해야 한다.
② 부피가 큰 물건을 실어 앞이 보이지 않은 상태에서 이동하는 것은 위험하다.
③ 많은 물건을 실고 방향전환을 할 때, 한 쪽으로 쏠리지 않도록 조심해야 한다.
④ 카펫 위에서 이동할 때 카펫이 상하지 않도록 주의해야 한다.
⑤ 카펫 위에서 이동할 때 액체물질이 쏟아져 카펫을 버리지 않도록 해야 한다.
⑥ 이동 중 물건이 쏟아져 사용자가 다치지 않도록 조심해야 한다.
⑦ 사용하지 않는 카트나 왜건은 통행에 지장을 주지 않도록 관리한다.
⑧ 경사가 진 곳은 혼자보다는 보조자와 함께 하는 것이 안전하다.

2) 기계 안전수칙

① 운전방법을 숙지하여 고장이 발생하지 않도록 힘쓴다.

② 기계가 가동하고 있을 때 근무지를 떠나지 않는다.
③ 위험물을 사용하는 기계는 위험물 안전수칙을 철저히 지킨다.
④ 음주한 상태에서 기계를 가동하면 위험하다.
⑤ 기계는 항상 청소를 깨끗이 하여 이물질이 들어가지 않도록 관리한다.

3. 일반 안전관리

케이터링Catering에 종사하는 종사자들도 언제, 어느 때 사고가 발생할지 모른다. 근무 장소가 실내뿐 아니라 실외에서 행사하는 경우가 많으므로 인적사고, 물적사고가 발생하지 않도록 항상 조심해야 한다.

① 문을 열고 닫을 때 손이 끼어 사고가 나지 않도록 해야 한다.
② 무거운 물건을 손으로 이동할 때 떨어트려 파손되지 않도록 해야 한다.
③ 물건을 계단을 통해 이동할 때는 구르거나 떨어지지 않도록 해야 한다.
④ 담배를 피우면서 작업하는 것은 금해야 한다.
⑤ 통로, 출입구, 비상구 등에 필요치 않은 물건을 쌓아놓지 않는다.

제2절 이동 중 안전관리

케이터링Catering은 이동 중 사소한 문제가 많이 일어난다. 사고가 발생하면 고객과의 마찰이 있고, 고객과 마찰이 있으면 행사를 취소해야 하는 경우까지 있으므로 안전에 최선을 다해야 한다. 사소한 문제는 현장에서 처리할 수 있는 경우도 있으나 그렇지 못하는 경우도 현장에서는 종종 발생한다. 안전을 위해 다음 사항을 주의해야 한다.

1. 냉동차의 안전관리

① 이동 중 음식이 흐트러지지 않도록 해야 한다.
② 국물이나 간장 등은 조금만 주의를 게을리 하면 이동 중 쏟아져 행사가 끝나기 전에 부족하여 불평을 듣는 경우가 있으므로, 이동하면서 준비를 철저히 해야 한다.
③ 냉동차에 기물을 실을 때 기물이 파손되지 않도록 단단히 고정해야 한다.
④ 운전기사는 능숙한 사람이 해야 한다. 절대로 사고가 있어서는 안 되지만, 만에 하나 사고가 발생하면 수습하기가 어려워진다.
⑤ 예상시간보다 여유 있게 출발해야 한다. 출 · 퇴근 시간이나 교통체증이 있는 곳을 지나는 경우는, 그 시간을 감안하여 행사시간에 늦지 않도록 해야 한다.

2. 고가물품 안전관리

① 식자재 중 고급 와인이나 양주는 이동시 파손되지 않도록 유의해야 한다.
② 실버제품을 이동할 때는 분실이 되지 않도록 조심해야 한다.
③ 병풍을 외부로 반출할 때는 포장을 철저히 하여 찢기거나 다치지 않도록 해야 한다.
④ 아이스카빙 같은 파손되기 쉬운 상품은 반드시 전문가가 이동하도록 해야 하며, 서투른 종사원이 이동하다가 손상을 입으면 행사에 지장이 있으므로 항상 유의해야 한다.
⑤ 고객이 특별히 주문한 3단 케이크 등과 같은 제품은 이동 중 제품 자체가 움직이면 형태가 변형되거나 손상을 입어 고객과의 분쟁소지가 있으므로 안전에 만전을 기해야 한다.

제3절 안전관리 교육

주방에서 일어날 수 있는 사고를 방지하고, 재해가 발생했을 때 자신을 안전하게 지키며 재산과 물질의 피해를 최소화하기 위해 필요하다.

케이터링Catering 행사를 할 때 사용해야 할 자재나 기물이 예상 외로 많다. 자재의 종류도 많지만, 행사에 꼭 필요한 물건이 의외로 고가의 자재가 있으므로, 관계자는 사전에 리스트를 작성하여 교육시키고 행사장에 안전하게 준비될 수 있도록 감독을 철저히 해야 한다.

① 행사시에 알코올이나 고체연료를 사용할 경우, 화제나 기타 불미스러운 일이 발생하지 않도록 담당자를 지명하여 수시로 관찰해야 한다.

② 행사 도중 음향기기로 인한 불편이 없도록 점검을 철저히 해야 한다. 마이크 같은 경우는 점검을 철저히 했다 해도 예기치 않은 문제가 발생할 수 있으므로, 문제가 발생했을 때 즉시 조치를 취할 수 있도록 대비해야 한다. 또한 전기를 많이 사용하는 경우에는 관계자와 협의하고, 가능한 행사가 끝날 때까지 담당자나 관계자가 입회하는 것이 안전하다.

③ 병풍이나 고가의 물품은 관리를 조금만 잘못하면 파손의 위험이 있다. 그렇기 때문에 담당자를 지정하여 사용하기 전과 사용 후의 교육을 별도로 시켜 물품에 피해가 가해지는 것을 사전에 예방할 수 있도록 해야 한다.

④ 무거운 장비를 이동시킬 때 자신도 모르게 어디서, 어떻게 상처를 당했는지 모르는데, 일을 끝내고 보면 몸에 상처가 있는 경우를 종종 본다. 그래서 작업을 할 때는 거기에 맞는 작업복과 장갑을 반드시 착용하고 작업해야 한다.

⑤ 뜨거운 용기나 가열된 물질을 옮길 때는 수건이나 마른행주를 사용해야 하며, 부주의로 화상을 당하거나 불미스러운 사고가 발생하지 않도록 매뉴얼을 만들어 교육해야 한다.

⑥ 업장에서 발생하는 재해에 대해 신속하게 처리할 수 있는 교육을 철저히 하여

위기상황에 따라 대처할 수 있는 체계적 관리를 하여야 한다.

⑦ 사고가 발생하면 그 사고는 고객에게 직접적인 영향을 주기 때문에, 사고가 발생하지 않도록 일원화된 위험요소를 제거하는 교육을 철저히 하여 안전의식을 높일 수 있는 계기를 만들어야 한다.

제4절 기타 안전관리

행사도중 응급조치를 취해야 할 사안이 발생하게 되면, 우왕좌왕하여 서두르다가 사고를 키우는 경우가 있으므로 항상 긴장하며 안전관리를 해야 한다.

1. 행사진행 중 정전이 되었을 때

행사진행 중 정전이 되면 참으로 난감하다. 그러한 경우를 대비하여 대형건물은 비상발전을 할 수 있도록 되어 있으나, 그렇지 못한 경우는 불을 밝힐 수 있는 랜턴이나 초 등을 준비하여야 한다.

2. 작업 도중 배수구가 막혔을 때

행사를 위해 주방에서 요리를 만드는 과정에 배수구에 물이 빠지지 않으면 곤혹을 치른다. 그럴 상황을 방지하기 위해 평소에 폐유를 하수구에 버리지 않는다든가, 행주나 기타 하수구가 막힐 이물질을 조심해야 하며, 특히 정기적으로 하수구를 청소하여 관리를 잘하여야 한다.

3. 축하화환 등의 관리

행사를 하다보면 축하화환이나 대형 화분들이 많이 들어올 때가 있다. 대형 화분은 혼자 움직이기가 어렵고, 화환은 관리를 잘못하면 쓰러져 위험을 초래할 수 있으므로 관리자를 지정해 위험요소가 발생하지 않도록 해야 한다.

4. 행사 중 조명관리

조명은 특수 분야이다. 행사마다 다를 수는 있으나, 행사가 진행될 때는 반드시 조명기사가 자리를 지키고 관리하여야 한다. 만약 조명이 밝게 비춰야 할 때 어두운 조명이 되면 글자가 보이지 않아 실수할 수도 있고, 어두워야 할 때 밝게 비치면 보이지 않아야 할 부분이 노출되어 일처리가 막막해진다. 하나의 예를 들었으나, 조명은 반드시 안전관리에 세심한 배려가 필요하다.

5. 종사원 안전관리

종사원은 종사원으로서 안전수칙을 잘 지켜 부주의에서 오는 재해로 몸이 상하는 일이 없도록 해야 한다. 또한 정기적으로 건강검진을 받아, 종사원이 고객에게 피해를 주는 사고가 발생하지 않도록 해야 한다.

References

국내문헌

고종원 외 6명, 세계화시대의 에티켓과 마인드, 대왕사, 2006.

구본성, 메리어트의 서비스정신, 세종서적, 1992.

김경미 · 우순교, 불평하는 고객이 초일류를 만든다, 세종서적, 1996.

김성대 외 6명, 호텔 · 외식 식음료서비스 관리론, 대왕사, 2010.

김왕상, 관광서비스경영론, 대왕사, 2004.

김용상, 현대사회와 서비스, 대왕사, 2002.

김윤태, 외식산업개론, 대왕사, 2011.

박기용, 외식산업경영학, 대왕사, 2011.

박창수, 전시 · 컨벤션학개론, 대왕사, 2013.

박호표, 호텔 · 관광마케팅, 학연사, 1998.

신재영 · 선동규 · 김의근, 외식사업경영론, 백산출판사, 2002.

안대희 외 3명, 외식사업론, 대왕사, 2012.

유경민 · 박원수, 식음료실무, 대왕사, 2004.

정종훈, 식음료경영론, 백산출판사, 2001.

최상철, 외식산업개론, 대왕사, 2011.

최영준, 호텔식음료서비스론, 기문사, 2000.

최풍운 · 변우진, 환대산업서비스론, 학문사, 2001.

외국문헌

Catering from Wikipedia, the free encyclopedia(https://en.wikipedia.org/wiki/Catering). Retrieved 13 July 2015.

Sony Bode(2003). Successful Catering: Managing the catering operation for maximum profit. Atlantic Publishing Group, Inc. pp.7-12. ISBN 10: 0910627223, 13: 9780910628221.

Thomas, Chris; Hansen, Bill(2012). Off-premise catering management(3rd edition). John Wile & Sons, Inc. pp.1-2. ISBN 10: 0470889713, 13: 9780470889718.

Profile

김석연

- 청주대학교 대학원 석사(관광·호텔경영)
- 현, 강동대학교 항공관광과 강사
- 국립공주대학교 관광경영학과 겸임교수
- 청주문인협회 회원(수필가)
- ㈜포춘파트너스 대표

〈저서〉

- 호텔경영론(대왕사)
- 호텔경영학개론(대왕사)

박창수

- 국립공주대학교 관광학부 교수
- 경기대학교 대학원 박사(경영학)
- 2000 Kongju Cultuer Conference Executive Organizer
- 2002 안면도 국제꽃박람회 총괄기획 교수 역임
- 사단법인 한국유통경영학회 이사(2000~현재)
- 한·일 컨벤션 전문가 세미나 준비위원장(2004~2005)
- 유구 Jacquard Biz-polis 사업단장(2007~2010)
- 한국 이벤트컨벤션학회 이사(2010~2012)
- 국립공주대학교 한민족교육문화원 원장 역임

〈저서〉

- 국제회의론(대왕사)
- 컨벤션산업론(대왕사)
- 호텔경영론(대왕사)
- 컨벤션기획론(대왕사)
- 호텔경영학개론(대왕사)
- 전시·컨벤션학개론(대왕사)

함영덕

- 강동대학교 항공관광과 교수
- 경기대학교 대학원 박사(관광학)
- (사)국제관광산업학회장
- 고대MBA교우회 자문위원
- 한국문인협회, 한국시인협회 회원
- 충청타임지(전, 새충청일보) 논설위원 역임

〈저서〉

- 오버더 실크로드(늘푸른소나무)
- 청봉 가는 길(백산출판사)
- 青峰の 道(한국관광협회중앙회)
- Tourism & Practical English(백산출판사)
- 나를 찾아 떠나는 유라시아 대평원(늘푸른소나무)